首批未来技术学院建设进展

未来已来

未来技术学院建设工作委员会 编

中国教育出版传媒集团
高等教育出版社·北京

内容提要

本书全面记录了首批未来技术学院以"破界"思维推动教育改革的实践。从打破传统学科界限到重塑知识生产方式,从单一的教育模式到多元协同的育人体系,通过具体案例和深入分析,展现了高等教育领域以"未来"为坐标的深度变革。

作为一部实践导向的行动指南,它并不是要提供标准答案,而是试图激发思维碰撞和系统张力,以生态思维重构"人、技术、产业"的关系,探寻跳出教育固有框架后释放颠覆性创新的无限可能。本书向读者展现了中国高等教育在新时代背景下的探索与突破。

图书在版编目(CIP)数据

未来已来:首批未来技术学院建设进展 / 未来技术学院建设工作委员会编. -- 北京:高等教育出版社,2025.8. -- ISBN 978-7-04-065233-8

Ⅰ. G649.2

中国国家版本馆 CIP 数据核字第 20256WB350 号

WEILAI YI LAI——SHOUPI WEILAI JISHUXUEYUAN JIANSHE JINZHAN

| 策划编辑 | 周 杨 | 责任编辑 | 周 杨 | 封面设计 | 姜 磊 | 版式设计 | 徐艳妮 |
| 责任绘图 | 邓 超 | 责任校对 | 马鑫蕊 | 责任印制 | 刁 毅 | | |

出版发行	高等教育出版社	网　　址	http://www.hep.edu.cn
社　　址	北京市西城区德外大街4号		http://www.hep.com.cn
邮政编码	100120	网上订购	http://www.hepmall.com.cn
印　　刷	涿州市京南印刷厂		http://www.hepmall.com
开　　本	787mm×1092mm 1/16		http://www.hepmall.cn
印　　张	15.75		
字　　数	310千字	版　　次	2025年8月第1版
购书热线	010-58581118	印　　次	2025年8月第1次印刷
咨询电话	400-810-0598	定　　价	68.00元

本书如有缺页、倒页、脱页等质量问题,请到所购图书销售部门联系调换
版权所有 侵权必究
物 料 号 65233-00

《未来已来——首批未来技术学院建设进展》
编委会

> **主　编**　　吕卫锋　　北京航空航天大学
　　　　　　　　吴伟仁　　深空探测实验室

> **副主编**　　韩　钰　　北京航空航天大学
　　　　　　　　刘科生　　北京航空航天大学
　　　　　　　　倪　军　　上海交通大学
　　　　　　　　徐向民　　华南理工大学

> **编　委**　　肖瑞平　　北京大学
　　　　　　　　席建忠　　北京大学
　　　　　　　　徐芦平　　清华大学
　　　　　　　　张柳柳　　清华大学
　　　　　　　　叶金鑫　　北京航空航天大学
　　　　　　　　原续波　　天津大学
　　　　　　　　于　倩　　天津大学
　　　　　　　　周博文　　东北大学
　　　　　　　　杨丽娜　　东北大学
　　　　　　　　刘　钢　　哈尔滨工业大学
　　　　　　　　俞　洋　　哈尔滨工业大学
　　　　　　　　葛天舒　　上海交通大学
　　　　　　　　游雨蒙　　东南大学
　　　　　　　　张　亚　　东南大学
　　　　　　　　罗　毅　　中国科学技术大学
　　　　　　　　彭新华　　中国科学技术大学
　　　　　　　　唐　明　　华中科技大学
　　　　　　　　徐书华　　华中科技大学
　　　　　　　　舒　琳　　华南理工大学
　　　　　　　　王小华　　西安交通大学
　　　　　　　　刘　翔　　西安交通大学

序

未来技术学院：
中国教育改革的战略实践

当今世界，科技创新正以前所未有的速度重塑人类文明图景，站在新一轮科技革命与产业变革的交汇点上，我们比任何时候都更能深切体会到"未来已来"的时代分量。作为躬耕基础研究四十余载的科技工作者，同时作为扎根中国高等教育改革前沿的实践者，我始终在思考：当人工智能突破认知边界、量子计算重塑算力格局、能源革命重构产业生态之时，中国的高等教育应当以何种姿态迎接这场历史性跨越，并助力青年一代真正成为"无人区"的开拓者？

三年前，教育部布局首批未来技术学院，以超常规的改革魄力，在 12 所高水平研究型大学中开辟出一片教育创新的试验田，我始终关注着这一探索的进程。如今，当我翻开《未来已来——首批未来技术学院建设进展》书稿，看到这些学院以国家战略需求为锚点，打破传统教育模式的束缚，在重构培养范式、变革培养要素及服务颠覆性技术突破方面取得的丰硕成果，不禁深感振奋——这不仅是高等工程教育改革的"破冰之举"，更彰显了中国在科技创新人才培养上的战略远见。

突破边界：重构未来人才培养的底层逻辑

未来技术的本质是未知与不确定性，而传统教育模式往往受限于学科壁垒和标准化的评价体系。未来技术学院最令我钦佩的，是它敢于直面这一矛盾，从底层逻辑上重构人才培养的范式。

学科交叉与深度融合是核心突破点。从量子科技到未来空间，从人工智能到未来能源，这些领域的技术突破无一不依赖多学科的协同创新。首批学院打破院系与专业的传统区隔，以"真问题"为导向设计课程体系，让学生在解决复杂问题和科技挑战中自然跨越学科边界，并通过"一生一案"培养方式，允许学生根据兴趣和潜力动态调整学习路径。这种灵活性正是应对未来技术不确定性的关键。

更值得称道的是，首批学院将科研与育人深度绑定。依托国家重点研发计划等重大项目，学生直面产业一线的"卡脖子"问题，在真实科研场景中锤炼创新能力。这种"边研边学、以研促学"的模式，不仅加速了技术攻关，更让青年人才在实战中成长为既能仰望星空、又能脚踩大地的领军者。

生态共建：教育链与创新链的深度融合

未来技术学院另一重要启示在于其构建"教育—科技—产业"协同共生的生态

系统。我曾多次强调,创新人才的培养不能局限于校园围墙之内,而需与产业需求、技术前沿同频共振。首批学院的探索印证了这一理念:通过将学校与科技、产业界联合开发课程、共建实验室、引入行业导师,学生得以在学术与产业的"双螺旋"中成长;通过知识图谱、虚拟教研室等数字化工具,教学资源实现跨地域、跨机构的动态共享;通过国际联合课题、学术交流计划,中国青年科学家在全球科技舞台上的声音愈发响亮。

这种生态化的培养模式,不仅缩短了从实验室到产业化的距离,更让教育本身成为技术创新的催化剂。书中提到的一系列师生研究解决产业难题的成果证明,当教育链深度融入创新链,人才的创造力将迸发出几何级数的能量。

以未来定义当下:教育改革的深层启示

作为南方科技大学的校长,我在阅读这些案例时,常与我校的改革实践产生强烈共鸣。作为全国高等教育综合改革试验校,南方科技大学自建校起就肩负着探索具有中国特色的现代大学制度、探索创新人才培养模式的光荣使命,在人才培养、学科交叉、科教融合、国际化办学等领域持续探索。学校突出"创知、创新、创业"的办学特色,致力于成为学术新思想、科学新发现、技术新发明、产业新方向的重要策源地,致力于培养出未来科学家、卓越工程师和创新企业家。例如,探索创新人才选拔的多元录取机制,率先改革招生制度,本科生招生实施基于高考的"631"综合评价录取模式;以学分制、导师制、书院制为基础,推进"书院+学院"双院协同育人,学生根据自身兴趣和特长自由选择专业,在"宽口径、厚基础"之上,优化专业教育,注重学科交叉;与企业联合设立实验室,打造由龙头企业牵头、高校和科研院所支撑、各创新主体参与的创新联合体,以服务国家战略需求为导向,聚焦粤港澳大湾区产业发展,共同组织对推动未来产业发展的关键核心技术进行攻关。未来技术学院的实践,为我们提供了宝贵的参照系——它证明,只要敢于打破常规,中国高等教育完全有能力走出一条兼具中国特色与国际视野的创新之路。

作为科学工作者,我始终坚信,技术的未来属于那些兼具想象力与执行力的青年,他们既需要扎实的数理基础与跨学科视野,也需要在"无人区"中锤炼出的韧性;作为教育者,我更深知,培养这样的领军者,不仅需要改革课程体系,更需要营造鼓励冒险、宽容失败的创新文化。未来技术学院正在探索这种文化的制度性表达。期待未来,这些经验能进一步升华为中国高等教育的共识。

致远惟艰:对未来发展的思考与期待

当然,任何改革都需经历时间的淬炼。未来技术学院的初步成果令人鼓舞,但如何实现超常规改革的可持续发展?如何将试点经验转化为可推广的范式?如何平衡"前瞻布局"与"现实需求"？这些问题的解答仍需持续探索。

站在新的起点上，我们比以往任何时候都更需要以战略眼光布局未来。中国式现代化建设呼唤着教育、科技、人才"三位一体"的协同推进，而未来技术学院的探索，正是这一战略的生动实践。希望《未来已来——首批未来技术学院建设进展》的出版，能让更多人看到中国教育的创新力量，更期待未来有更多高校加入这场改革，共同书写"为未知而教、为未来而学"的壮丽篇章。

三年前播下的种子，如今已萌发出蓬勃生机。未来技术学院的实践，不仅为未来颠覆性技术创新提供了人才储备，更在深层次上回答了"培养什么人、怎样培养人、为谁培养人"的时代之问。我深信，当更多青年才俊以"顶天立地"的姿态勇闯创新"无人区"，当教育真正成为科技革命的"反应堆"，中华民族的伟大复兴必将拥有不可阻挡的澎湃动能。

未来已来，唯创新者胜。

国家最高科学技术奖获得者
中国科学院院士
南方科技大学校长
薛其坤
2025 年 2 月 17 日

前言

突破传统、面向未来
为新质生产力发展培育创新型人才

实现以中国式现代化全面推进强国建设、民族复兴，要靠新质生产力支撑引领。新质生产力的本质是创新起主导作用的先进生产力，关键是以科技创新推动产业升级，特别是以颠覆性技术催生未来产业，增强发展新动能。

培育发展新质生产力、支撑服务未来产业，核心是人才，源头是教育。尤其是作为教育强国龙头的高等教育，要把高校基础研究主力军、重大科技突破策源地、拔尖人才培养主阵地的能量和作用充分释放出来，瞄准关键技术创新和创新人才培养提标提速、持续发力，把现在的创新潜力变成未来的生产力。

为加快未来产业人才的前瞻性培养和未来技术的有组织研发，教育部于2021年在北京大学等12所高水平研究型大学启动布局首批未来技术学院，面向人工智能、生物制造、未来能源、量子科技、深空等未来技术领域，超常规、有组织创设未来技术创新领军人才培养专区，畅通教育、科技、人才的良性循环，帮助学生成长为未来产业领域的领军人才，支撑青年人才勇闯未来技术"无人区"。

三年来，首批未来技术学院紧跟国家战略需求，助力关键技术新突破、开辟产业发展新赛道、服务人才集聚新高地。在服务实现"卡脖子"和颠覆性技术突破方面，首批学院面向集成电路、高端医疗装备等"卡脖子"领域开展颠覆性技术创新，支撑建设国家重大科技基础设施等科技创新载体，与重点产业链链主企业深化协同攻关和人才培养合作，着力锻长板、补短板、造新板，支撑实现高水平科技自立自强。在助力未来产业布局建设方面，首批学院加强对基础研究和关键共性技术的预见、聚焦与前瞻探索，凝练形成智能制造、人工智能、量子科技、光电子芯片与系统、储能技术、未来航天器系统、生命健康等30个未来技术方向，涉猎未来制造、未来信息、未来材料、未来能源、未来空间、未来健康6个未来产业方向，精准聚焦人形机器人、先进高效航空装备等标志性未来产品。在支撑打造创新人才高地方面，对照国家"3+N"人才高地和人才集聚平台建设规划，首批学院已在北京、上海、粤港澳大湾区以及天津、南京、合肥、武汉、西安、沈阳、哈尔滨等重点城市或区域布局建设，与地方政府、科研院所、行业企业建立合作机制，构建了与区域未来产业发展紧密对接的生态格局，着力打造区域发展的动力源和增长极。

三年来，首批未来技术学院变革教学组织模式，以能力为先构建人才培养新范式。首批学院突破传统院系和学科专业壁垒，促进理工结合、工工交叉、工文渗透、医工融合，探索学段衔接且允许"灵活出口"的"开环式"培养模式，构建更加有利于未来技术创新领军人才脱颖而出的选拔方式和评价体系，形成各具特色的未来技术创新领军人才培养方案，帮助学生在跨学科学习、知识融会贯通中激发创新潜质。推进有组织科教、产教融合育人。深化与科研院所、行业企业合作，50余家科研院所、100余家龙头企业及高新企业深度参与人才培养，主动将前沿科技动态和成果融入育人过程，有组织推进未来技术研发与领军人才培养深度融合。探索多样化国际交流合作形式，全部与境外高校或研究机构建立了联合培养、学生交换、合作办学、科研合作等关系，多管齐下开拓国际学术交流和教育科研合作有效路径，不断增强国际影响力和话语权。

三年来，首批未来技术学院加强基础要素建设，以技术赋能探索教学教研新形态。首批学院建设大师引领的高水平师资团队，采用重点特聘、择优选聘、灵活双聘等机制，形成了大师引领、结构多元共计 1 400 余人的师资队伍，其中院士等顶尖人才 400 余人，具有丰富工程项目经验的企业或院所导师成为育人主力。夯实一流课程、教材建设，大先生领衔、校企师资协同建设优质课程、编写高质量教材、创作数字化新形态教材，顶尖人才和企业工程技术专家讲授课程超 8 000 课时。打造"真问题"牵引的实践项目，依托国家重点研发计划等重大项目，面向产业现实发生的"真问题"，设计实践项目培养体系，推动企业直接参与实践项目教学，形成产教紧密融合的实践项目育人生态。推动技术赋能的教法变革和教研提升，主动以技术热点牵引教学方法迭代和教研水平提升，知识图谱等优质数字教育资源建设量质齐升，虚拟教研室等新形态教研形式加速推广。

经过三年探索，未来技术学院已成为"卡脖子"和颠覆性技术创新的策源地。一批原创性、颠覆性科技创新项目开花结果，一批技术突破实现产业转移转化。如北京大学未来技术学院成功研制空间站双光子显微镜并顺利入驻中国空间站，成为世界首台进入太空的双光子显微镜；研发国际先进的 2.17 克微型化三光子显微镜，突破成像深度极限首次实现小鼠"深脑成像"，实现了国产高端科研仪器和医疗装备研发领域的多个"首次"。与此同时，更多的重大基础理论研究和主干根技术源创新正在加速孕育孵化。

经过三年探索，未来技术学院已成为未来科技创新领军人才的蓄水池。未来技术学院吸引了一批优秀学生，汇聚了一批杰出学者。目前，已培养本科、硕士和博士在校生共计 8 000 余名。这些学生在包容开放的培养土壤中，主动发现问题，深入思考问题，大胆提出设想，亲手开展实践，普遍展现出勇于创新、敢于实践的精神风貌，尤其在运用跨学科知识解决复杂、不确定性问题方面表现突出，一批学生已经崭露头角。如中国科学技术大学未来技术学院博士研究生张百成，在 *Nature* 子刊等国际知名期刊上发表论文 14 篇，成果引起国际学术界广泛关注，获得了首届国家自然科学基金青年学生基础研究项目资助。同时，学院的青年科技人才也在高强度稳定支持和长周期评价下潜心研究，部分青年英才已经脱颖而出，担纲领衔重大科技任务。

经过三年探索，未来技术学院已成为高等工程教育改革的样板间。未来技术学院开展了卓有成效的教育教学改革探索，打破基于学科的知识体系和教学组织形态，牵引学生实现内生性交叉和多学科知识自主建构。通过实施项目制、导师制和贯通式培养，探索形成涵养深厚科学知识基础和卓越实践探究能力的人才培养新模式。超越校企合作聚焦单个科研项目的简单模式，把最新科研成果转化为教学内容、把协同创新优势转化为育人能力，形成技术研发、人才培养、成果落地与产业化一体的科教产教融合长效机制。未来技术学院树立了高等工程教育质量提升的样板，带动了高校在人才培养模式、教师评聘制度、招生选拔机制、学生管理办法等方面的全方位改革。

未来，我们将深入贯彻落实习近平总书记关于"为发展新质生产力、推动高质量发展培养急需人才""布局建设未来产业"的重要指示精神。从催生新质生产力的供给侧发力，在前期探索的基础上，因地因校制宜、前瞻系统谋划未来技术学院布局建设。我们将服务国家战略需求，瞄准未来产业布局，突破专业学科壁垒，改革人才培养模式，加快关键技术研发，推动教育链、人才链、产业链、创新链深度融合，探索创建拔尖创新人才培养专区的新思路、新打法，在重大基础理论研究、主干根技术源创新和拔尖创新人才培养上实现更大突破！

行而不辍，未来可期！

未来技术学院，必将在中国式现代化建设的壮阔浪潮中奋力书写教育强国建设的时代答卷！

本书编写组

2025 年 4 月 5 日

目 录

突破传统、面向未来
为新质生产力发展
培育创新型人才

12 家未来技术学院建设情况

北京大学未来技术学院建设进展报告	2
清华大学未来技术学院建设进展报告	16
北京航空航天大学未来空天技术学院建设进展报告	24
天津大学未来技术学院建设进展报告	43
东北大学未来技术学院建设进展报告	55
哈尔滨工业大学未来技术学院建设进展报告	68
上海交通大学未来技术学院建设进展报告	83
东南大学未来技术学院建设进展报告	95
中国科学技术大学未来技术学院建设进展报告	103
华中科技大学未来技术学院建设进展报告	113
华南理工大学未来技术学院建设进展报告	123
西安交通大学未来技术学院建设进展报告	139

未来技术学院实践探索案例

培养模式创新

1 北京大学
　创新驱动转化，技术开创未来——产教融合的前沿工程博士培养模式探索　156

2 北京航空航天大学
　面向大二、贯通上下、做真问题的"进阶探究项目"培养　158

3 上海交通大学
　溥渊未来学者计划　162

4 华南理工大学
　探索"在地国际化"办学新模式　创新构建"1+N+X"人工智能未来技术
　　领军人才培养路径　164

5 西安交通大学
　以项目为牵引、"课—项—赛"相结合的人才培养模式　167

基础要素建设

1 北京大学
　研究生培养教师团队——承国家之重任　探协同育人之新路　169

2 北京航空航天大学
　大师引领、聚焦前沿、激发志趣的"未来空天技术导论"课程　170

3 天津大学
　项目课作业融入思政元素　走进央视《新闻联播》　173

4 东南大学
　开设首个"交叉工程专业类"专业——"未来机器人"　175
　"电子电路Ⅰ/Ⅱ"课程建设和改革探索　178

5 中国科学技术大学
　探索量子世界　激发创新热情——举办量子信息科技英才班科技夏令营　179

| 6 | 西安交通大学 | |
| | 基于知识图谱的采集式学习模式探索 | 182 |

科教产教融合

1	东北大学	
	科教融汇产教融合　深度协同育人	184
2	上海交通大学	
	未来电池研究中心　瞄准未来育人育才	187
3	华南理工大学	
	聚焦人工智能主线　推动主动健康及智慧能源新质生产力发展	189

国际交流合作

1	清华大学	
	共同走向下一个春天	191
2	东北大学	
	国际合作共育未来科技创新领军人才	192

学生培养成效

1	北京大学	
	优秀学生代表曹睿杰、陆宇星、王子晨、时亦廷	194
2	清华大学	
	优秀学生代表蒋玉骅、李子曦	198
3	北京航空航天大学	
	优秀学生代表闫仲怀	203
4	天津大学	
	优秀学生代表徐庚泽、李垚臻	205
5	东北大学	
	优秀学生代表程思睿	209

6　哈尔滨工业大学
　　优秀学生代表高文博　　　　　　　　　　　　　　　　　　　　211
　　优秀获奖团队——第十五届全国大学生创新创业年会"最佳创意项目"及
　　"我最喜爱的项目"获奖团队　　　　　　　　　　　　　　　　213
　　优秀获奖团队——CIC人工智能机器人锦标赛冠军　　　　　　　　215

7　东南大学
　　优秀学生代表戴翎芸　　　　　　　　　　　　　　　　　　　　217

8　中国科学技术大学
　　优秀学生代表李希、张百成　　　　　　　　　　　　　　　　　218

9　华中科技大学
　　优秀学生代表周鑫、陈海涛　　　　　　　　　　　　　　　　　221

10　华南理工大学
　　优秀学生代表刘锦绣　　　　　　　　　　　　　　　　　　　　224

11　西安交通大学
　　优秀学生代表彭智康、彭子洋　　　　　　　　　　　　　　　　226

12 家未来技术学院建设情况

北京大学
未来技术学院建设进展报告

（2021—2024 学年）

一、总体情况

（一）整体建设概况

北京大学未来技术学院（以下简称"学院"）以未来生命健康技术为主要发展方向，探索形成产学研一体的技术创新体系和新型工科人才培养模式，建立和完善"本硕博"全链条、生物与医药工程博士在职培养项目及北京大学—佐治亚理工学院—埃默里大学（PKU-GT-Emory）联合博士生培养国际项目等多层次人才培养体系，致力于培养"创新型、复合型、交叉型"领军人才，打造未来技术高地和人才培养生态圈。

北京大学贯彻习近平总书记"建设教育强国"重要讲话精神，紧扣教育部关于《未来技术学院建设指南（试行）》要求，打破学科壁垒、破茧立新，由分子医学研究所、生物医学工程系及国家生物医学成像科学中心整合成立实体二级机构——未来技术学院，同时新建大数据与生物医学人工智能系，形成"两系一所一中心"发展格局，在"基础探索—技术颠覆—临床转化"一体化框架下不断聚焦，逐渐形成以分子医学与新药创制、生物医学成像装备、精准医学与智慧医疗、脑机接口等作为优势学科的发展方向。

学院通过打造科研和转化两类平台，支撑学科高质量快速发展。其中，"十三五"国家重大科技基础设施"多模态跨尺度生物医学成像设施"（以下简称"大设施"）建设取得了一系列阶段性成果，完成了工程竣工、设备安装、试运行启动、师生进驻、面向全国科技界征集大科学计划和课题合作、二期建设项目启动建设等工作，全力以赴迎接 2024 年 10 月国家项目验收工作。

同时，学院围绕生命健康产业核心要素，积极打造转化平台。在扎实推进北京大学分子医学南京转化研究院（以下简称"南京转化院"）建设的同时，于 2023 年成立北京大学长三角未来技术生命健康研究院（以下简称"无锡转化院"）。两家研究院聚焦生物医药"卡脖子"技术，致力于培育重大原创成果，打造生命健康领域国际顶尖科学及工程化研发平台、孵化基地、人才实习与培训基地和生物医药领域核心技术策源地。截至目前，学院围绕"从分子到人一条龙"已构建起多元交叉的学科体系，学科门类丰富，创新创业全链条初步成型（如图 1-1-1 所示）。

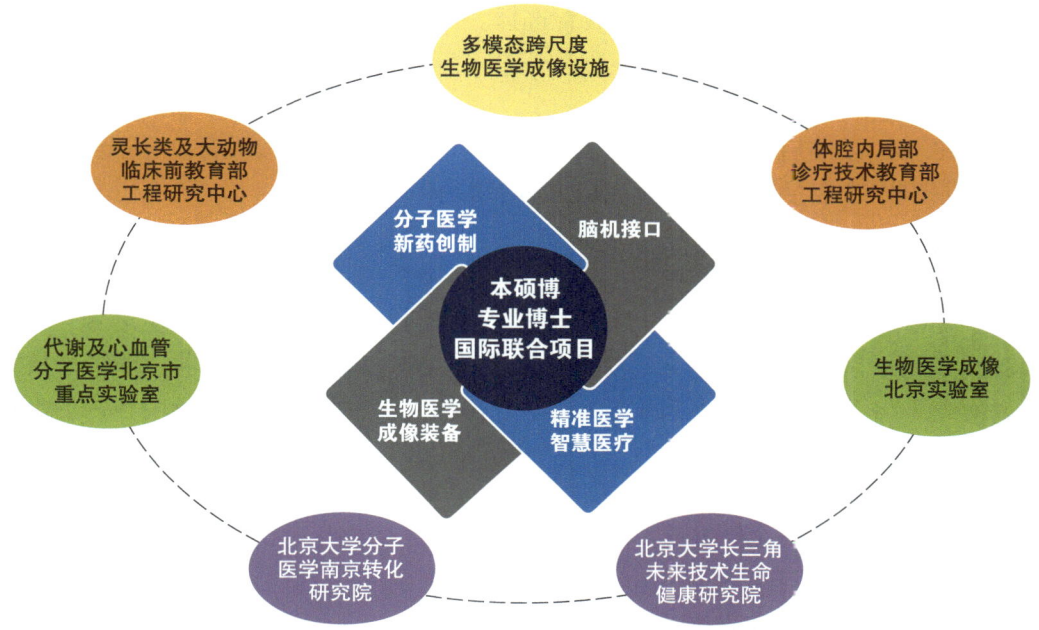

图 1-1-1 科研转化基地围绕四个优势学科方向托举新工科人才培养

(二) 学生培养规模

1. 研究生

2022 年 6 月，学院完成分子医学研究所、生物医学工程系全日制学生学籍关系的手续转移，自 2022 年 7 月起正式以未来技术学院学籍进行统一管理。2022 年 9 月以来，共招收博士生 150 人、硕士生 8 人，其中含留学生博士生 2 人、非全日制博士生 27 人；毕业博士生 50 人，硕士生 4 人。

截至 2024 年 4 月，在校生总规模为 268 人（博士生 260 人、硕士生 8 人），其中港澳台地区博士生 1 人、外国留学博士生 4 人、专业学位博士生 16 人、专业学位硕士生 8 人、非全日制专业学位博士生 27 人。

2. 本科生

生物医学工程专业本科生培养工作由学院承担，自 2021 年 9 月至 2024 年 4 月间，累计招收本科生 32 人，同期毕业人数为 63 人（含此前入学学生）。截至 2024 年 4 月，本科生在读人数为 60 人（含境外学生及留学生，辅修双学位 16 人）。

深化落实本科生通识教育，打破学科教学壁垒，在生物医学工程专业教学中采用创新的"1+1"模式开展人才培养：一方面，通过设置"生物医学工程强基项目"，强化专业人才的延揽和培养；另一方面，通过打通学生跨专业选课、二次选专业等方式，为本科生提供更多的教育选择。

3. 行业人才培养

2023年，学院启动全球新药研发领军人才培养项目（继续教育），截至2024年4月，共招收33名生物医药行业高层人员参加第一期课程。

4. 访问学生

学院通过接收来院做毕业设计、实习、进修的方式，参与外院学生培养。三年来，到我院访问学习的学生共有200余人，主要来自包括清华大学、华中科技大学、南开大学、中山大学、中国农业大学、吉林大学、北京协和医学院在内的高校及科研院所。

二、工作进展及成效

（一）学科专业壁垒突破情况及成效

1. 承建国家重大科技基础设施建设，有组织科研成效显著

学院承担并全力保障大设施建设任务，预计2024年10月接受国家验收（如图1-1-2所示）。在建设和试运行阶段，学院超前布局，发起有组织科研，在校内

图 1-1-2 "十三五"国家重大科技基础设施——多模态跨尺度生物医学成像设施

积极推动"团队引进机制"运作，组建高水平生物医学成像团队，并向全国科技界征集早研项目，围绕"数字生命"基础科学问题，发展基石性的成像和空间组学核心技术，从基础研究和关键共性技术两个层面布局，探索建构数字细胞与器官。

成功研制的空间站双光子显微镜入驻中国空间站，成为世界首台进入太空的双光子显微镜，并由航天员开展在轨先进监测技术研究。空间站双光子显微镜作为中国科技及航天事业发展的见证，被中国国家博物馆收藏（如图 1-1-3 所示）。

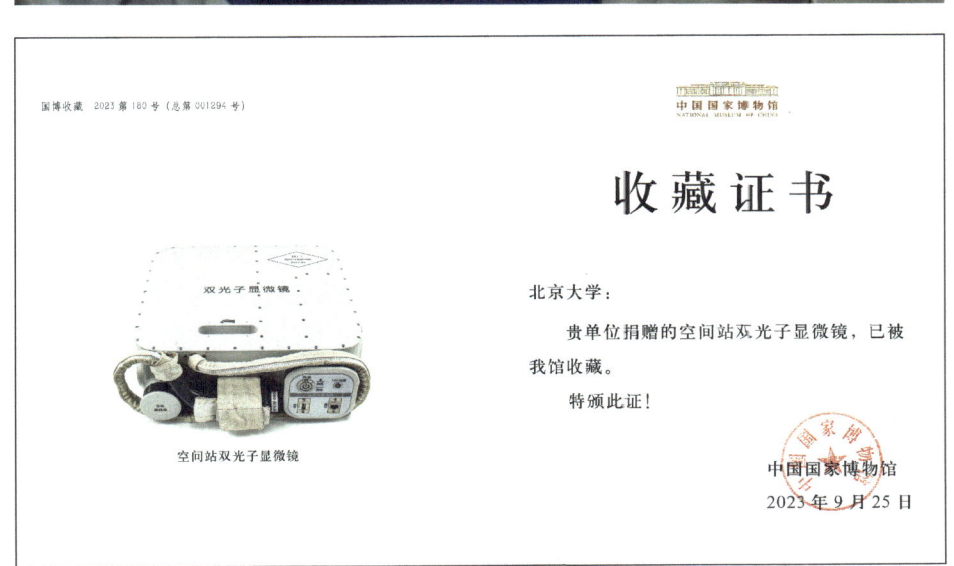

图 1-1-3　空间站双光子显微镜入驻中国空间站并入藏中国国家博物馆

研制的微型化三光子显微成像系统，能够在安全激光功率下对整个小鼠大脑皮层和深层海马 CA1 脑区进行无创钙成像，成像深度可达 1.2 毫米，这是国际首次实现对自由运动小鼠海马脑区神经功能信号的无创钙观测。

发明的超分辨图像重建算法，与超快结构光超分辨显微镜结合形成的 Sparse-SIM 是目前活细胞光学成像中分辨率最高（60 纳米）、速度最快（564 帧/秒）、成像时间最长（1 小时以上）的超分辨光学显微成像手段。

研发的新探针实现线粒体多色 STED 成像，可以揭示生物分子的不同线粒体定位以及线粒体在全细胞内的互作网络，能提供与要求更高的免疫电镜技术相比拟的信息。

2. 创新成果转化与基础原理研究并蒂花开

学院自成立以来，在将创新成果转化为生产力方面的实践中，单抗新药针对雄激素脱发和子宫内膜异位症的治疗均已获得中国国家药品监督管理局和美国食品药品监督管理局的批准，并开展全球多中心 II 期临床试验。自主研发的第三代磷脂微泡超声造影剂已开展 III 期临床试验。积极探索肿瘤个体用药治疗新模式，10 余项临床试验结果令人振奋，并组织牵头形成了《微肿瘤芯片专家共识》，带动肿瘤精准医学的发展。

自研医用双光子显微成像系统，完成注册并取得中国首个基于双光子显微成像原理的医疗器械注册证；发布全球首台（套）微型化双光子显微成像系统，出击海外，赢得神经学界的广泛认可。活细胞超分辨率技术入选国家"十三五"科技创新成就展，转化销往数十家国内外顶级科研机构，解决国产高端显微镜的"卡脖子"问题，获得国际学术界的广泛认可。具有自主知识产权的智能声动力诊疗仪，正在申请医疗器械注册证。

在前沿导向的探索性基础研究方面，揭示细胞对营养物质水平感知的新机制，报道了新的亮氨酸感知蛋白及其对代谢调控的作用。揭示降糖药恩格列净作用的结构机制。报道了参与褐色脂肪组织产热和代谢调控的人源 UCP1 三种状态的高分辨率冷冻电镜结构。提出"脂层不平衡反应"概念并发现受体介导的血脂运输通路。开发对心脏缺血/再灌注损伤具有治疗前景的新型候选药物分子。实现全脑尺度范围的稳定高分辨神经活动记录，为构建大时空尺度的植入式脑机接口提供了基础。首次报道 II 型免疫通过促进 DNA 修复调控巨噬细胞及机体衰老，提出"重塑免疫、健康衰老"新策略。利用基因编辑工具发展了新型转录活性报告基因，开发了成本低、可重复性高的胚胎干细胞来源的类器官模型，为研究非编码 RNA 的功能和机制提供了基础。运用高速高通量成像和机器学习技术，揭示哺乳动物中枢生物钟基于神经元集体决策的时间计算能力及机制，并发现神经元分类结果呈现分层模块化结构，形状如同一只美丽的"时间蝴蝶"。

学院自成立以来，共发表论文近 400 篇，包括 *Nature* 5 篇、*Science* 1 篇、*Nature Biotechnology* 1 篇、*Nature Methods* 6 篇、*Nature Cell Biology* 3 篇、*Cell Stem Cell* 3 篇、*Cell Metabolism* 5 篇、*Molecular Cell* 3 篇、*Advance Materials* 6 篇等；新申请专利 80 余项。

（二）高水平师资队伍建设情况及成效

学院面向国家生命健康领域战略需求，瞄准未来产业的核心技术，践行"一体化融合、全链条创新"的发展理念，提前布局人才队伍，组建优势互补的学术与应用创新人才队伍；采取"支持战略科学家""重点扶持青年人才""优化人才体系""成建制引进高水平团队"等措施，建设中青年科技人才的成长高地。

目前，学院拥有 37 个独立实验室，人才队伍包括 1 位中国科学院院士、2 位海外高层次人才引进计划特聘专家、1 位中青年科技创新领军人才、7 位国家自然科学基金优秀青年基金获得者、18 位海外高层次人才引进计划青年人才（含 8 位海外优青）、3 位青年拔尖人才、1 位入选美国霍华德·休斯医学研究所的国际研究学者、2 位新基石研究员等。

（三）人才培养模式变革情况及成效

学院作为北京大学"生物医学工程"双一流建设学科的主责单位，既承担着以学科交叉带动创新研究的学科建设任务，又担负着交叉学科人才的培养工作，在构建课程体系、优化学生遴选和评价机制、落实导师责任制等方面，进行了人才培养重点规划和具体落实。

1. 构建交叉融合的课程体系

学院组建了生物医学工程专业、分子医学专业、生物与医药工程博士专业等课程设计团队，由资深教授领衔，通过教研讨论、集体辅导、课程旁听等方式，合力开展课程建设，帮助青年教师提高教学质量。

本科生课程体系以学生为中心进行规划，在保证扎实的核心课程基础之上，根据学科发展和产业需求，配置了丰富的专业选修课和实践类课程；打通学科壁垒，在培养大纲内鼓励学生在文理医工范围内选修课程，旨在培养交叉融合的新工科人才。

研究生课程面向学科特点和国家需求，优化课程体系和教学方法，把握学科前沿发展方向，开设"医学人工智能""基因组医学基础"等课程，并在此基础上开设了一系列丰富的专业和行业进展类选修课程供各学科方向的研究生按需选择，同时鼓励学生积极选修北京大学其他四个工程博士专业的相关课程。

2. 优化学生遴选和评价机制

学院成立教学指导委员会，对招生、评奖评优、毕业等学生培养全过程进行管理。筛选、邀请院内外资深专家和教师组成评审委员会或小组，对所有材料进行集体讨论审议。教学指导委员会对评审意见进行总结，给出具体管理意见，并为后续工作提供持续改进的依据。

3. 落实导师责任制

博士研究生的培养实行导师负责和集体培养相结合的办法，学院鼓励成立导师指导小组来共同指导。导师及导师指导小组定期与研究生沟通，检查培养计划执行情况以及研究进展情况，及时查找、解决培养过程中出现的问题。

学院秉承"严控研究生培养质量"原则，从课程学习、学科综合考试、开题报告、学术成果检查、年度考核、预答辩、学位论文评审等方面进行过程管理，通过实施学术方向引领、学习方法指导、研究内容把关、科研成果评价等方面的措施保证培养质量。

（四）教学组织模态创新情况及成效

学院本着"教学育人、科学育人、实践育人、产业育人、思想育人"的原则，积极开展教学组织模态的探索实践。

1. 创新教学组织形式，强化科教产教协同育人

在本科生教学组织方面，根据生物医学工程学科实践性和交叉性特点，开设系列实践设计类课程，以问题为导向，让学生分组进行独立探索和解决复杂实际问题，激发学生主动学习能力、科研探索能力、英文文献查阅与科学思考能力、动手实践能力、团队协同能力、时间管理能力、交流表达能力七大方面的潜能，培养学生独立学习、团队合作和理论结合实践的综合素质。同时，将领先的科研实验室资源向学生开放，使其能够迅速掌握相关科研的基本方法并学会利用相关工具（如图1-1-4所示）。

在研究生教学方面，开设专题讨论课程，每次挑选一个最新前沿进展话题，由一到两位学生主讲后集体学习和讨论，在开阔学术视野的同时激发学生的求知欲和探索欲（如图1-1-5所示）。强调注重理论与实践相结合，依托大设施、南京转化院和无锡转化院等平台，打造实践基地，引导学生把课堂学习与基地中的先进技术研发相结合，加深知识理解和应用，引导学生深入思考、学以致用。

图 1-1-4　学生在实践教学实验室进行实验设计类课程的学习

图 1-1-5　学生在专题讨论课程上学习交流

2. 创新思政工作

学院充分发挥科研教师的力量，依托实验室管理的基础，拓展实验室之外的思政教育场所，找准思政教育与学科发展的契合点，合力打造"思政+X"的思政工作模式。"思政+科研"，树立科研榜样、搭建科研平台、推动科研合作、讲好科研故事、传承科学家精神;"思政+产业",依托产学研创新项目和国家重大工程任务,建设学生实践教育基地,让学生们在实地参观和学习中触摸生命健康发展的脉搏(如图1-1-6所示)。

图1-1-6 中国青年网报道学生赴无锡、南京开展调研学习

（五）国际交流与合作情况及成效

应对全球创新科技迅猛发展的挑战，秉持"走出去、迎进来"的开放态度，积极支持学院师生出国（境）交流与讲学，欢迎并邀请境外政府官员、国际知名专家来校交流。自学院成立以来，学院教师累计访学近 60 人次，其中肖瑞平教授作为特邀专家出席中美健康二轨对话，陈良怡教授在法国等欧洲国家进行为期 45 天的讲学交流，刘颖教授作为中国女科学家代表访问欧洲，席建忠教授多次赴港开展 InnoHK 创新香港项目工作，近 50 人次受邀在国际学术会议上作报告；学生出访近 20 人次，其中 3 位学生赴美国佐治亚理工学院进行为期一年的美方校区学习。美国食品药品监督管理局（FDA）副局长一行到访北京大学，美国 UNC—Chapel Hill 讲席教授 Klaus M. Hahn 来校交流，均由学院组织与北京大学师生作主题分享和座谈交流（如图 1-1-7 所示）。围绕"生物医学成像：未来技术与未来科学家"主题举办的第三届怀柔论坛，邀请包括 1 位诺贝尔奖得主、3 位来自国外的院士在内的近 20 位国际顶尖学者作为报告嘉宾参会（如图 1-1-8 所示）。在"中法生物医学成像论坛"中，举办中国生物医学成像联盟（筹）—全球生物成像联盟框架会议，旨在推动中国加入全球生物成像联盟，在深化中法生物医学成像领域学术合作的同时，提升我国生物医学成像技术在国际学术领域的影响。

图 1-1-7　美国 FDA 副局长一行访问北大

图 1-1-8 举办第三届"怀柔论坛"

学院借助《新英格兰医学杂志》（NEJM）的影响力，在心脏病、代谢疾病、呼吸系统疾病等中国常见慢性病领域召开多场线上、线下国际论坛；其主编 Eric Rubin 博士到访北京大学，通过学院主办的讲座、学术会议与北京大学师生和临床医生进行面对面互动，进一步促进了中国科研和临床一线从学生到医生的各类科研工作者与世界顶级专家的学术交流。

北京大学—佐治亚理工学院—埃默里大学联合博士生培养项目是 2009 年由国务院学位委员会审批通过的中国第一个联合博士生培养项目。学生由中美双导师共同指导撰写一篇毕业论文，三所学校共同授予其博士学位，开启了新的全球生物医学工程教育和研究模式。

（六）科教产教协同创新情况及成效

学院通过打造科研与转化两类基地，探索"创新链—转化链—人才培养链"交织融合的新工科建设和人才培养新范式（如图 1-1-9 所示）。

一方面，学院大力加强科研平台建设，通过大设施、灵长类及大动物临床前教育部工程研究中心、体腔内局部诊疗技术教育部工程研究中心、代谢及心血管分子医学北京市重点实验室、生物医学成像北京实验室等平台，开展基础科学研究与前沿技术研发，强调 0—1 原始创新。

另一方面，学院高度重视技术转化应用成效，建立了南京转化院、无锡转化院两个大型综合性产学研平台，单抗新药、自研医用双光子显微镜、微肿瘤芯片等成果均在研究院成功落地转化。与此同时，学院加强与临床医院、产业金融等渠道的交流沟通和合作，探索理工、医工等专业学科实质性的复合交叉合作规律，推动应用理科向工科延伸。

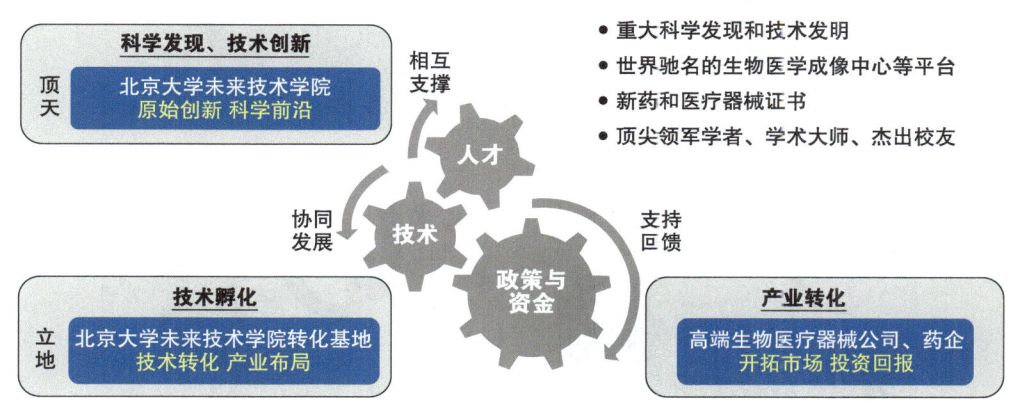

图 1-1-9　学院使命与"创新链—转化链—人才培养链"交织融合的实现途径

学院积极参与全国高校未来技术学院无锡合作联盟的缔结与交流活动；以推动技术创新、引领产业发展为宗旨，倡议组建全国生物医学成像科技创新联盟（筹），以真诚的态度、务实的行动推动与国内同行的合作。

（七）科教产教协同育人情况及成效

在推进转化基地平台建设的同时，学院扎实做好科教产教协同育人工作。

组织安排学生在医院、企业、相关实验室进行学习实践，积极拓展学生实习实践基地，探索科教融合。在新冠疫情防控期间，学院克服困难，顺利组织了本科生在相关医院、通用公司、联影公司等前沿领域的专业实习（如图 1-1-10 所示）。2024 年，学院将继续组织本科生赴佐治亚理工学院进行专业实习。

南京转化院、无锡转化院具有高通量脑成像、高通量药物筛选、动物疾病模型、代谢组学等多个研究服务平台，每年都有几十名研究生在这些基地进行科研实习及实践。学院鼓励师生走出校园，走进产学研基地，走进企业，培养实践性、批判性、跨学科的创新型思维，加强对未来领袖型青年人才的挖掘和培养。

（八）学生培养成效

经过三年建设与实践，学院在学生培养工作方面取得成效，在包括 *Nature* 在内的国际学术期刊上以第一作者或共同一作发表论文的学生共有 142 人次；学生参与国内专利申请 51 项、专利合作条约（PCT）申请 1 项，参与的授权专利达 25 项；累计 291 人次获得各级各类奖学金或荣誉称号；1 名学生获得第六届（2023）中国医疗器械创新创业大赛产业转化（无锡）专场赛三等奖。

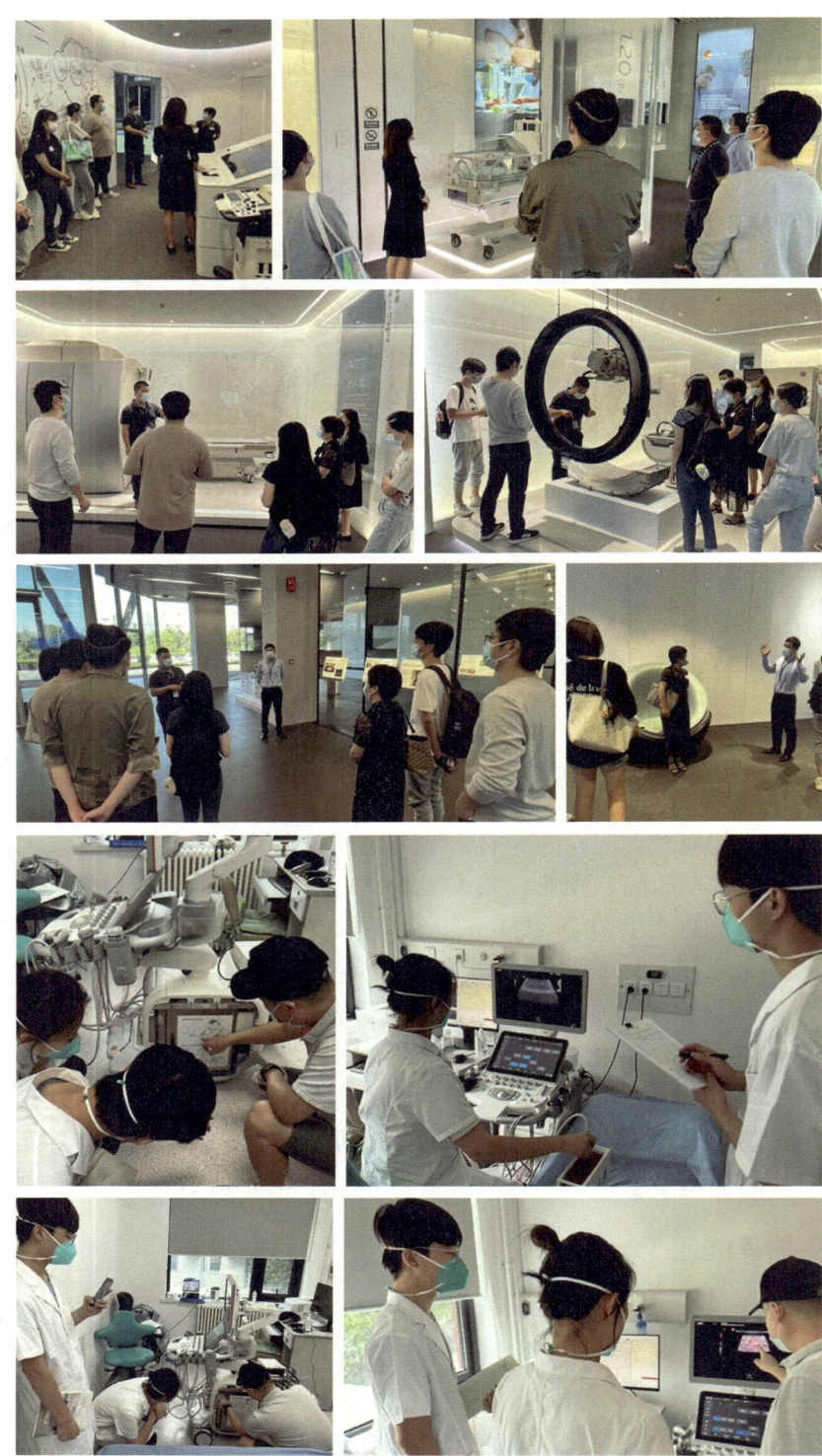

图 1-1-10　本科生在医院、通用公司等进行专业实习

通过一对一交流、座谈会、党团活动等方式，学生们对学院重视科研成果的应用与转化并将其贯穿于各个人才培养阶段的模式表示了认可和赞同。不论是理念的传递、课程的设计、课题的实施还是企业的参访实习，都为学生们提供了系统的指导和重要的实践机会，使他们将所学知识应用于解决实际问题的能力得到了切实的锻炼和培养，为未来的职业发展奠定了基础。

（九）其他改革工作情况及阶段性成效

为解决当下生物医药行业的"卡脖子"难题，针对国内生物医药行业首席医学官等尖端人才紧缺问题，学院依托 NEJM、北京大学、哈佛大学、约翰斯·霍普金斯大学等研究领域的顶尖资深学者和监管、临床及产业专家师资力量，创办全球新药研发领军人才培养项目，致力于新药决策人的能力建设，培养行业领袖，为国内生物医药行业培养"具有国际视野、前沿性和颠覆性"的领军人才。

项目于 2023 年启动，2024 年 4 月第一期课程顺利开班，首期 33 名学员来自跨国药企、创新药企、医疗服务机构、投资机构等的决策层。学员对课程设计安排与授课效果满意度高、收获感强。

三、下一阶段工作计划

学院将继续围绕学科方向落实人才培养的各项工作：加强人才特别是高端人才和海外人才的引进工作；积极组织学院教授牵头申请国家重大科研项目，鼓励和支持青年科学家申请人才项目和科技奖励；持续推进"多模态跨尺度生物医学成像设施"和两个研究院的建设，进一步探索产学研一体化的技术创新体系和人才培养体系。学院将在优秀师资引进与培养、前沿领域探索与引领、培养体系架构与完善等各方面持续推进，真正营造好未来技术人才培养生态圈。

清华大学
未来技术学院建设进展报告

（2021—2024 学年）

一、总体情况

（一）整体建设概况及工作亮点

三年来，未来技术学院（以下简称"行健书院"）在人才培养体系建设、课程建设、文化建设、人才培养研究工作等多个方面不断优化创新，完成了各项工作，达到了预期目标。

通过书院制、导师制、"理+工"双学士学位、"一人一策"、本博贯通等创新型培养模式，打造清华大学人才培养的"新特区"。教学与人才培养突出数学与力学深厚滋养，行健致远。强调"学为中心"，尊重人才成长客观规律，尊重学生学习时间的客观上限，宁愿留白，绝不超载。书院邀请理工、人文、社科多元背景的优秀教师担任学生导师，全方位营造"大鱼前导，小鱼尾随"的师生从游文化，学生在一流导师的人格感召和悉心指导下，从容学习、个性化学习、精深学习、全面成长。

持续推进"一人一策"本博贯通特色培养体系，引导学生找到适合的研究方向，开展高质量的本博贯通的长周期培养试点工作（如图 1-2-1 所示）。在高水平教师的指导下，定制不受学科专业限制的"一人一策"培养方案，给学生提供自主学习、自由探索的成长空间。

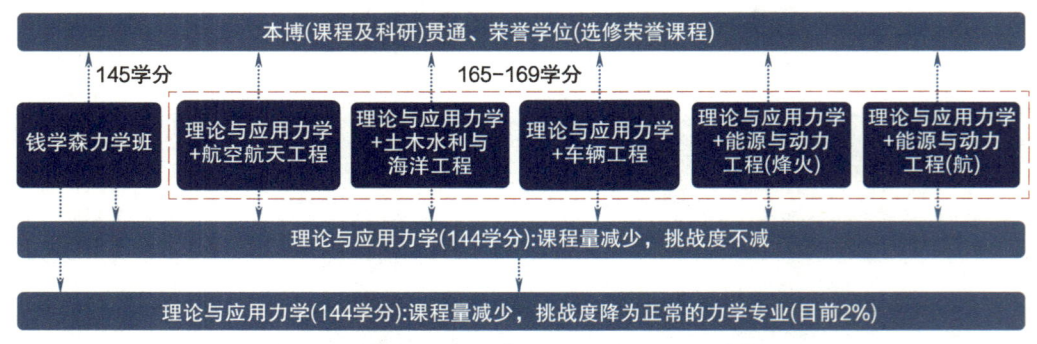

图 1-2-1　行健书院特色培养体系

继续完善、实施进阶式研究学习体系,以挑战性问题为牵引、以进阶式研究为主线,激发学术志趣和科研热情,培养创造性人格、思维、方法、能力,构建多元化的开放创新人才培养生态。行健书院进一步拓展与相关院系、科研机构、科技企业的合作,以科技发展前沿与国家战略需求中的重大挑战问题为牵引,打通课内课外,构建面向基础学科前沿研究与未来技术创新特色培养体系。

倡导"以学为主、享受科研",学生牵头发起科创竞赛、学术交流、科研机构探访等活动,吸引和汇聚校内外导师资源。例如,行健书院学生科协发起组织"五行杯"科创比赛、学生科研实践"合冶计划",实施赛课结合、以赛代选,激励学生将"科研导引"课上提出的研究课题以及在基础课、专业课、实验课学习过程中产生的科研创想,通过"五行杯"科创比赛进入"合冶计划",在专项资金、导师支持下,开展课题研究、学术交流和朋辈学习。在进阶式研究培养体系和科创文化的共同作用下,行健书院学术氛围浓厚(如图 1-2-2 所示)。

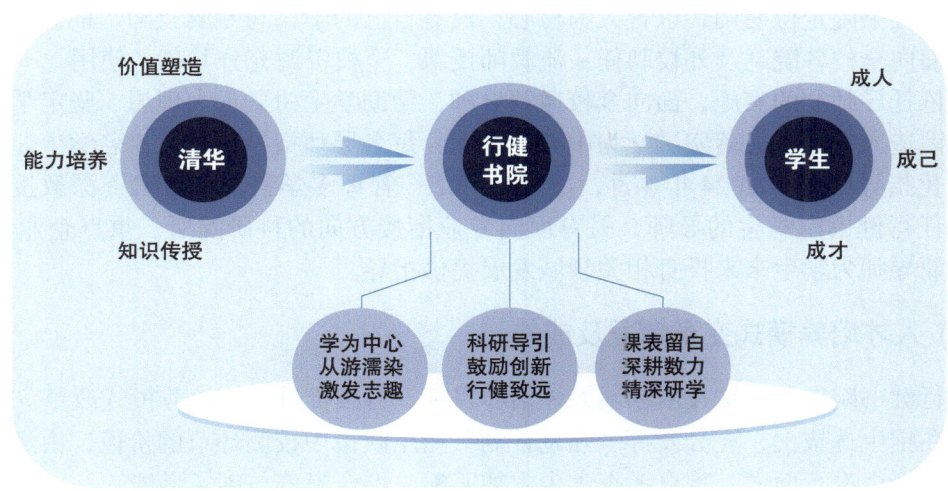

图 1-2-2 行健书院培养理念

同时,书院积极与各方合作,拓展人才培养资源,整合校内外资源,帮助学生了解行业前沿;邀请校外各行各业专家学者担任导师,指导学生成长成才,搭建沟通桥梁,使学生围绕前沿领域的重大挑战性关键问题开展颠覆式创新研究性学习,为未来投身相关领域发展、实现基础知识与创新能力的有机融合打下坚实基础。

(二)学生培养规模

行健书院 2020 级、2021 级、2022 级、2023 级招生规模分别为 175 人、173 人、147 人和 156 人,其中包括理工双学位学生 535 名,"学堂计划"钱学森力学班学生 116 名。

二、工作进展及成效

（一）学科专业壁垒突破情况及成效

2024年，行健书院申报理论与应用力学＋交叉工程双学士学位复合型人才培养项目。秉承清华大学"培养肩负使命追求卓越的人"之育人目标，依托精心构建的书院培养体系，涵养创新思维，拓展成长空间，紧盯科技前沿方向，紧跟国家重点需求开展科技创新人才培养，建设交叉工程专业，面向航空航天、飞行汽车、信息科技、脑与智能、智能与机器人、生命健康、低碳与新能源等前沿方向培养交叉工程人才。

（二）高水平师资队伍建设情况及成效

行健书院定位明确，以育人为核心，没有自己的学科与专属教师，根据课程需要，面向全校各院系及外校聘任一流教师授课，全校资源充分共享、使用。

依托导师制的实施，面向全校邀请导师，帮助学生树立远大理想、坚定学术志趣、锻造人格品质，落实"学为中心"理念，每名导师指导不超过5名学生，鼓励个性化指导。截至2024年4月，文、理、工、管理多学科100余名资深教授、院士担任行健书院学生的导师，另有面向专业衔接方向的科研院所、重点企业的22名企业导师为学生未来投身相关领域发展提供指导。

（三）人才培养模式变革情况及成效

行健书院围绕未来技术创新人才培养目标，持续推进人才培养模式改革。

在招生选拔上，充分发挥"强基计划"招生政策中校测环节的价值，由经验丰富的教授组进行面试，重点考查学生志趣匹配、综合素养与创新潜能。

在课程建设上，为学生定制高水平、高挑战度的核心基础课与专业课，开展理工衔接课程群的建设讨论，制定"学为中心"的柔性、多样化的选课方案；组织课程建设交流会，继续推动优化调整课程体系建设。

在导师制建设上，继续全面贯彻、建设完善分级导师制。其中，新生导师以帮助学生快速适应大学的学习、生活为主要工作内容，关心学生的基本情况，指导学生规划成才路径、厚植基础知识和提升综合能力；学业导师以帮助学生发掘专业兴趣、寻找学术志趣为主要工作内容，帮助学生发现自身学术优势及特长，引导学生从事研究性学习与科研实践；研究导师以帮助学生自主开展研究性学习、进行进阶式本科科研探索为主要工作内容，协助学生坚定学术志趣，引导其进入本研贯通的长周期培养；邀请相关科技产业专家担任企业导师，帮助学生了解科技产业前沿挑战问题、对接产业界科研实践项目（如图1-2-3所示）。

图 1-2-3 师生交流

（四）教学组织模态创新情况及成效

在教学组织形式创新上，关注学生个性化与长周期成长，持续探索"一人一策、本博贯通"培养模式。截至 2023 年年底，共有 21 人在导师指导下定制并经书院教学委员会审核批准，执行个性化"一人一策"培养方案；2020 级学生中有 123 人被成功推研。不断完善荣誉学位培养体系，鼓励学生选修更具挑战性的课程并积极参与创新研究实践，追求学术水平更高的提升。

（五）国际交流与合作情况及成效

行健书院依托学校资源，以线上线下相结合、学期过程中与寒暑期集中相结合的方式，积极探索并构建高水平、高效能的国际人才培养交流与合作机制和平台。书院通过学期交换、短期访学、实验室实习、交流实践、学术会议等多种形式，支持学生开展国际交流活动。2023 年、2024 年寒假期间书院与学校全球胜任力中心合作，组织 124 名同学参加"行健书院英语自信表达提升计划"，搭建与国际名校学生沟通交流的平台，提升学生英语口语表达能力。

与国内外一流大学、科研机构合作，围绕重大挑战前沿问题聘任国际讲席教授团，通过 X-idea、"国际学者暑期课程"等多种形式开阔学生国际化视野，提升学生国际化水平，如 2023 年 2 月 25 日，由清华大学钱学森力学班主办的"X-idea：交叉创新挑战性问题"系列课程邀请纳米摩擦学与纳米流体领域的著名学者、巴黎高等师范学院的 Alessandro Siria 教授分享原子力显微镜（AFM）技术的相关内容。此外，钱学森力学班还与麻省理工学院、普林斯顿大学、剑桥大学、多伦多大学等国际名校有着长期的学生交流合作，以国际化培养为特色的"能源与动力工程（烽火班）"与普林斯顿大学合作设有本科交换培养计划，努力培养具有国际化视野、国际化素质的人才。

（六）科教产教协同创新情况及成效

行健书院持续建设各类科技创新平台。完成开放智慧实验室（Open Wisdom

Lab，以下简称"OWL"）建设，推进"力学-X"多学科交叉实验教学与开放创新平台建设，构建多学科交叉创新实验平台与多学科交叉前沿功能群，对接校内外科研平台、院系实验室、科技企业，联动支持学生自主创新研究，完成各平台设备购置。

参与全国高校未来技术无锡合作联盟建设。与哈尔滨工业大学、东南大学、国防科技大学、西安建筑科技大学等合作高校开展交流访问等活动。与深海技术科学太湖实验室、重庆中国汽车工程研究院、中国航天科技创新研究院、江苏源清动力技术有限公司等国家重点实验室、科研院所及行业领军企业共建学生实习实践基地、共享产研实验室。通过提供科研指导与科研型实习岗位，激励学生投入相关领域，探索产学结合开展长周期人才培养的合作机制。在钱学森力学班的推动下，与深圳市零一学院合作开展人才培养项目，参与汇聚国际顶尖专家与前沿挑战问题的研究性学习活动，构建跨领域开放式创新人才培养生态。

与无锡市政府签署关于未来科技创新领军人才培养的合作协议，2023年获得300万元的奖学金和创新基金支持，组织学生开展赴无锡实践活动，参加2023未来技术合作（无锡）大会（如图1-2-4所示），并主办以"定义·未来"为主题的学术沙龙，策划创新基金项目合作等。

2023年夏季学期，钱学森力学班与深圳市零一学院联合举办国际暑期学校，来自国内外高校的160名热爱科学、敢于创新的青年学子与诺贝尔奖得主、中外院士、中国航天总工程师等世界顶尖科学家、工程师及其团队，共同围绕"地球以外，云端以上"的深空探索场景，从多学科交叉的角度，对前沿挑战问题进行了开放且深入的科研实践探究。

（七）科教产教协同育人情况及成效

在科教产教协同育人、创新创业教育方面，书院积极拓展合作资源，与国家重点实验室、科研院所、科技领军企业合作，通过聘任企业导师、开展暑期学校、研发实习、设立科技创新基金、共建科研实践基地/联合创新中心等方式，帮助学生了解行业前沿，激发学生主动探索挑战性问题并进行创新研究，为实现基础知识与创新能力的有机融合奠定坚实基础。如与中国汽车研究院（重庆）签署校级教学实践基地协议，并在暑期顺利开展了生产实习的教学活动。前往中国航天科技创新研究院（以下简称"航天创新院"）参观并与航天创新院的老师们开展了深入的座谈交流，为行健书院与航天创新院的进一步合作搭建了桥梁。行健书院聘请9位航天创新院的教师担任2024年度校外导师，帮助学生们树立远大理想、坚定学术志趣、锻造人格品质。

图 1-2-4　2023 未来技术合作（无锡）大会现场

（八）学生培养成效

通过系统构建进阶研究、打通第一第二课堂，行健书院学生科研科创兴趣浓厚。截至 2024 年 4 月，共有 170 人参与"五行杯"科创比赛、101 人入选书院"合冶计划"。书院参加清华大学本科生研究训练人数达 439 人，参加大学生研究训练计划（SRT）项目 649 个。2023 年，有两位学生获得全国首批"国家自然科学基金青年学生基础研究项目"资助，11 名学生入选北京市自然科学基金本科生"启研"计划。行健书院在 2022 年和 2023 年清华大学"挑战杯"学生课外学术科技作品竞赛中，分别以总分第三名和总分第一名的成绩摘得"优胜杯"和"挑战杯"（如图1-2-5所示），个人累计获得2项特等奖、3项一等奖、11项二等奖、7项三等奖、6项最佳新秀奖。行健书院学生2022年、2023年连续两年获得清华大学本科生特等奖学金，其中李子曦同学成为首个大三本科生特等奖学金获得者，同时也是五大强基书院的第一位特等奖学金得主。行健书院有9名学生在第四届国际大学生工程力学竞赛（亚洲赛区）中成绩斐然，斩获9个个人赛特等奖和3个团队赛特等奖。2023年，行健书院18位学生累计在周培源大学生力学竞赛、全国大学生数学建模竞赛、全国智能车竞赛等各类赛事中获得了23项国家级奖项。截至2023年年底，行健书院学生获国家级及以上学术竞赛类奖项48人次、学生专利（软件著作权）授权8项，学生已发表论文12篇。

图1-2-5 摘得"挑战杯"

2023年2月,行健书院团委调研组针对行健书院学生侧对导师制需求情况进行调研分析,调研共收集问卷189份。调研报告表明,行健书院的学生们从导师制中都有或多或少的收获,具体互动情况有一定年级差异,但也存在着信息差、个人"社恐"等问题,需求层面则主要涉及推研、拓展学习、增进交流等方面。

(九) 其他改革工作情况及阶段性成效

在评价体系改革方面,书院反对唯成绩、唯GPA(平均学分绩点)的选材与评价导向。钱学森力学班率先试点"五维评价"体系,用更多维度发现遴选优秀人才。在人才评优、项目评选、推免资格认定、"一人一策"方案评定等过程中,避免单纯按学分绩点排序,不惜投入大量人力,采用专家组多维评价方式,为不同类型的"奇才""怪才"构建公平、多元的评价体系(如图1-2-6所示)。

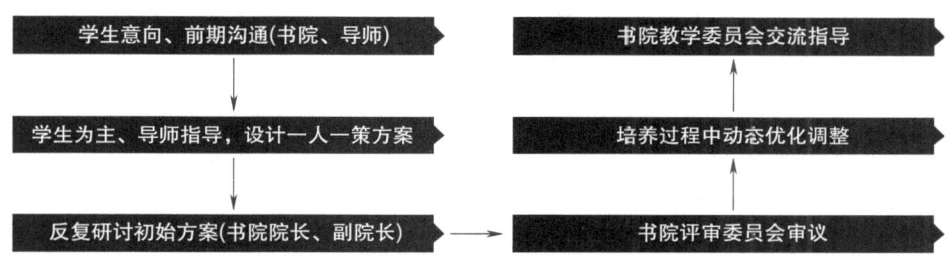

图 1-2-6　行健书院"一人一策"培养方案定制过程

三、下一阶段工作计划

下一阶段,行健书院将持续优化理工衔接培养方案,完善力学、工科专业课程的建设,继续推进"一人一策"育人模式探索,构建本博贯通实施体系,筑牢行健书院特色的进阶式研究体系基础,构建书院开放创新培养生态,共建校内实验室、校外实习实践基地(第一、第二课堂衔接),探索产教融合协同育人模式。探索"强基计划""拔尖计划"、未来技术领军人才培养新范式;依托挑战性问题牵引、进阶式研究学习、"一人一策"本博贯通等模式,建立未来创新人才培养全链条,积极探索并构建高水平、高效能的国际人才培养交流与合作机制和平台。

北京航空航天大学
未来空天技术学院建设进展报告

（2021—2024 学年）

一、总体情况

（一）三年整体建设概况及工作亮点

北京航空航天大学未来空天技术学院（以下简称"学院"）成立于 2021 年 7 月（如图 1-3-1 所示）。建设三年来，聚焦空天技术领域国家重大需求和国际学术前沿，聚力未来技术主攻方向和人才培养关键问题，持续健全完善教育、科技、人才统筹融合发展机制，有效突破学科专业壁垒，不断集聚高水平师资，深层次变革人才培养模式，逐步完善科教产教协同创新与育人机制，深入开展校地和国际交流合作，探索形成面向大领域、融入大工程、汇聚大先生、贯通全周期、重塑全链条的"三大两全"学院建设模式，创新构建"课程—项目双螺旋"培养体系，初步打造教学科研"双高地"，在探索工程教育新范式，培育具有深厚科学素养、引领未来空天科技发展的拔尖创新人才方面取得重要进展并获得丰硕成果（如图 1-3-2、图 1-3-3 所示）。

图 1-3-1　未来空天技术学院成立大会（2021 年 7 月 13 日）

图1-3-2　学院学术委员会成立大会（2024年3月31日）

第一次工作会(2021年7月13日)

第二次工作会(2021年8月25日)

第三次工作会(2021年12月22日)

第四次工作会(2022年5月26日)

第五次工作会(2022年6月10日)

第六次工作会(2023年3月25日)

第七次工作会(2024年3月31日)

图1-3-3　未来空天技术学院历次重要会议

（二）学生培养规模

截至 2023 年年底，学院在读 260 人，均处于本科阶段。具体情况如表 1-3-1 所列。

表 1-3-1　未来空天技术学院学生规模　　　　　　　　　人数/人

年　级	招生人数	在读人数	转出人数	降级人数	转入人数
2021 级	86	74	16	2	6
2022 级	91	93	1	—	1
2023 级	93	93	—	—	—
合　计	270	260	17	2	7

二、工作进展及成效

（一）学科专业壁垒突破情况及成效

1. 论证形成并持续迭代未来空天技术方向

组织专家系统论证，面向未来空天领域前沿发展趋势和国家重大战略工程部署，提出了引领科技革命趋势的未来空天飞行器技术、服务人类未来发展需求的未来空天基础科学与技术以及支撑国家空天战略任务的未来空天工程与应用 3 个零级技术方向，下设航天器系统、月球与行星探测、空天电磁与通信等 12 个一级技术方向以及深空飞行器设计与控制、深空资源探测与利用、电磁环境效应与适应性、电磁防护与制衡等 30 个二级技术方向，形成了突破学科专业壁垒、持续拓展迭代的未来空天技术方向网络（如图 1-3-4 所示）。

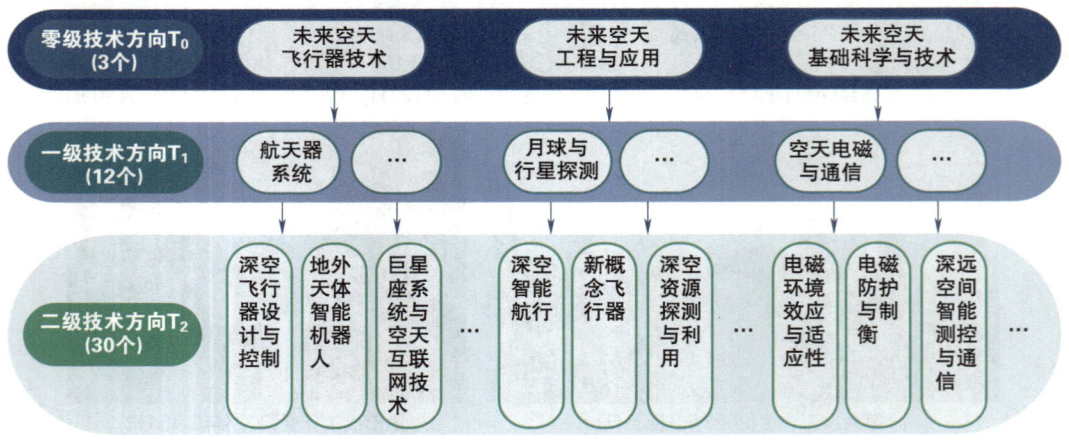

图 1-3-4　未来空天技术方向网络

2. 围绕技术方向重构教学科研体系

未来空天技术方向网络以共性技术或工程问题为导向，多学科专业交叉融合，为突破学科和院系边界、建立超越学科的科研攻关体系和教学组织形态提供了基本依据和载体。学院以此重构人才培养体系（如图 1-3-5 所示）：面向未来空天领域发展需要，在夯实数理基础的同时，梳理共性知识的最小集合构建课程体系；采用全周期工程教育理念，建立逐级进阶、贯穿始终的项目育人体系；校企双导师团围绕源自空天领域重大工程中的真实问题开展合作研究，同时引导学生通过项目探索自主构建知识和能力结构，从而实现跨学科的科研创新与人才培养。

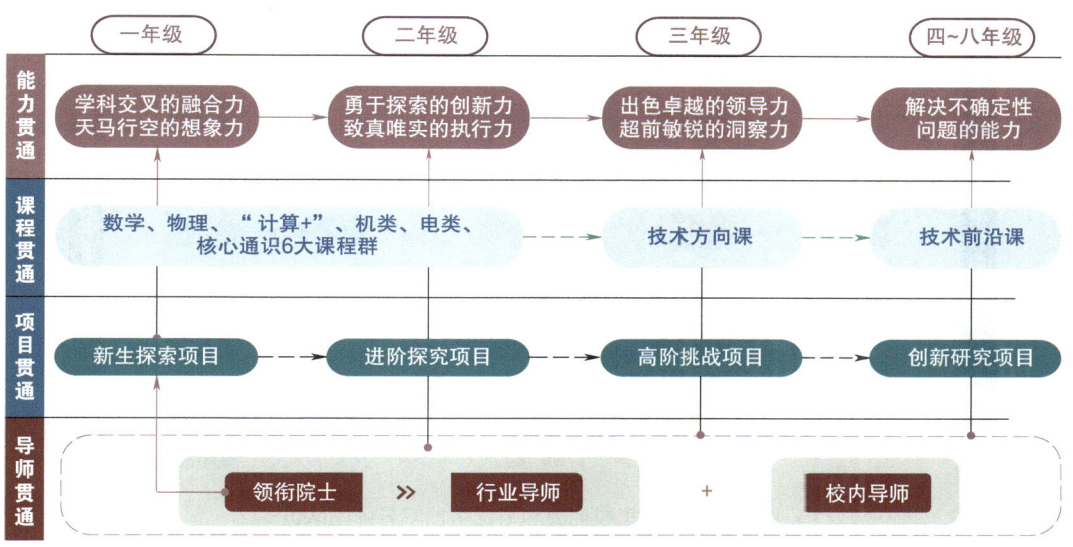

图 1-3-5　围绕未来空天技术方向重构人才培养体系

（二）高水平师资队伍建设情况及成效

1. 构建全球选聘、灵活双聘的师资建设机制

学院不设置专任师资，所有授课教师、各类导师均根据技术方向需求和课程、项目建设要求，采用重点特聘、择优选聘、灵活双聘的机制，在全球范围内遴选聘任。学院建立健全聘用师资的准入/退出机制、双聘双考核机制、研究生指标单列机制和各类评奖评优单独通道与优先支持机制，完善师资激励和质量保障体系，逐步建成了多元优质、更新迭代的新型师资队伍。

2. 打造汇集校内外科研优势的双导师团

为充分利用校企协同育人优势，创新设计了由领域顶尖大师引领、校企领军导师联合的双导师团育人机制，建立了"邀请匹配"与"推荐审核"相结合的双导师团队伍选聘机制，根据未来空天技术方向需求，已建设由17位院士领衔，65位行业导师（包括5位院士、10余位总师）、64位校内导师组成的双导师团队伍（如图1-3-6所示）。其中，导师来自国家空间科学中心、中国运载火箭技术研究院等47家企业院所和我校16个专业学院，有力保障了突破学科、项目牵引人才培养模式的实施。

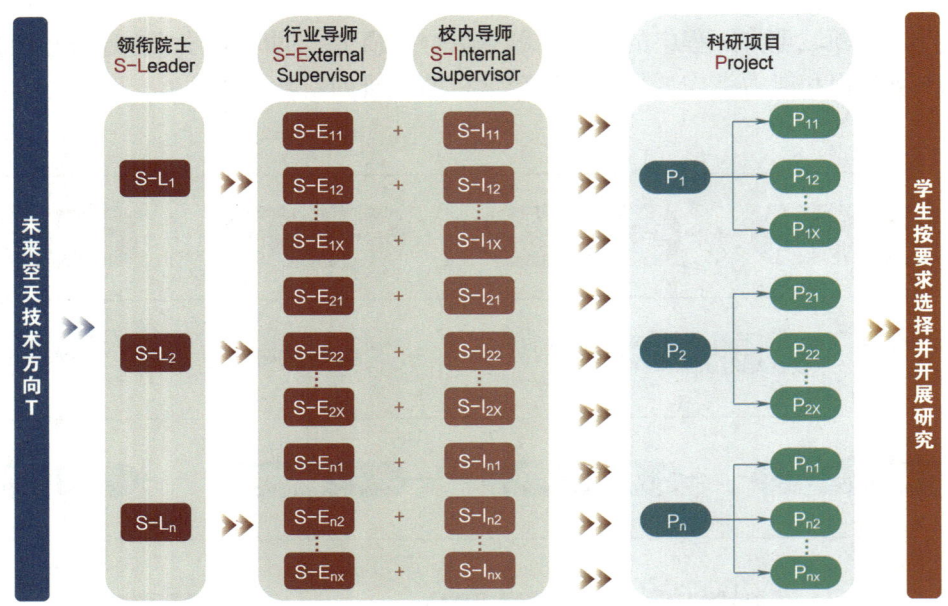

图1-3-6　汇集校内外科研优势的双导师团队伍

3. 汇聚大师、名师的课程教学团队

为充分发挥大师、名师在课程建设与教学内容改革、教育教学资源整合与开发、未来技术教学平台建设等方面的重要作用，通过全球选聘教学名师、加强教学组织建设，吸引了来自校内16个专业学院，北京大学、清华大学等5所国内一流高校，剑桥大学、伦敦大学等4所海外高校和科研机构的100余名高水平教师，持续构建水平一流、结构多元的课程教学团队，有效推进了课程体系改革并取得实效，保障了课程建设质量不断提升。

（三）人才培养模式变革情况及成效

1. 构建"STEP by STEP"课程—项目双螺旋培养体系

面对围绕技术方向重构培养体系的需求，学院从培养面向未来解决复杂、不确定性问题能力的元目标出发，构建了"STEP by STEP"课程—项目双螺旋培养体系（如图1-3-7所示）。该体系由包含科学基础课、工程基础课、技术方向三个模块的课程育人体系和由"新生探索—进阶探究—高阶挑战—创新研究"组成的项目育人体系组成，以技术方向与科研项目为轴心，课程围绕技术方向重设重组、在科研项目载体上相互融通，学生配合科研项目选择课程，形成个性化培养路径和知识结构；双导师团和院所企业依托技术方向和科研项目聚合在人才培养网络中，通过进阶式项目体系参与学生培养全流程，并围绕特定技术方向形成学术共同体。课程育人体系和项目育人体系密切配合，形成了工学螺旋互促、产教紧密融合的协同倍增效应，实现了突破学科边界的知识重组与提升创新能力、发现并解决未来不确定性问题能力的培养目标。

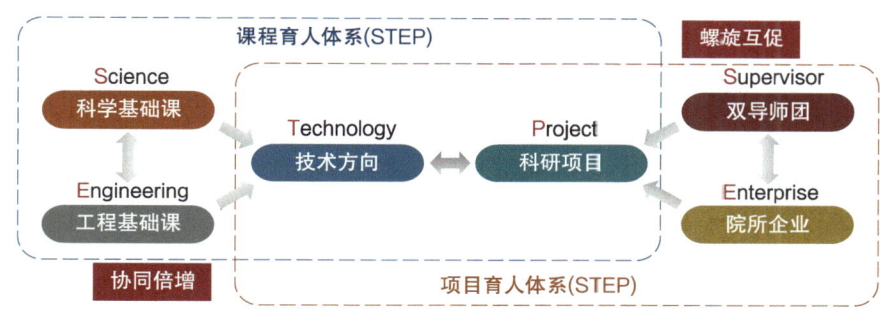

图1-3-7 "STEP by STEP"课程—项目双螺旋培养体系

2. 探索柔性贯通的本博八年培养机制

为适应未来科技创新领军人才成长的渐进性和长期性要求，支撑课程—项目双螺旋培养体系有效实施，学院实施"1+2+X"柔性成长路径的八年制本博贯通培养，设置本科、硕士出口，结合能力导向的选鉴机制和灵活自主的动态流转，实现学生多口径进出、学分无障碍认证，实现学生在双导师团引导下真正的个性化培养。三年间，经过课程学习、研究项目等关键环节的质量评估和综合评价，合计转出17人；综合考虑志向、志趣与学业成绩、科创经历等，7人通过增选转入学院。

3. 持续建设教育教学质量保障机制

为确保以双导师团为核心的师资队伍有序运行，不断提升教育教学质量，学院成立学术委员会和教学指导委员会、教学督导组。学术委员会由19位院士、专家和学院党政主要负责人组成，立足学院发展全局，统筹行使学院学术事务的决策、审议、评定和咨询等职权，服务学院教学科研工作。教学指导委员会和教学督导组成员均由深耕教育教学一线、熟悉教育教学规律和人才成长规律、富有使命感责任感的专家担任。教学指导委员会对标国家要求、立足学校和学院定位，重点开展培养方案审议工作，指导课程体系和项目体系建设。教学督导组围绕教改课程、新开课程或新任教师授课课程等开展听课、巡课，多维度确保教师授课、教材选用等匹配人才培养目标，重点关注课程教学目标达成度和学生培养效果。

4. 营造浸养熏染的书院育人生态

学院实施书院制管理，深化三全育人，构建思政教育新生态。建设"领学、共学、帮学、创学"的学业支持体系，打造"重点＋全员"分层次、"项目＋赛事"双循环的贯通式科技创新育人体系（如图 1-3-8 所示），获批"高水平学生科技创新团队"支持计划 1 项。依托学院特色思政体系，设计系列主题课程、主题活动，打造以"百年变局与青年使命"为代表的特色育人品牌，在厚植空天报国理想信念的基础上，潜移默化地加深学生对文化、科技、资源、安全等全球性问题的理解，系统设计专题"学习日"活动，激发基层学生组织活力（如图 1-3-9 所示）。目前，"逐梦空天，领航未来"主题党日活动已入选北京市"奋进新时代"主题成就展。

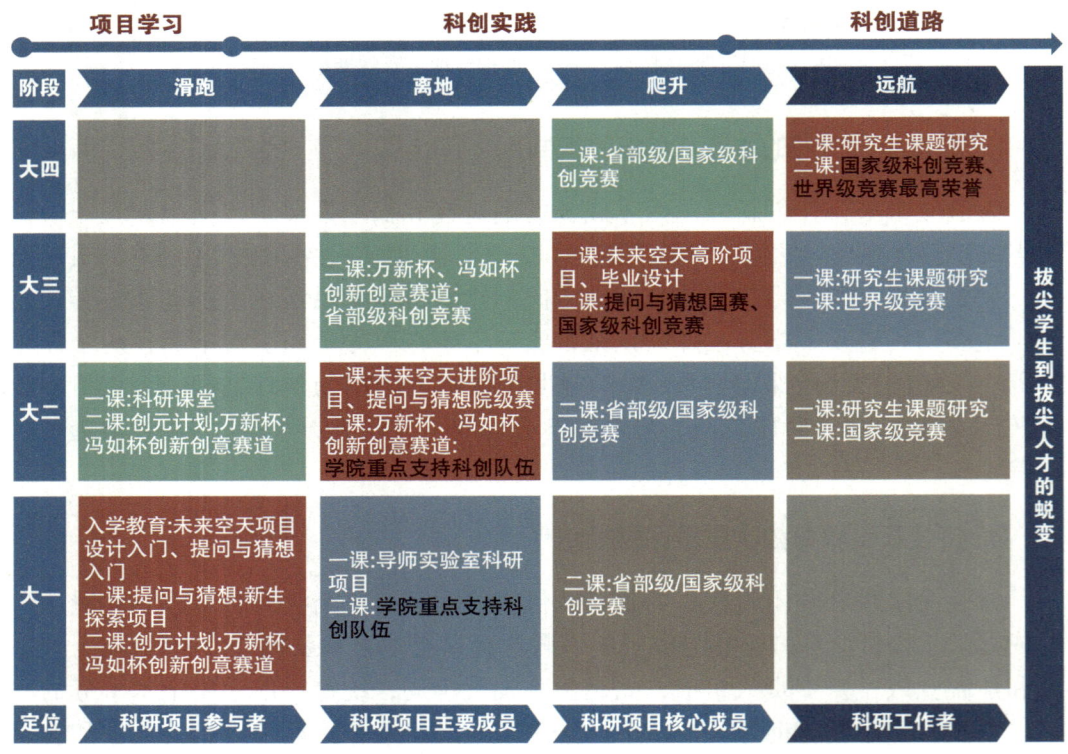

图 1-3-8 贯通式科技创新育人体系

图 1-3-9　特色思政体系贯穿人才培养全过程

（四）教学组织模态创新情况及成效

1. 以课程群拓展课程体系组织形态

为保证课程效果、促进交叉融合，学院设计实施课程群与责任教授机制。建设了数学、物理、"计算+"、机类、电类、核心通识6大课程群，由相关领域学科带头人、教学名师担任责任教授。以课程群为单位，在责任教授带领下，创新课程设计、统筹课程建设、开展集体备课，不断提升课程质量，强化课程间的互补与衔接。责任教授重点指导课程体系和项目体系的建设优化，并围绕教改课程、新开课程或新任教师授课课程开展督导，保证课程教学目标达成和学生实际培养效果，促进培养体系内涵式发展。

2. 以技术方向重组课程教学内容

围绕未来技术方向，学院解构和重塑了科学基础类、工程基础类课程，以模块化的方式构建了与项目体系相互配合的课程体系。立项建设27门精品新课、改革重组24门经典课程，开设了"未来空天技术导论"等系列优质新课，引入了"几何学初步""泛函分析初步"等近代数学课程，针对人工智能、大数据等新兴技术对传统学科专业的渗透，设置了"计算+"课程群。

3. 以项目制重塑教学方式

项目作为"STEP by STEP"培养体系的轴心环节，是培养学生解决复杂、不确定性问题能力的落地举措，与课程学习紧密配合的真实问题项目实践贯穿本博培养全周期（如图1-3-10所示）。新生探索项目面向空天信方向分别开设三门项目制课程，供一年级学生选择。进阶探究项目面向二年级学生开设，为期半年。2023年春季首次实施。高阶挑战项目面向三年级学生开设，为期一年并替代本科毕业设计，2023—2024学年首次开展，学生从项目方向库中选择55个项目，其中63%的学生围绕进阶探究项目技术方向继续深入。学院制定了各项目全阶段管理办法，明确导师和学生的角色和任务，加强对项目育人的过程管理，提升项目育人质量。

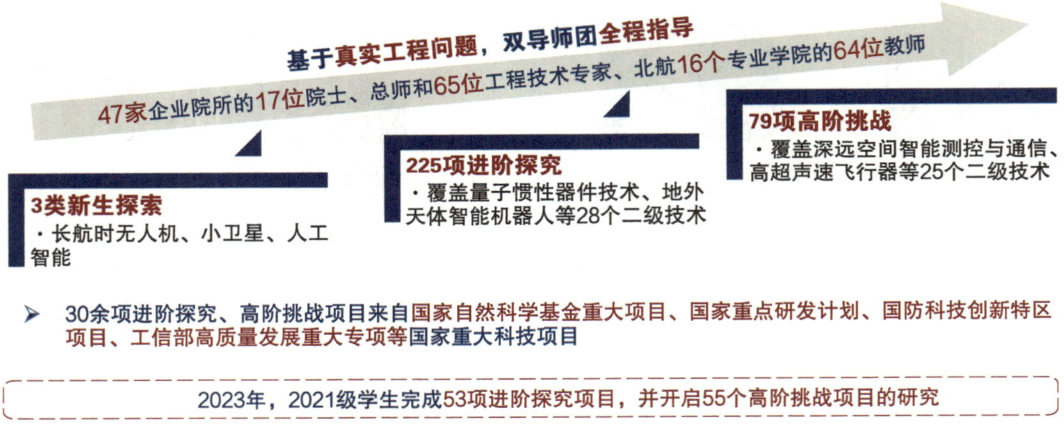

基于真实工程问题，双导师团全程指导
47家企业院所的17位院士、总师和65位工程技术专家、北航16个专业学院的64位教师

3类新生探索
· 长航时无人机、小卫星、人工智能

225项进阶探究
· 覆盖量子惯性器件技术、地外天体智能机器人等28个二级技术

79项高阶挑战
· 覆盖深远空间智能测控与通信、高超声速飞行器等25个二级技术

➢ 30余项进阶探究、高阶挑战项目来自国家自然科学基金重大项目、国家重点研发计划、国防科技创新特区项目、工信部高质量发展重大专项等国家重大科技项目

2023年，2021级学生完成53项进阶探究项目，并开启55个高阶挑战项目的研究

图 1-3-10　进阶式项目育人体系实施情况

4. 以数智赋能加快教学转型

加快打造智慧教育生态，探索知识图谱等新技术、新工具、新标准在课程教学中的深度应用，推动课程教学内容、教学方法和评价模式革新。先行先试电类课程群6门课程，初步搭建完成课程概述、课程框架和知识地图；开发人才培养智慧管理系统以支撑项目育人体系实施，实现项目线上化、集中化、全程化管理；优化升级了数字化教学与学习环境，打造新型智慧教室并投入使用，服务和支撑在线交流项目、在线课程研学、日常课程教学及学生科创研讨等，海外直播课程实现沉浸式体验；推进"大思政"资源数字化，将行业大师的数字化案例融入思政课，打造"北航推荐"思政资源平台1个，获批全国高校数字思政精品项目1项。

（五）国际交流与合作情况及成效

1. 拓展全球伙伴，提升国际影响力

面向全球顶尖高校和科研机构拓展合作伙伴关系，建设开放共赢的国际知名学院（如图1-3-11所示）。与剑桥大学、哈佛大学医学院、蒙特利尔大学等英、美、加等国 11 所高校和科研机构建立稳定的合作关系，合作开展在线课程、科研实习等项目。目前已与法国巴黎高等电子学院、荷兰埃因霍温理工大学、英国爱丁堡大学等高校达成明确合作意向，后续将开展暑期学校、联合培养等项目。

图 1-3-11　部分合作高校交流

2. 丰富国际项目，提升全球胜任力

着力搭建高质量国际交流平台，不断丰富项目形式和内容，致力于让每位学生都参与到适合的国际项目中，实现学生国际经历全覆盖，提升学生全球胜任力。三年来，学院每年暑期均组织英国科技文化交流营（线上开展 2 期），2022 年交流营面向西安交通大学和华中科技大学未来技术学院开放，作为首个未来技术学院之间的合作培养项目，得到师生高度认可；与爱丁堡大学和巴黎高等电子学院的联合培养和交流访学项目正在筹备协议签署工作，即将选派首批学生；共有 21 名学生通过海外科研实践、国际学术会议等参与国际交流（如图 1-3-12 所示）。同时，学院

设立短期海外访学基金以资助和鼓励学生积极参与国际项目，2023年度共有11名学生获得该基金。

图1-3-12　部分国际交流项目情况

3. 资源引入，营造在地国际化生态

吸引全球卓越师资，持续营造多元文化交融的人文环境与学术生态，实现持续性、浸润式的在地国际化培养。三年来，开设全英文课程共15门次，覆盖学生54人，课程内容涵盖学术前沿、国际热点、语言文化和艺术赏析等（如图1-3-13所示）；自2024年春季起，深度参与中国教育国际交流协会组织的国际化拔尖创新人才培养计划项目，其中有3名学生选修课程，即将进入海外科研实训环节；开展近20场各类大师讲座，举办国际暑期学校，探索建立全球英才伙伴成长机制。

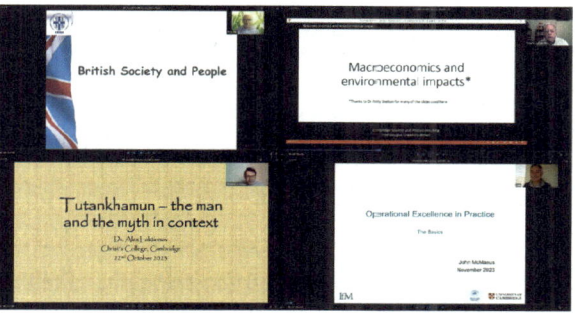

图 1-3-13　全英文在线课程教学情况

（六）科教产教协同情况及成效

1. 以双导师团为纽带推动校企紧密协同

课程—项目双螺旋培养体系在促进校企协同方面展现出天然优势。其中，项目育人体系以双导师团为传导点，以院所企业为支撑，依托重大科技任务、重大工程、科技创新平台，推动有组织科研与人才培养有机结合。校外导师、科研项目、技术方向以及院所企业共同组成的开放创新网络，与校内导师、课程体系、培养路径等高度衔接。领衔院士围绕所领衔技术方向中的科学问题和技术难题，汇聚行业领军人才组建行业导师团队；行业导师与校内导师在联合培养学生的同时，自然而然地开展联合攻关。通过技术方向网络与科研育人网络的有序分解，逐步形成了完整的协同育人机制，实现了从未来技术方向到科研育人方向、从重大工程问题到项目育人课题的对接贯通。

截至 2024 年春季学期，来自 47 家企业院所和北航 16 个专业学院的 66 组双导师团队伍为学生提供来自国家重点研发计划、国家自然科学基金重大项目、科技创新 2030 重大项目等国家级重大项目，以及探月工程四期、国际月球科研站、重型运载火箭、两机等重大工程中的真实课题，形成了覆盖二级技术方向的各类课题 304 项。

2. 以多方合作为渠道激发协同创新动能

以人才培养为切入点，与企业院所、地方加强合作，加快布局科教协同创新平台，支撑双导师团科研协同创新和学生创新实践能力培养。牵头推动北航与深空探测实验室（天都实验室）共建"天都—北航深空探测联合实验室"，建设"梁溪飞地集中云"，与北航航空科学与工程学院、中国商飞公司、中国航发集团共建"新一代全数字化飞行器科教协同创新中心"，获批北京市本科高校产学研深度协同育人平台，惠及学生逾万人（如图1-3-14所示）。

图1-3-14　共建"天都—北航深空探测联合实验室"

同时引入地方产业资源，打通研发、实践、孵化、推广路径，为学生提供行业深度实习实践的场所和条件，锻炼学生在真实生产场景中解决真实工程问题的能力。共建"无锡—北航未来空天科技实习实训基地",围绕联合培养、创新创业、人才交流、实习实训、奖助基金、成果转化等内容多角度尝试建立校地协同新机制;系统开展学生社会实践等工作,组织10余次专题采访,深入调研21家企事业单位,并计划选派优秀学生参与项目实践、企业实习等,深化产教融合培养内涵式发展(如图1-3-15所示)。

图1-3-15　学生赴无锡实习实践

(七)学生培养成效

1. 学生满意度高

在双导师团指导下,学生依托柔性的培养方案,在兴趣牵引下自由探索科学问题、自主建构知识体系、"真刀真枪"解决工程问题,实现了充分的个性化成长。

学情调查显示了学生对学院各项培养举措的高度认可，95%以上的学生认为学院在营造良好的学习氛围、建立融洽的师生关系与同伴关系、构建实力雄厚的师资队伍和高水平教学等方面取得了良好的效果；98%的学生对学院在强化理论结合实践、科学基础、学科交叉融合和前沿知识融入方面的工作表示非常认可。

从整体上看，突破学科、本博贯通、项目牵引的课程—项目双螺旋培养体系在实现培养目标的同时，逐步得到了学生的认同，学生对培养体系呈现出较高的满意度。诚如2021级一位学生所言，"一项新事物，从最初的接受，到后来的认同，对学院和每一个一期的同学既是挑战，也是宝贵的经历。相信会越来越完善，越来越好。"2021级学生作为学院首批培养对象，对学院培养体系的满意度为7.76分（满分10分），他们本身也是培养体系的参与者和建设者。例如，课程育人体系维度，有学生表示，"通过导论课，我遇见了众多学术泰斗，让我感到兴奋激动，同时也为我树立了榜样；丰富的文化课程加强了我的数理能力，也让我感受到大学学习生活充实与压力并存的特点。"项目育人体系维度，有学生提到，"项目制的机制优势巨大，虽然我的进阶结果不太如人意，高阶也没有结束，但是问题导向的方式使我对一些知识理解得更加透彻，也对搞项目搞研究有了一定的接触。"从体制机制建设角度看，学生也受益于动态流转等核心机制的建设，例如，有学生表示，"未来空天的机制是非常有利于学生发展的，不论是流转、考研升学还是推免，都给了我们很多自由的空间""我对学院提供的各种条件表示非常满意，非常感谢。学院的保研方法让我在掌握了课堂知识之外，不需要花费大量时间去单纯刷题，而是能深入思考。余下的时间可以参加航模队工作，在比赛中极大地锻炼了自己的创新能力、实践能力和团队协作能力，使我获得了在别的学院所难以获得的综合提升。"

经过三年建设，2023级学生已经初步建立了对学院培养体系的认同，满意度评分为8.88分（满分10分）。例如，有学生认为，"未来空天的学科交叉培养非常有意义。同时，学院给了我们很多机会探索自己的兴趣，让我们认识到自己未来希望发展的方向。""我了解了国之重器研制过程的艰辛和未来的愿景，并且愿意为之献上自己的青春和汗水。"

2. 培养成效初步显现

学生探索未知的好奇心被持续激发，在包容开放的培养土壤中，不断夯实基础，主动发现问题，深入思考问题，大胆提出设想，开展实践，为日后开展未来技术创新研究打下了深厚基础。对标学院的培养目标和核心"六力"，学院培养体系在激发学生兴趣，培养学生科学基础、工程能力、自我调节与发展能力等方面取得了初步成效。

从学生反馈看，有学生提到"培养方案很注重数理基础，对于工科来说是较大改变，有利于工科生的全面发展"，对于这一培养模式，"一开始可能会有抵触，但是随着学习的深入逐渐发现了这种模式的优点"，从而"学到了多个领域的知识，进而发现了自己最感兴趣的领域和方向"。也有学生表示，"经过这两年我的学习思路发生极大转变，尤其是项目制对超前学习、自主寻找资料提出非常高的要求，总体看收获很大，就是过程比较曲折，转变思路并不容易"，学院的培养体系"大大提高了我的学习能力、对项目的研究能力以及自学能力。同时培养了我的表述能力，多次答辩对我提升很大"。

从结果看，三年来，学生参与实践活动147人次，参与学术会议13人次。参与各类竞赛项目165人次，总获奖95人次，其中国际级、国家级、市级竞赛获奖20余人次，如全国大学生建模大赛获二等奖11项、美国大学生数学建模大赛获S奖1项、北京市大学生工程实践与创新能力大赛（飞行器设计仿真赛项）获一等奖1项。积极参与省部级、校级竞赛，获得北京航空航天大学最高科技竞赛——冯如杯竞赛创新创意赛道特等奖1项、一等奖3项、二等奖9项；获得全国大学生数学竞赛一等奖2项、二等奖9项；获得全国部分地区大学生物理竞赛一等奖2项、二等奖2项等。依托正在进行的进阶、高阶项目，已产生6项专利，形成4篇论文成果。

（八）其他改革工作情况及阶段性成效

1. 总结形成"三大两全"建设模式

面向大领域。面向空天大领域，主动服务国家战略需求，依托北航空、天、信优势学科和平台重器，集成优势力量突破学科壁垒，持续凝练未来技术方向，已建设形成由3个零级、12个一级、30个二级技术方向组成的未来空天技术方向网络，并彻底打破基于学科的科研攻关体系和教学组织形态，围绕技术方向重构教学科研新坐标，主动引领探索未来技术无人区。

融入大工程。坚持在重大工程中培养人才，推动产教形成协同育人与创新共同体，将培养未来空天系统总师与实现关键技术突破有机融合。各类项目来源于国家重点研发计划、国家自然科学基金重大项目、科技创新2030重大项目等国家级重大项目，以及探月工程四期等重大工程，支持学生面向新兴交叉领域前沿工程问题开展实践研究、产出创新成果。

汇聚大先生。精心汇聚了一批学术造诣深厚、育人情怀绵长、对未来空天技术发展有高度敏锐感、前瞻性的大先生，组成学术委员会，深度参与学院建设和人才培养，亲自策划并讲授"未来空天技术导论"等优质核心课程。组建并领衔双导师团队，以"头雁效应"激发"雁群活力"。

贯通全周期。实施八年制本博贯通、全周期柔性培养，以彻底打通的、动态灵活的、逐层进阶的创新培养体系，适应未来科技创新领军人才培养的渐进性和长期性要求。采用"STEP by STEP"课程—项目双螺旋培养模式，强化课程贯通、项目贯通、导师贯通，有力支撑学生自主构建个性化知识体系和能力结构，实现面向未来的能力贯通培养。

重塑全链条。积极畅通人才培养良性循环，一方面以能力培养为目标重塑遴选、培养、流转、评价等培养过程链条；另一方面以新型关系重塑培养资源链条，创新学院与校内其他专业学院、行业企业院所、国内外顶尖高校及科研院所、地方政府等的互动机制，构建多元主体协同育人、广泛汇聚优质资源的良好生态。

2. 加强高水平研究，支撑教育教学改革

学院在推进人才培养实践探索的同时，积极开展教育教学模式创新研究，先后承担了北京市社科基金项目、北京市高等教育本科教学改革创新项目、中国博士后科学基金面上项目和北京航空航天大学教育教学改革重点项目等在内的 10 余项项目，相关研究成果已在《中国高教研究》《高等工程教育研究》《清华大学教育研究》等教育类核心期刊和教育部《拔尖通讯》（内刊）上发表。

3. 办学成果受到广泛认可和高度评价

2024 年 4 月，教育部党组成员、副部长吴岩带队到北京航空航天大学调研，细致考察了面向未来的拔尖创新人才培养相关情况，对学院人才培养成果给予高度评价（如图 1-3-16 所示）。

图 1-3-16　教育部党组成员、副部长吴岩带队参观学院人才培养成果展览

学院办学情况被《光明日报》《中国教育报》《北京日报》等主流媒体报道，相关经验在高校辐射推广，先后有哈尔滨工业大学、北京理工大学、哈尔滨工程大学、天津大学、东南大学、西北工业大学、北京科技大学、北京邮电大学等 20 余所兄弟高校来院专题调研交流（如图 1-3-17 所示）。

图 1-3-17　部分兄弟高校专题调研交流

学院办学声誉受到社会认可，高考招生分数一直居北航首位并连年攀升。

4．承担未来技术学院建设秘书处工作

在教育部高等教育司的指导和支持下，经过一年多的筹备和试运行，2024年初学院正式承担"未来技术学院建设秘书处"工作，使命光荣、责任重大。在前期负责每年未来技术学院建设进展梳理报送、工作交流等基础上，将进一步联合兄弟高校共同建设引领未来科技发展的教学科研高地，推动更快承担探索构建未来科技创新领军人才培养中国范式的责任与使命。

三、下一阶段工作计划

建立健全学生本博转段的长效机制。首届学生面临转段，急需联动相关部门、创新转段机制、理顺制度流程，在确保转段顺畅进行的同时，建立超常规人才培养模式改革与常规学位、学历体系顺利衔接的新机制。

深化大先生、大工程牵引育人模式。切实发挥双导师团、重大工程项目的科研思政引领作用，推动组织校企共建融合大团队，用好外力、激发内力、形成合力、释放活力。

加快打造新型一流课程和精品教材。重点建设好"未来空天技术导论"等品牌课程，有序建设一批高水平核心课程或教材，综合运用知识图谱等信息化技术提升课程的高阶性、创新性、挑战度。

拓展科教产教融合创新平台与资源。以推动"天都—北航深空探测联合实验室"有效建设、推进"无锡—北航未来空天科技实习实训基地"纵深发展为契机和范例，加快探索科教产教融合育人与创新的有效机制。

做好未来技术学院建设秘书处工作。在教育部高教司指导下，承担好"未来技术学院建设秘书处"工作，进一步联合兄弟高校，尽快建立全国未来技术学院日常交流和协调工作机制，实质性推进联合培养、竞赛、会议等活动。

天津大学
未来技术学院建设进展报告

（2021—2024 学年）

一、总体情况

教育、科技、人才是全面建设社会主义现代化国家的基础性、战略性支撑。习近平总书记强调要进一步加强科学教育、工程教育，加强拔尖创新人才自主培养，为解决我国关键核心技术攻关提供人才支撑。天津大学未来技术学院面向国家重大战略需求，面向新质生产力的发展要求，畅通教育、科技、人才的良性循环，致力于培养未来技术创新领军人才。

天津大学作为全国首批 12 家未来技术学院建设单位之一，积极践行天津大学新工科建设方案，持续推进新工科教育迭代升级，不断塑造发展新动能、新优势。未来技术学院面向人工智能、新能源等前沿科技和产业变革，设置未来技术学院（原求是学部、本科生部）、国际工程师学院和卓越工程师学院（研究生部）、宣怀学院（创新创业部）四个内设机构（未来技术学院既代表本科生部，又是四个内设机构的总称）。由中国工程院院士、天津大学校长金东寒任未来技术学院院长，天津大学党委常委、副校长巩金龙任国际工程师学院院长，著名民营企业家九安医疗董事长刘毅担任宣怀学院院长。集天津大学优势学科力量，与 20 家国家重点企业和行业头部企业形成企业俱乐部，与 12 家法国综合理工联盟开展合作，建设"未来智能机器与系统"平台和储能科学与工程专业两个本科专业，电子与通信工程、智能建筑、计算机技术、智能医学工程、智慧水工程五个研究生专业，一个创新创业微专业；以智能制造中心和国家储能技术产教融合创新平台为依托，创新办学机制，突破学科壁垒，引入企业资源，形成科学研究、产教融合、创新创业的全链条人才培养体系，为新工科建设探索一条可复制、可推广的道路。

（一）三年整体建设概况及工作亮点

天津大学未来技术学院（以下简称"学院"）贯彻落实习近平总书记"教育强国"重要讲话精神，在学院建设模式、人才培养模式、校企合作育人模式、实践平台建设模式、国际合作办学模式和创新创业教育模式六个方面积极探索，形成科学合理的组织架构和管理结构。

1. 学院建设模式

打破学科边界、学院藩篱，建立了由机械学院、化工学院、自动化学院、微电子学院、智算学部、经管学部等 9 个校内学院 10 个学科的共建机制，有效利用学校优势资源，实现跨学科人才培养。

2. 人才培养模式

打破传统"以理论课程为主，实验课程为辅""以教师教为主，学生学为辅"的教学模式，设计并推动从本科生贯通至研究生的"以项目为链——模块化课程元"的人才培养方案，并通过未来智能机器与系统平台和储能科学与工程专业认证，显著提高学生自主学习和创新创业的能力。

3. 校企合作育人模式

与恩智浦等公司建立了从本科生到研究生层面的合作育人模式，企业人员参与人才培养方案制定，共同设计项目式课程，为本科生和研究生搭建企业实习实践平台。近五年国际工程师学院有超过 100 家企业参与研究生实习指导和毕业设计评价工作，其中 20 家成为企业俱乐部的核心成员，9 家成为卓越工程师学院理事单位。

4. 实践平台建设模式

分别建立智能制造平台（中心）和大数据与虚拟仿真平台，形成以学生实践为中心的教学模式，为项目式课程提供支撑。教育部、天津市领导先后到智能制造中心指导。中心还接待了天津市和全国多所高校及法国等国外高校师生的访问，被称为新工科实践教学平台的典范。

5. 国际合作办学模式

以国际工程师学院为基础，构建"中法融通、天大特色"的人才培养模式，在课程上实施 1/3 讲授、1/3 练习、1/3 实训的三个"1/3"，学生必须完成 10 个月的三阶段企业实习，有效提升了学生对产业发展的理解力。2023 年顺利通过法国教育部工程师职衔委员会（CTI）的第二次认证。目前三阶段企业实习已经向本科生层面推广，有效解决了人才培养与产业脱节的问题。

6. 创新创业教育模式

宣怀学院提出"四个百分比"创新创业人才培养目标（如图 1-4-1 所示），构建了一套"漏斗式"创新创业课程体系，开辟创新创业人才"发现—赋能—加速—创业"、从理论到实践再到实战的进阶式培养路径，实现教育覆盖和硬科技成果转化的目标（如图 1-4-2 所示）。

图 1-4-1 "四个百分比"创新创业人才培养目标

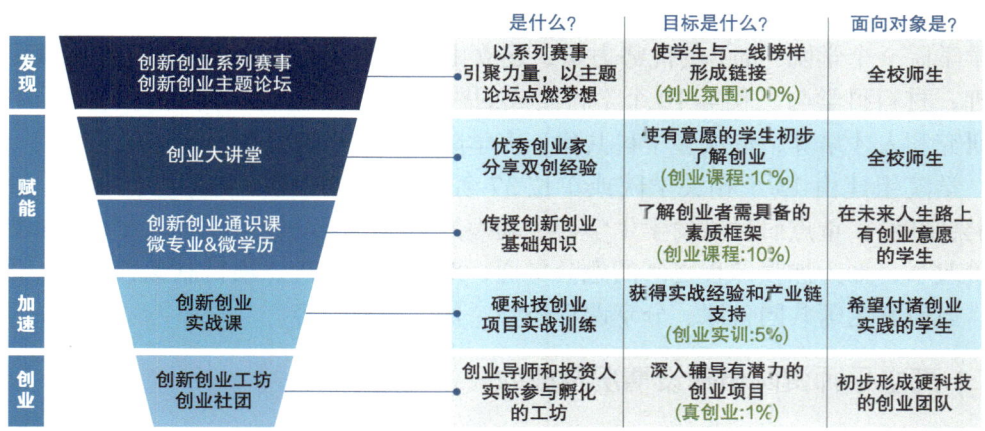

图 1-4-2 创新创业教育体系

学校高度重视未来技术学院的建设与发展，建成一支大师领军、德才兼备、造诣深厚、热爱学生、对科技发展前沿有极强敏锐性和把控能力的高层次管理队伍。

（二）学生培养规模

2021年7月至今，毕业生共计973人，其中本科生545人，硕士研究生275人，辅修生153人。目前学院在读本科生共计335人，硕士研究生共计346人，博士研究生14人以及辅修生67人，总体学生规模762人。

二、工作进展及成效

当前，世界百年未有之大变局加速演进，新一轮科技革命和产业变革深入发展，我国工业发展的外部环境发生深刻变化，面临前所未有的挑战，发展新质生产力是推动高质量发展的内在要求和重要着力点。新质生产力对高校人才培养的要求更高，迫切需要关键核心技术领域具有创新思维、跨学科解决复杂工程问题能力的高层次、复合型领军人才。在过去3年建设时间里，天津大学未来技术学院在学科建设、队伍建设、人才培养、创新创业教育、产教融合、国际合作等方面进行了有益探索，旨在培养引领未来技术创新发展的创新型、复合型人才，建立新工科教育改革范本，并取得了一系列重要成果。

（一）学科专业壁垒突破情况及成效

学院通过建立跨学院共建机制、组建跨学科教研室等举措突破学科专业壁垒，打造复合型人才。

学院坚持"共建、共享、开放、融合、共赢"的办学理念，汇集机械学院、化工学院、自动化学院、微电子学院、材料学院、精仪学院、智算学部、经管学部、数学学院9个学院（部）的优势力量，建立由化学工程与技术、动力工程及工程热物理、材料科学与工程等10个学科组成的跨学科高水平师资队伍，开展多学科交叉研究和人才培养，形成多学科共建、多学院联合的学院建设新机制。

学院组建由13个相关学院或单位37名教师组成的跨学科基层教研室，出台"例会制度"，重点研讨激发学生学习主动性的措施，推动校企联合人才培养和课程评价改革，如为加强课程之间的融会贯通，对数学、物理、项目制课程进行专题研讨，教研室老师共同备课、分享课程经验、优化课程内容。

（二）高水平师资队伍建设情况及成效

学院通过共建学院联聘、校外资源挖掘、国外人才引进等方式，打造跨学科、复合型、高层次的师资队伍。校内现已形成了以金东寒院士、王成山院士、赵天寿院士为带头人，20余名国家级领军人才和40余名国家级青年人才领衔的跨学科科研教学团队，覆盖全环节全链条，全面开展人才培养、学科建设和科学研究。校外聘请企业导师参与课堂授课、企业实习实践指导等，聘请包括深圳科创学院发起人李泽湘、荣程集团董事会主席张荣华在内的85名创业导师深度参与创新创业人才培养。面向国际邀请巴黎综合理工学院前院长Jacques Biot等4位专家担任专家顾问，组建法方专家顾问团队，加强工程教育交流、指导培养方案改革、推荐法方合作资源。

（三）人才培养模式变革情况及成效

教育的转型发展，从根本上讲是围绕"人的发展"迭代创新，它是从"教"到"学"的重心转移，从为供给侧服务向为需求侧服务的转型。学院根据学生心智发展特征，不断创新人才培养模式，基于未来智能机器与系统平台和国家级储能技术产教融合创新平台，逐步探索出一条以学科建制为基础的高校跨学科人才培养模式。

未来智能机器与系统平台聚焦"新机器"与"新系统"主题，以新工科平台为载体，以9个共建学院的16个工科优势专业课程为依托，按照天津大学新工科方案中的课程设计理念和方法，创新性地构建了以"设计与建造1~4""电路与电子1~3"两条项目链为主的跨学科课程体系。课程体系设计遵循"先能力，后知识"

的理念，重点培养学生批判性思维、创造力、跨学科能力、沟通与交流等 21 世纪人才发展的核心能力（如图 1-4-3～图 1-4-5 所示）。平台实施大类培养与个性化培养相结合的方式，给予学生自主的专业选择和课程选择权。学生可从平台涉及的 16 个本科专业中任意选择其一作为主修专业，鼓励学生进行跨学院、跨专业选课。

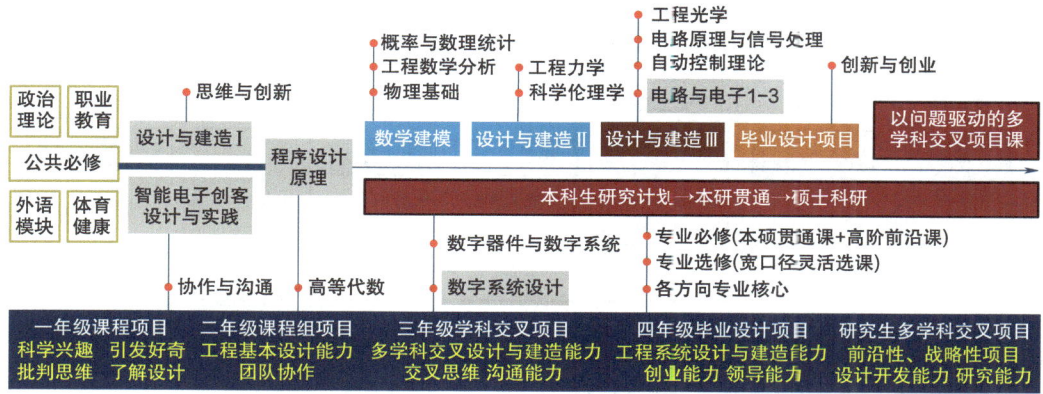

图 1-4-3　未来智能机器与系统平台课程体系

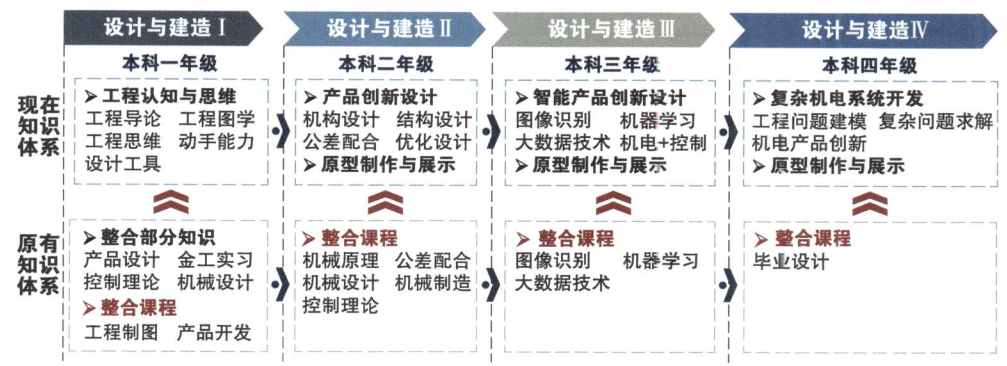

图 1-4-4　未来智能机器与系统平台"设计与建造"系列项目课程

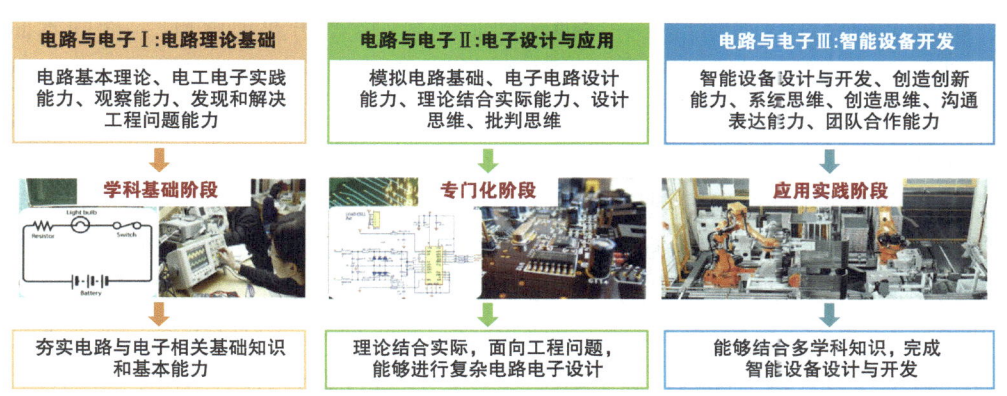

图 1-4-5　未来智能机器与系统平台"电路与电子"系列项目课程

储能科学与工程专业通过知识图谱的建立，以及对国内外相关专业培养方案的分析，建立"储能创客"系列项目制课程，建设以"储能创客"等多种项目为载体，多学科交叉、聚焦未来科技的 Coherent 先进培养体系，以"构建体系、全程贯通、逐渐深入、贴近工程"为原则，大一阶段强调综合认知与优化，大二阶段强调专业知识应用，大三阶段强调知识综合运用，大四阶段强调工程实践，形成贯通大一至大四的项目制课程体系（如图 1-4-6 所示）。

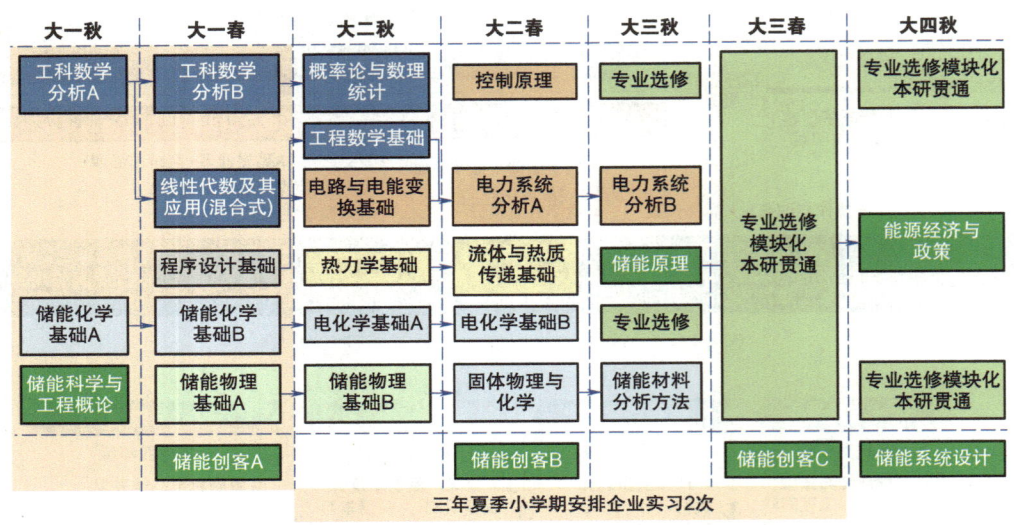

图 1-4-6　储能技术产教融合创新平台"储能创客"系列项目课程

（四）创新创业教育及成效

宣怀学院通过创新创业教育模式创新，培养学生创业意识与实战能力。改革辅修专业方案，推出"宣怀致新班"项目，课程涵盖"创新创业基础能力通识课"及"创新创业实战课"两大模块，实现创新创业课程需求精准覆盖；整合通识课程资源，推出卓越人才培养项目——"创新创业证书/微学历课程项目"，面向本研学生开课；通过创业大讲堂系列讲座、本研必修课融入创业基础章节、依托五大创业赛事广泛链接师生创业团队等举措，实现对本硕博 38 000 名学生的创业知识普及和氛围熏陶。

学院开设创新创业通识课程 162 门，形成线上线下、项目学习、通识教育等多种模式相融合的创新创业课程群，实现对创业人才的深度赋能。面向本硕博开设"X-lab 创新创业实战课""创业：从案例到实战"系列课程，形成学生组队实践、AI 机器人记录、学长传帮带机制、创投资金支持、企业家亲自讲授、企业实地学习的"创业飞轮"教学范式，以小组形式从 0—1 进行创业实战，以商业路演结课，引导学生完成"认知—分享—行动"的创业学习三部曲（如图 1-4-7、图 1-4-8 所示）。课程中孵化的创业项目课后推进落地的比例超过 75%，完成从创意到创业实战的项目成长。

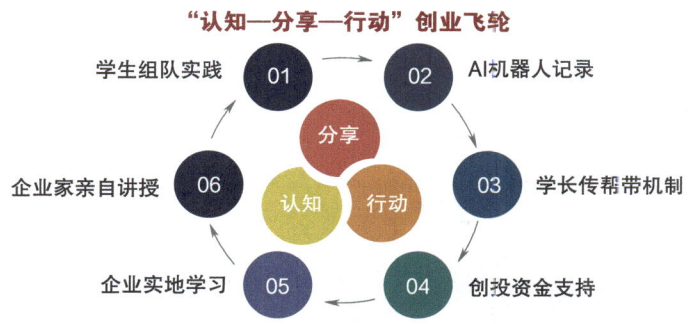

图 1-4-7　创新创业实战课"创业飞轮'教学范式

图 1-4-8　"X-lab 创新创业实战课"课堂

（五）国际交流与合作情况及成效

学院鼓励学生进行国际交流，为培养国际化的高层次拔尖人才构建良好的平台。与昆士兰大学达成寒暑假语言文化交流合作，与新加坡国立大学合作举办"3+1+1"联合培养项目。国际工程师学院与法国综合理工联盟合作办学，同时利用学校国际合作资源为学生出国交流提供多样化途径。培育研究生国际联合培养项目，与新加坡南洋理工大学、英国格拉斯哥大学达成合作框架；与法国格勒诺布尔综合理工学院国际处密切沟通，就双方师生交换、科研合作等达成合作意向；与法国尼斯大学综合理工学院重新签订两校合作协议，明确合作重点与模式。邀请法国 EPF 工程师学院 5 位外籍和 2 位中国籍教师面向全校开展"走进法国"系列活动，全方位升级法国文化课程（如图 1-4-9 所示）。

图 1-4-9　学院举办"走进法国"系列活动

（六）科教产教协同育人情况及成效

在科教协同育人方面，学院带领学生们走近科学家、走进实验室，激发学生对科研事业的兴趣，让学生从被动学习到主动成长。通过网上发布相关信息，学生可选择其感兴趣的科研方向，走进实验室，跟随导师进行科研学术探究；王成山院士做客未来技术学院"未来大讲堂"，作学术报告"智慧城市与智慧能源"，并与学院新生座谈交流；举办"云享技术·赋能未来"学术前沿讲座，让学院学子走近科学家，激发学生们的科研兴趣；开展"走进储能·走向未来"实验室开放日，让储能学子走进实验室，激发学生科研创新活力。

在产教协同育人方面，学院与企业齐抓共管，在校企合作人才培养、双导师制度建设及企业为课程赋能等方面持续发力，推进校企融合、"工学交替"协同育人走深走实。国际工程师学院利用CTI认证契机，梳理企业俱乐部成员，形成国家电网、中建集团、恩智浦公司等20家核心企业，与丹佛斯、中国信息通信研究院、中国工商银行等10余家企业达成协同创新人才培养合作意向，与国机集团等龙头企业研讨制定校企合作人才培养方案（如图 1-4-10 所示）。建立校内导师与企业导师双导师制度，以揭榜挂帅科技攻关项目为牵引，通过四学期项目、三阶段实习联通创新链与人才链，畅通产业链。推动企业直接参与项目课教学，实现科教产教协同育人。邀请恩智浦公司团队参与学院本科生"智能电子创客设计"项目制课程建设与授课，实现首发高科技新品"零延迟"进入项目制课程教学，吸引学生走进企业开展实习；邀请漫维集团参与项目制课程设计与评价，将项目与创业紧密结合，探索增值评价方式方法。

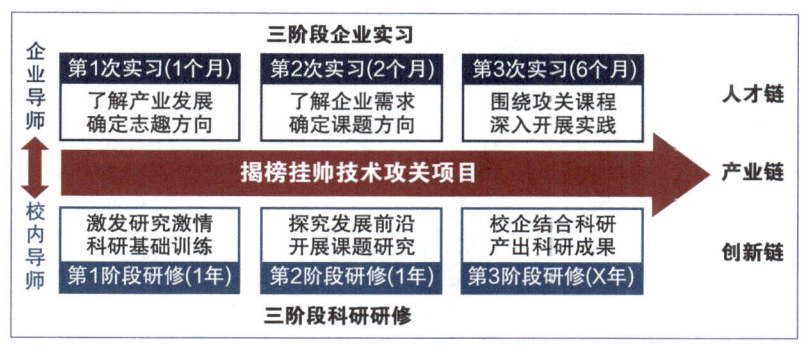

图 1-4-10 四学期项目、三阶段实习实施路径

（七）学生培养成效

人才培养工作取得显著成效，学生在国际、国内等各级各类竞赛中屡获佳绩。2023 年未来智能机器与系统平台专业首届学生毕业。据统计，2019 级未来智能机器与系统平台专业共 109 名学生，产出 139 项项目作品，参与学科竞赛 273 人次，竞赛获奖 218 人次，申报专利 12 项，授权专利 5 项（如图 1-4-11 所示）。学生学习模式发生转变，课堂学习、自主学习、团队式学习、研讨式学习、实践与实战式学习等多种学习模式交叉开展，毕业时学生自主学习获得的知识占整个知识的 60% 以上，教师反映学生学习积极性、主动性和学习能力普遍强于普通专业学生（如图 1-4-12 所示）。

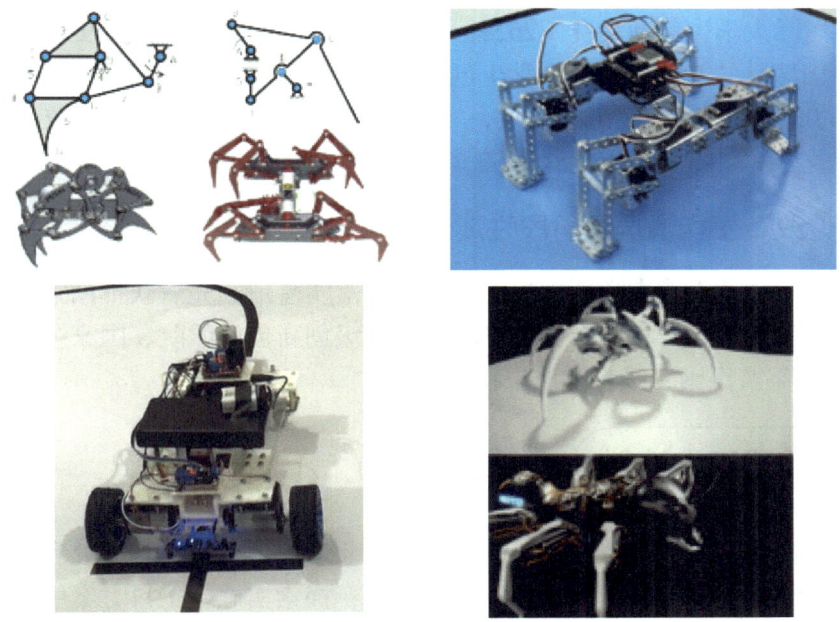

图 1-4-11 学生项目作品

图 1-4-12　学生学习模式转变

2023 年学院学生参与国际、国内等各级各类竞赛 110 项，获奖 203 人次。学生在中国国际大学生创新大赛（2023）竞赛中获得季军，创学校历史最好成绩。在第九届中国国际"互联网+"大学生创新创业大赛天津赛区斩获决赛冠军，取得 7 金 +2 银的成绩，3 项入围国际赛道，"用不到 2% 的人数，贡献了我校市赛主赛道 12.7% 的金奖"（如图 1-4-13 所示）。

（八）其他改革工作情况及阶段性成效

学院砥砺推动天津大学新工科建设方案的落实落地，先后获批国家级未来技术学院、国家储能技术产教融合创新平台、国家级创新创业学院、国家级卓越工程师学院。2022 年获得国家级教学成果特等奖。

三、下一阶段工作计划

以审核评估为契机，持续完善卓越工程人才培养体系。在教务处和研究生院的指导下，持续优化创新型人才招生和选拔机制；探索实施新工科方案中的 360 度学生综合评价，加强学生学习过程中的质量把关。进一步深化产教融合协同育人，加强与中建集团、新奥集团、中国电子科技集团等企业的深度合作，持续发挥企业在人才培养中的积极作用。

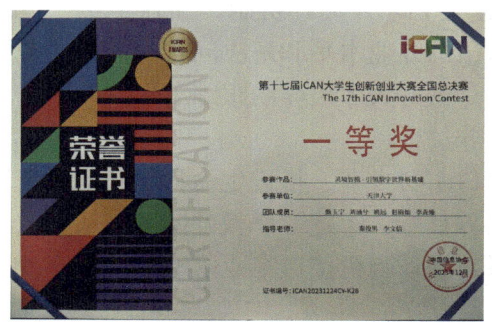
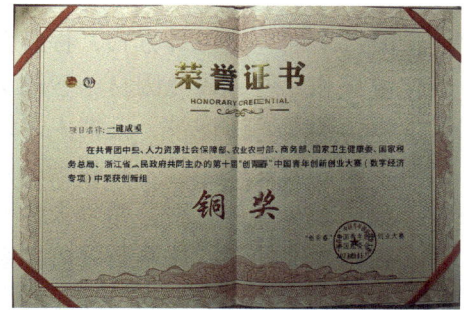

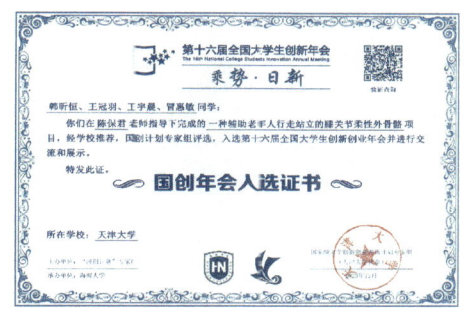

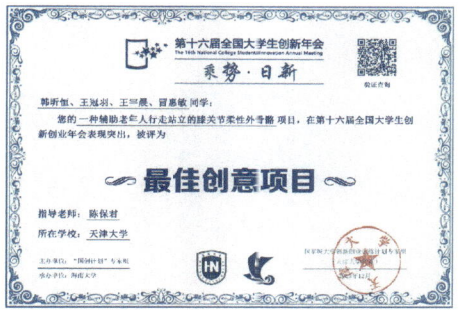

图 1-4-13　我院学生所获竞赛荣誉

以卓越工程师学院建设为载体，深化本研贯通人才培养改革，推动国家级卓越工程师学院落实落地，体系化重构国际工程师学院人才培养方案。加强与法国一流工程师学校合作交流，不断吸收国际工程人才培养先进经验，扩大天大工程教育国际影响力。

以国家级创新创业学院建设为牵引，加强创新创业课程体系建设。坚持天津大学"四个百分比"创新创业人才培养目标，继续完善"漏斗式"创新创业课程体系。持续推进并完善"宣怀致新班"项目的建设工作，帮助学员完成从 0—1—N

的创业实战，全面提升学员创新创业能力。

完善学生工作机制的系统性，持续提升管理队伍综合能力和素质。系统梳理学生工作队伍分工，针对每一项专项工作建立PDCA循环机制。加强学生工作队伍的建设，通过培训、交流等方式，提高队伍的专业水平和解决问题的能力。关注学生个性化成长和发展，攻克因材施教难关。做好人才培养的跟踪工作，开展毕业校友回访工作，整理回访记录，反馈人才培养过程。

面向未来社会发展需求，新建脑机接口本科专业，推进生命科学和信息技术交叉融合。制定专业培养方案，明确人才培养目标，组建专职教师团队与学工教辅团队，建设完备合理的课程体系与评价体系，推动脑机接口专业落地落实。

东北大学
未来技术学院建设进展报告

（2021—2024 学年）

一、总体情况

（一）三年整体建设概况及工作亮点

东北大学未来技术学院（以下简称"学院"）成立于 2020 年 12 月，2021 年 5 月入选教育部首批未来技术学院。学院以东北大学"双一流"重点建设的信息与冶金两个学科群为依托，坚持以立德树人为根本，以新工科建设为内涵，聚焦未来工业智能领域，以未来工业智能新技术发展为重点，探索革命性、颠覆性技术，培养具有前瞻性、能够引领未来工业智能发展的科技创新领军人才，改革创新形成高质量工业智能人才培养模式，推动我国未来工业智能关键技术突破和产业生态构建。

目前，学院建有未来工业智能和未来智能工业 2 类本科生实验班，3 个研究生创新实验班。学院以"构建一流培养体系，建设一流核心课程，编写一流规划教材，打造一流实践平台，组建一流师资队伍"为目标，推进未来工业智能人才培养模式改革。构建未来工业智能和未来智能工业实验班培养体系，建成 12 门核心课程，编写系列规划教材，建设挑战课题创新实验室、未来工业智能共享教学实验平台和程序设计虚拟教研室，并已与华为、科大讯飞、东软集团、鞍钢股份等企业开展深入的科教产教融合协同育人合作。学院现有一支高水平教师团队，包括院士 6 人、国家特聘教授 14 人、国家级人才 18 人、国家级青年人才 29 人、企业总师和技术首席等企业联合导师 95 人。

近三年，学院教师获批国家自然科学基金、国家重点研发计划、科技创新 2030 等重大、重点项目 60 余项，获国家自然科学二等奖 2 项、省部级一等奖 20 余项。

学院提出多学科理论与实践实质交叉的"工业智能"和"智能工业"机制，建立未来工业智能领域科技创新领军人才培养新模式；以企业需求为牵引，构建以问题为导向（PBL）项目贯穿本硕博全阶段的育人体系，提升学生综合素质以及解决未来技术难题、应对未来技术挑战的能力；聚集产业前沿技术，汇聚校内外数字资源、国内外智力，建立产教融合、科教融汇资源平台，促进协同育人。

（二）学生培养规模

学院目前共有本科生1 188人、硕士研究生569人、博士研究生126人（如表1-5-1所示）。

表1-5-1　东北大学未来技术学院在校学生规模情况表　　　　人数/人

年级	本科生	硕士研究生	博士研究生
2021级	618	—	—
2022级	570	335	58
2023级	—	234	68
合计	1 188	569	126

二、工作进展及成效

（一）学科专业壁垒突破情况及成效

智能化是第四次工业革命的主要特征。制造强国和新一代人工智能是我国加快建设创新型国家和世界科技强国的重大战略，也是未来技术聚焦的重点突破领域。东北大学面向工业智能化、绿色化、高效化需求，通过控制科学与工程、计算机科学与技术、机器人科学与工程等学科的交叉融合，坚持"学科交叉—理论研究—技术创新—成果转化"全链条创新研究路线，凝练未来工业智能技术方向。未来工业智能将改变过去的人操作机器和现在人机合作的工业生产模式，表现为机器自主工作，由类人的未来工业智能实现自主决策，其物理形态将是未来工业互联网。

学院围绕未来信息、未来制造、未来材料等未来产业布局，以智能赋能作为革命性集成创新的范式，以未来工业智能为技术方向，以工业智能和智能工业为抓手，汇聚研究、培养模式变革和管理机制创新，力求突破核心工业软件、核心智能算法、智能工业系统等"卡脖子"技术，创造革命性、颠覆性、原创性技术。近三年，新申报智能科学与技术1个交叉学科，新建设工业智能和智能工业2类共6个新工科专业或实验班。

（二）高水平师资队伍建设情况及成效

学院建设3年以来，通过大师领航、引育并举、企业导师和青年骨干培养等，逐步形成由院士、国家级人才和青年人才组成的教师团队，建设了一支德才兼备、造诣深厚、学科背景交叉、对科技发展前沿有极强敏锐性和把控能力的高层次教师队伍。

大师领航，发挥高层次人才引领作用。如柴天佑院士领衔工业智能研究生创新实验班，以高尚品德、扎实学识、优良教风培育人才。学院重视师德教育，培育典型，树立榜样，7位教师被认定为辽宁省本科教学名师，1人获得"国家工程师奖"荣誉称号，1人获辽宁省五一劳动奖，2人获吴文俊教学奖。

引育并举，构建创新人才培养队伍。学院整合信息学科相关的6个学院、2个国家重点实验室，广大教师积极投身育人实践，深化教育教学改革。推进全员立德、科研育人制度、师生学术研讨会制度、班导师制度建设，强化教师育人责任意识。克服东北地区学术交流与合作的困难，依托两个引智基地引进60余位兼职教师。

汇聚资源，共建校企合作导师队伍。学院汇聚科研院所、企业等各方资源，并与华为、科大讯飞等高技术企业建立联合实验室，现拥有校内和企业联合研发人员100余人，企业联合导师95人。面向未来技术发展需求，开展人工智能实训，建设专业实验平台，设置创新实践项目，联合建立未来技术实验教学示范中心和科教融合中心，实现产教基地共建和数字化科教资源的融合。

（三）人才培养模式变革情况及成效

学院以探索专业学科实质性复合交叉合作规律、探索未来科技创新领军人才培养新模式为目标，瞄准技术颠覆和产业变革，聚焦未来工业智能领域，依托信息与冶金学科群，通过未来领军人才培养模式革新、工业智能卓越课程体系重构、实践育人平台构建三个方面，进行了本硕博全阶段人才培养模式改革的探索与实践（如图1-5-1所示）。

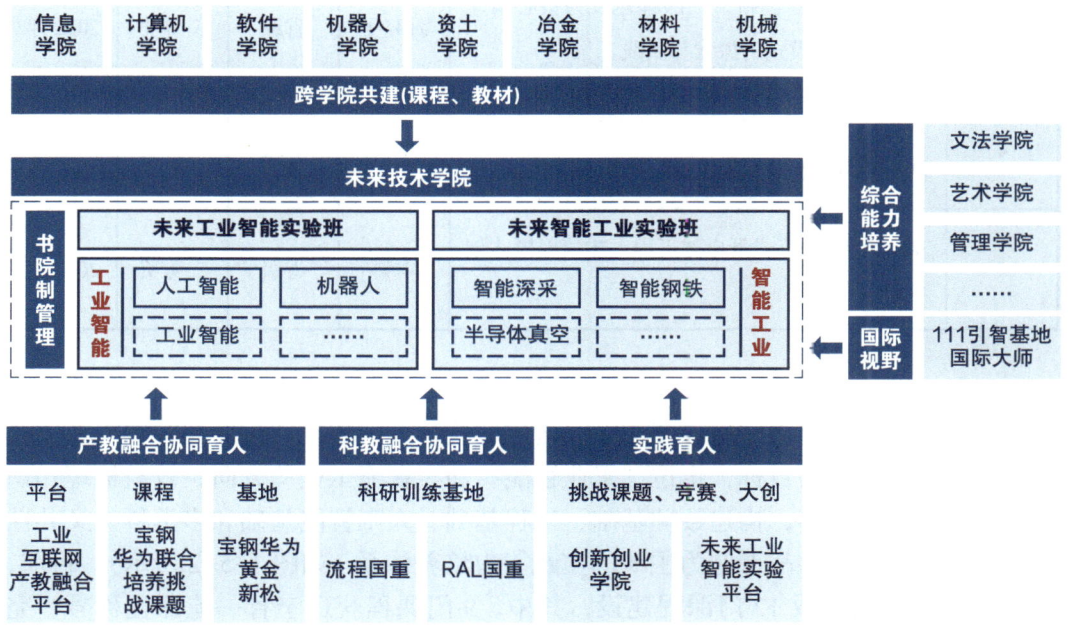

图 1-5-1 学院人才培养架构图

人才培养模式革新方面，学院以思想引领、交叉融合、实践育人、协同育人、文化育人理念，汇聚多学科专业优势，通过"重数理、厚基础、宽口径、强实践、深交叉"的培养模式，推进小班化、导师制、项目制、学分制和贯通制改革，以培养具备社会责任、科学工程、人文情怀、沟通合作、领导服务、国际视野能力的具有东北大学特质的引领中国新型工业化进程的工业智能领域科技创新领军人才。学院目前完成建设"工业智能"和"智能工业"类多专业交叉融合本科生实验班和"工业智能研究生创新实验班""智能深采研究生创新实验班""东大华为数通菁英研究生实验班"。人才培养的相关成果获得5项教学成果奖励（如表1-5-2所示）。

表1-5-2 学院近三年所获教学成果

序号	成果名称	成果类别	成果级别	获奖等级	获奖年份
1	面向创新型自动化工程科技人才的研究生培养模式改革与实践	研究生	国家级	二等奖	2022年
2	基于科教产教融合的"四转化"研究生培养体系探索与实践	研究生	国家级	二等奖	2022年
3	多方融合协同创新，以课程建设为核心构建研究生培养模式的探索与实践	研究生	省级	一等奖	2022年
4	"四新"背景下金属矿深部绿色智能开采人才培养体系创新与实践	本科	省级	一等奖	2022年
5	"融合创新"范式下卓越工程人才培养模式创新探索与实践	本科	省级	二等奖	2022年

工业智能卓越课程体系重构方面，学院坚持立德树人根本任务，以课程思政建设为引领，围绕学院人才培养架构，以构建一流体系、建设一流课程、编写一流教材、打造一流平台为目标，定位"工业智能"和"智能工业"方向，重新梳理知识体系，迭代课程内容，构建数理基础、工程基础、人工智能基础和多学科交叉共性课程体系，以及以挑战课题为主线的实践能力培养体系（如图1-5-2所示）。目前，共性课程体系已完成12门课程建设，其中，9门课程获辽宁省一流课程称号，完成教材建设2门（如表1-5-3、表1-5-4所示）。

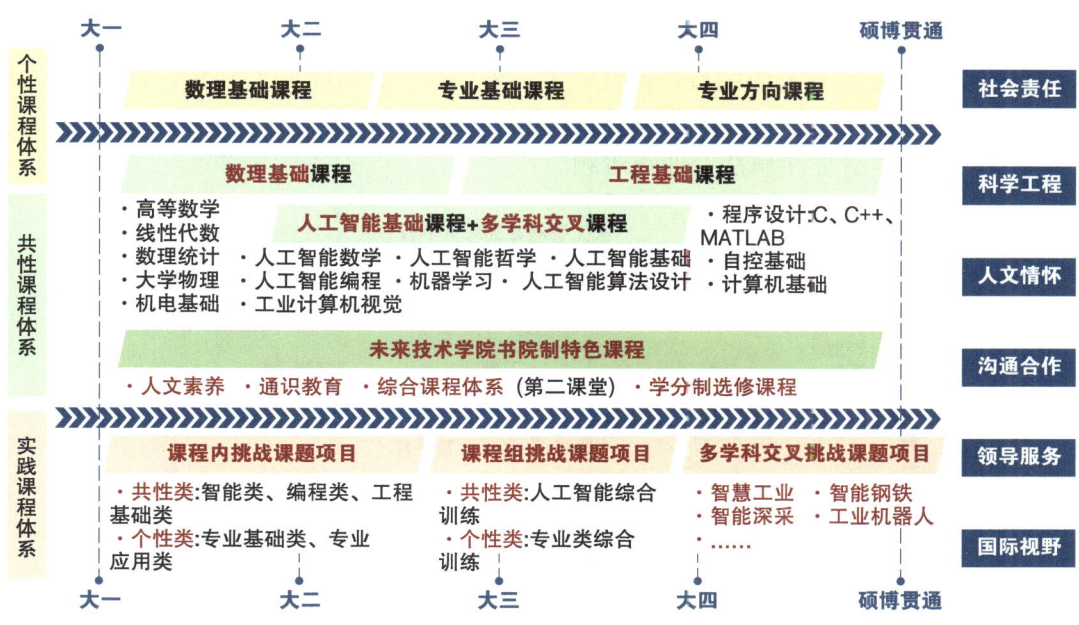

图 1-5-2　工业智能卓越课程体系

表 1-5-3　一 流 课 程

课程名称	获奖年度	层　次
机器人基础原理	2023	国家级
程序设计	2022	省级
Python 语言程序设计	2022	省级
数据科学导论	2022	省级
数字矿山技术	2022	省级
人工智能基础	2022	省级
智能制造	2022	省级
数据结构	2022	省级
机器学习与模式识别	2022	省级

表 1-5-4　教 材 建 设

教材名称	应用课程
《人工智能的数学基础》	人工智能的数学基础
《未来互联网原理、技术及应用》	新一代信息技术

实践育人平台构建方面，学院构建以"挑战课题"为主线的实践育人模式，并打造"通用算力平台、专业基础平台、智能工具平台、典型场景平台"四位一体的

未来工业智能共享教学实验平台，让学生掌握智能基础、技术和工具，锻炼不同行业工业智能系统开发的能力，提升解决未来工程问题的能力（如图1-5-3所示）。在"挑战课题"的基础上，依托校外实践育人基地（如表1-5-5所示），进行企业实际课题培养，让学生解决企业级难题。

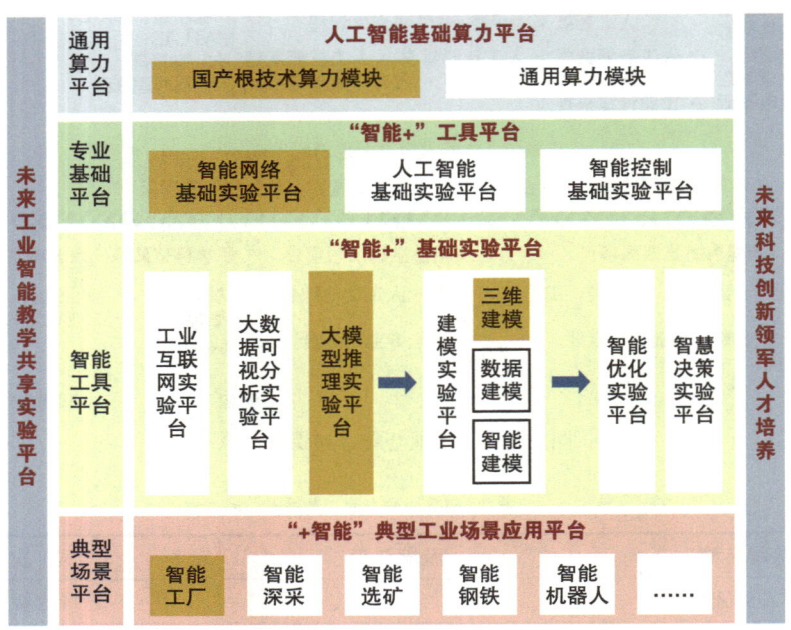

图1-5-3 未来工业智能共享教学实验平台架构图（黄色背景模块为已完成建设）

表1-5-5 校外实践基地

基地名称	建设时间	合作企业
宝钢集团有限公司实践教学基地	2002年	宝钢集团有限公司
鞍山钢铁集团公司实践教学基地	2009年	鞍山钢铁集团公司
东北大学—华晨宝马汽车有限公司实践教学基地	2016年	华晨宝马汽车有限公司
东软集团股份有限公司实践教学基地	2019年	东软集团股份有限公司
华为北京实践教学基地	2021年	华为北京研究所
中国黄金集团有限公司共建实践教学基地	2023年	中国黄金集团有限公司
华为昇腾人工智能实践教学基地	2023年	华为辽宁公司
科大讯飞有限公司实践教学基地	2023年	科大讯飞有限公司

（四）教学组织模态创新情况及成效

学院通过全面推进PBL挑战课题培养推进小班化、导师制和项目制教学模式改革和机制创新，并建设以"挑战课题"为牵引的"共享教学—虚拟教学—产业资源—数字资源"四位一体协同育人平台建设，突破传统教学组织形式和时空限制，突出交叉融合、科教协同和产教协同，引领带动教学组织模态的全链条、深层次变革。

PBL挑战课题教学模式改革和机制创新方面，以学生为中心，将现有学生基于应试思维的知识学习，转变为基于创新创造思维的以问题为驱动的学习，让学生以课题学习为起点，以问题导向规划学习内容，通过逐步提出课题"解题"方案提升从0到1的创新创造能力和未来胜任力（如图1-5-4所示）。目前，挑战课题育人模式已经覆盖学院全部实验班（如表1-5-6所示）。

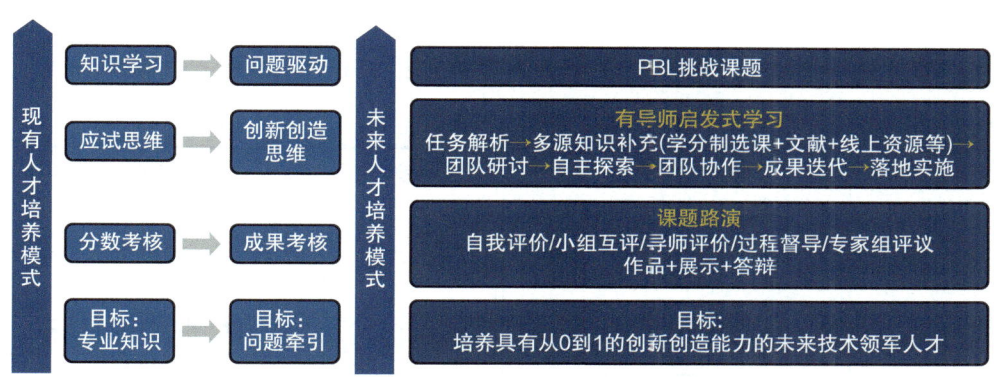

图1-5-4　PBL挑战课题教学模式改革与机制创新

表1-5-6　正在进行的部分课题

序号	课题名称	课题方向
1	基于Atlas的PCB表面缺陷智能检测装置	人工智能
2	基于多模态数据的抑郁症识别方法研究	人工智能
3	基于双目视觉的移动机器人场景重识别研究	智能机器人
4	移动平台高精度雷达定位系统研究	智能机器人
5	基于机器学习的钢铁工业数据分析	智能钢铁
6	基于机器视觉的热连轧非对称运行测控系统研发	智能钢铁
7	针对云服务场景的生成式大模型的关键技术研究	企业实际应用
8	基于图神经网络和因果推断技术的攻击扩散研究	企业实际应用

共享平台建设方面，学院建设未来工业智能共享教学实验平台，为PBL挑战课题教学模式改革进行平台支撑。

虚拟平台建设方面，学院申请并获批教育部首批程序设计课程虚拟教研室。目前，虚拟教研室共有教师160人，包括中西部地区教师49人。虚拟教研室以教研组为单位开展资源建设，协同共建教学大纲、电子课件、数字教材、实验项目、慕课等教学资源。目前已建设 4 门核心课程的多类教学资源，在平台上线的教研资料有 2 411 个，获得各类省级一流本科课程 8 门次。该教研室 2023 年被评为辽宁省示范性虚拟教研室。

产业资源与数字资源平台建设方面，学院依托教育部—华为"智能基座"产教融合协同育人基地，将产业创新与国产化技术融入全阶段人才培养。目前完成包括计算机基础理论、人工智能、数据通信、多学科交叉本科与研究生课程在内的 34 门共建课程，近 2 万名学生受益（如表 1-5-7 所示）；与华为昇腾合作，建设国产化超算和智能计算中心，为推进工业智能领域人才培养和科学研究国产化升级夯实基础；汇聚全国优质数字课程资源，引进了爱课程、学堂在线、Blackboard 等学习平台，推进智慧教学一体化平台建设，为学生提供泛在化、开放式学习环境。

表 1-5-7 共建课程

课程类型	课程名称	课程类型	课程名称
计算机基础理论	汇编语言程序设计	人工智能	计算机视觉
	数据库管理系统实现技术		人工智能技术
	云计算技术导论		神经网络与深度学习
	分布式模型与编程		模式识别技术与应用
	Linux 操作系统分析		语音识别
	C++ 程序设计		Python 数据分析
	操作系统		计算机智能技术基础
	软件工程		信息处理与机器翻译
	计算机组成原理		人工智能数学基础
数据通信	信号与系统	多学科交叉	人工智能与机器人
	计算机网络技术		概率机器人学
	基于 IPv6 的新一代互联网技术		机器人感知与人机交互
	新一代互联网技术		工业计算机视觉
	高级计算机网络及应用实践		集成电路概论
	计算机网络基本原理	研究生课程	智能网联
	光纤技术/非线性光纤光学		基于 IPv6+ 的新一代网络技术
	学科前沿知识系列讲座		
	光电子技术		

（五）国际交流与合作情况及成效

学院依托外国专家局与教育部"111学科引智基地"、教育部国际合作实验室和辽宁省"一带一路"国际合作实验室，积极探索多元化国际交流与合作（如图1-5-5所示）。

图1-5-5 "一体化过程控制学科创新引智基地2.0"年度会议于辽宁沈阳举行

学院目前与37个国家和地区的248所高水平大学签订校际交流协议，建立了实验班国际交流联合培养机制，与紧密合作的美国麻省理工学院和英国剑桥大学等境外知名高校进行联合培养。近三年，有近300名学生参加在线学习国际化项目，25名学生参加在地国际化项目。

学院积极通过国际合作联合实验室和引智基地汇聚知名专家和国际学术大师，如诺贝尔奖得主、院士等来校进行半年以上的合作教学和科研（如表1-5-8所示）。2023年，墨西哥科学院院士、墨西哥国立理工学院李晓鸥教授来学院交流与工作，指导教改研究，研讨课程体系及教材建设，并作"人工智能时代理工科的教育学"教学报告；国际自动控制联合会（IFAC）前主席、西班牙瓦伦西亚理工大学佩德罗·阿尔贝托斯（Pedro Albertos）教授来访1个月，为研究生开设16学时Control of Nonlinear Processes by Model Inversion课程，并做教学报告。

表1-5-8 2023年度海外教授讲授研究生实验班课程情况

序号	课程名称	讲课教授	教授单位	学时
1	Control of Nonlinear Processes by Model Inversion	Pedro Albertos	西班牙瓦伦西亚理工大学	16

续表

序　号	课程名称	讲课教授	教授单位	学　时
2	Designing Stabilizing Controlers for Singe—input, Singing—output（SISO）	Antonis Ioannis Vardulakis	希腊亚里士多德大学	21
3	Data Mining Techniques and Its Applications	李响	新加坡制造技术研究院	32
4	面向自适应控制和时间序列预测的深度学习	余文	墨西哥国立理工学院	16

近三年，学院主办/承办国际与国内学术会议9次，学院教师受邀在国际会议作特邀报告59次，为海内外相关领域的专家、学者、研究生及工程技术人员提供了学术交流和研讨最新研究成果的国际平台（如表1-5-9所示）。

表1-5-9　学院主办/承办国际与国内学术会议情况

序　号	会议名称	会议时间	会议地点	参会人数
1	第33届中国控制与决策会议（CCDC 2021）	2021年5月	昆明	1 200
2	2021首届未来工业智能研讨会	2021年8月	沈阳	400
3	第3届工业人工智能国际会议（IAI 2021）	2021年11月	沈阳	500（外宾70）
4	工业智能高峰论坛	2021年12月	沈阳	200
5	第2届工业智能高峰论坛	2022年6月	沈阳	200
6	第34届中国控制与决策会议（CCDC 2022）	2022年8月	安徽	1 000
7	第4届工业人工智能国际会议	2022年8月	沈阳	500
8	第35届中国控制与决策会议（CCDC 2023）	2023年5月	宜昌	1 000
9	第5届工业人工智能国际会议	2023年8月	沈阳	400

（六）产教协同育人情况及成效

学院建立了"围绕产业需求、依托产业项目、利用产业资源"的多维度协同育人机制。提出了共建课程、企业导师到校授课或指导学生、合作科研立项、教授到企业担任工程师等多种协同方式，开展了学生企业实践、校企联合专班、校企联合实验室等多种科教产教协同育人模式实践，由企业投入资源并联合培养，实现对学生的能力塑造，构成完整循环。

在工业智能领域，学院与华为公司签署共建未来技术学院协议，开展"智能基座"产教融合协同育人基地合作项目，共建东大—华为数通菁英研究生实验班等（如图1-5-6所示）。组建了覆盖4个学院36名教师的课程改革团队，挑战课题导师 100 余人；组建包括"华为天才少年"在内的 26 名企业导师队伍和包括华为云副总裁石冀琳等在内的 18 名职业发展导师队伍；开展 4 个技术领域 36 门课程共建；依托昇腾平台，发布辽宁首个大模型"沈阳·太一"（The One）多模态推荐模型；获批教育部首批"程序设计"虚拟教研室，形成了工业智能领域科教产教协同育人样板。

图 1-5-6　东大—华为数通菁英研究生实验班招生启动

在智能工业领域，学院聚焦钢铁"矿石开采—钢铁生产—装备制造"全流程，与沈鼓集团、中国黄金、鞍钢股份等企业开展全产业链合作，包括共建研究院、共建联合培养工程硕博班、共建联合创新中心等。建设了一批联合创新中心、虚拟仿真教学实验中心、虚拟仿真实验平台等，形成了钢铁智能工业领域科教产教协同育人典范。

（七）学生培养成效

学院成立以来，始终着眼国家战略培养未来科技创新领军人才，通过人才培养模式革新、教学模态赋新、知识体系更新等一系列举措，在人才培养工作中取得了一定成效。学院博士研究生张克胜领衔团队荣获第十三届"挑战杯"中国大学生创业计划竞赛金奖。他在接受央视《新闻联播》采访时说："习主席在新年贺词中提到'要以更大力度办教育、兴科技、育人才'，作为青年我们真实感受到了激扬与奋斗。新的一年里，我将努力成为国家战略需求的高素质人才，为推动东北全面振兴贡献自己的青春力量。"学院硕士研究生曾振、本科生程思睿团队获第七届中国国际"互联网+"大学生创新创业大赛金奖（如图 1-5-7 所示）。此外，学院学生在"中国大学生程序设计竞赛""全国大学生机器人大赛"等竞赛中同样表现优异，近三年，获 5 星级以上国家级竞赛奖项 100 余项（如表 1-5-10、表 1-5-11 所示），由本硕博三个阶段学生担任第一作者或通信作者发表的学术论文共 200 余篇，其中 SCI 检索 150 余篇，共申报专利 50 余项。

图 1-5-7 曾振团队获得第十二届"挑战杯"中国大学生创业计划竞赛金奖

表 1-5-10 学院近三年代表性竞赛获奖情况

竞赛名称	项目名称	负责人	负责人专业	获奖年度	获奖级别
第十三届"挑战杯"中国大学生创业计划竞赛	数字孪生流程工业指标智能优化决策解决方案	张克胜等	控制理论与控制工程/博士	2023	金奖
中国国际大学生创新大赛	深部工程岩爆灾害智能监测预警与防控平台	张宇	采矿工程/博士	2023	金奖
中国大学生机械工程创新创意大赛：材料热处理创新创业赛	新型抗氧化免镀层 Cr-Si 合金化热成形钢	张天放等	智能钢铁/本科	2022	一等奖
第十届中国 TRIZ 杯大学生创新方法大赛	全地形越障消毒车	魏俊杰等	工业智能/本科	2022	一等奖

表 1-5-11 学生获得标志性荣誉情况

荣誉名称	获奖人	获奖人层次	获奖人专业
第十届"创青春"中国青年创新创业大赛金奖（全国仅 10 项）	曾振	硕士	机器人科学与工程
第十届"创青春"中国青年创新创业大赛银奖（全国仅 20 项）	张克胜	博士	控制理论与控制工程

(八) 其他改革工作情况及阶段性成效

学院从 2023 年开始开展校内书院制试点工作，目前书院制试点校内建设方案已经完成并初步通过论证，由未来技术学院牵头建设的书院命名为汉卿书院。书院负责学生第一课堂之外的学习生活与养成教育（第二课堂）。书院通过通识教育课程和提供非形式教育（即非课程形式），配合学分制，开展学术及文化活动，实现学生文理渗透、专业互补、个性拓展，鼓励不同背景的学生互相学习交流，满足学生的个性化发展需要，最终促进学生的全面发展。书院与学院合理分工、紧密协作，实现育人方式的改革，最终目标是合力培养全面发展的未来科技创新领军人才。

三、下一阶段工作计划

下一阶段工作中，学院将深入贯彻落实习近平总书记给东北大学全体师生重要回信精神，坚持立德树人，坚持着眼国家战略需求培养高素质人才；围绕东北大学特色"工业智能"与"智能工业"人才培养主线，持续建设一批新理念工业智能共性课程，编写一批高水平"智能＋工业"核心课程教材；以"挑战课题"为主线的项目制、导师制、贯通制实践培养体系为引领，打造一系列未来工业智能协同育人平台，培养一支工业智能领域具有科技创新能力的师资队伍；瞄准未来信息、未来制造和未来材料前沿方向，面向我国工业智能化、高效化和绿色化发展重大需求，构建以突破壁垒为目标的核心工业智能技术体系，为打造能够引领未来科技发展和有效培养复合型、创新型人才的教学科研高地，建设高等教育强国、服务高质量发展，实现中华民族的伟大复兴，培养未来技术创新领军人才。

哈尔滨工业大学
未来技术学院建设进展报告

（2021—2024学年）

一、总体情况

（一）三年整体建设概况及工作亮点

哈尔滨工业大学（以下简称"哈工大"）未来技术学院（以下简称"学院"）于 2022 年 6 月揭牌成立，同时成立了问天书院（以下简称"书院"）。学院面向未来科技和产业发展，聚焦未来革命性、颠覆性技术人才需求，坚持以问题和未来需求为导向，紧紧围绕"卡脖子"关键核心技术，立足航天第一校"尖兵"资源优势，着力培养具有前瞻性、能够引领未来发展的科技创新领军人才。学院坚持"以本为本"，创新性地组建了院士领衔的永坦班、善义班、小卫星班、智能机器人班、人工智能班五个院士特色班，以及覆盖人工智能、智能制造和生命健康等国家急需和行业前沿领域的未来技术拔尖班。

三年来，充分发挥学院政策优势和书院资源优势，持续探索学院书院"双院协同"的拔尖创新人才培养新范式。积极对接各方资源，打造了聚焦兴趣"点"的培养方案，以问题、需求和目标为导向，创建了"厚植基础、强化交叉"的"1+1+X"培养新模式，改变了以学科专业为主导的传统培养模式；构建了贯通时间"线"的培养格局，支撑从"工程师的摇篮"到"四类人才"培养的格局性转变；创新时空"面"的培养模式，大力推动课程改革，扩展教与学的时空维度；建设立"体"化的培养平台，整合课内外、校内外、国内外优势资源，实现了学科实质性交叉融合；构建"纵横贯通、逐级挑战"的课程与项目双驱互融的教学新体系，改变了课程与项目实践双线平行、各自为战的传统教学体系，形成了"点线面体"的人才培养新生态。

面向本科生综合素质培养和思政教育要求，学院在成立之初便坚持协同，构建了以"引领探索、赋能逐梦"为内核的学院书院双协同的思政创新工作体系，全面实现学生在双院协同范式下的沉浸式成长成才。一是建设党建引领示范区，打造由"问天讲堂"等大师引领系列活动，强调"师生协同"，实现"引领未来"；二是汇聚教育资源，建设学习资源集聚区，打造由"问天思政轩"等构成的一站式学生社区，强调"学科协同"，实现"探索未来"；三是夯实教育主体，建设全员育人样板区，打造"家—校—社会"快速响应育人队伍，强调"社会协同"，实现"赋能未来"；四是搭建教育平台，建设五育并举先行区，形成教学学工育才育人联合体，强调"管理协同"，实现"逐梦未来"。

学院 2023 年度的调查显示，学生对学院教育的整体满意度达 94.7%；院士班主任事迹被新华网等 10 余家媒体报道和转载；学生年均获各类本科竞赛奖项 500 余项，占全校 1/8 的大二学生获省部级以上科创竞赛奖所占比例达 1/3 以上；学生社团特色演出等"五育并举"工作多次被《人民日报》等媒体报道，累计阅读量达百万次；双院协同人才培养新范式入选拔尖创新人才培养及高校思政等国内研讨会的主题报告。

（二）学生培养规模

三年来，学院在读学生包括 2018 级、2019 级我校原英才学院学生，以及学院 2020 级、2021 级、2022 级、2023 级学生，共计 2 419 名本科生。

二、工作进展及成效

（一）学科专业壁垒突破情况及成效

学院面向国际技术发展前沿，坚持交叉融合，主动打破传统专业学科壁垒，通过加强跨院合作、推动大类融合，强化科教融合、产教融合，促进理工结合、工工交叉、工文渗透、医工融合，重点凝练出 3 个未来技术方向。

人工智能。面向人工智能技术和产业发展，瞄准人工智能基础与机器学习、脑科学与类脑智能、智能控制理论、机器感知与模式识别、自然语言处理与知识工程、智慧能源和智慧城市等方向，打造国际一流的人工智能创新人才培养基地。

智能制造。面向我国制造业高端化的必然要求，瞄准机器人工程、智能装备与系统、智能材料与结构、智能建筑与建造等领域，实现设计过程、制造过程和制造装备智能化，提升"中国智造"创新人才培养能力。

生命健康。针对保障人民生命健康的重大课题，瞄准智能医学工程、生物医学科学、医学信息工程、脑科学与认知科学等方向，凝聚医工交叉领域领军人才与团队，建成具有国际化特色的医工交叉创新人才培养平台。

（二）高水平师资队伍建设情况及成效

学院党委充分发挥党员教师的引领作用，加强全院教师队伍建设，营造风清气正的育人环境。

突出大师引领。学院面向校内外高标准选聘一流师资，着力建设导师、辅导员和班主任三支队伍，建立学院教学委员会，打造高水平教育教学管理团队，形成顶尖师资队伍。

重选聘强理念。形成了 500 多人的高水平导师队伍，其中国家级高层次人才所占比例为 43%（如表 1-6-1 所示）。由院士领衔或担任班主任的特色班，成为站位高、起点高、特色鲜明的人才培养载体。关于院士特色班大师引领的《求解"钱学森之问"：哈工大"院士班"的答卷》等内容被《人民日报》、新华社等多家媒体重点报道（如图 1-6-1 所示）。

表 1-6-1　书院导师选聘情况　　　　　　　　　　　　　　　　　人数/人

类　别	书院导师	班主任
院士	9	6
高层次人才（含四青）	216	50
其他	296	17
共计	521	73

图 1-6-1　新华社报道哈工大"院士班"

重建设强提升。打造 50% 以上为博士青年教师的专兼职结合的辅导员队伍，定期举行辅导员悦享会等活动，提升辅导员的理论水平和职业能力。

重成效强改革。强化新工科教育理念，每年组织教师培训和研讨 5 次以上；年均教育教学改革立项 25 项；坚持授课教师选优配强（评教 A/A+ 以上占 42%）；外聘省部级名师、霍英东高校教师奖获得者等授课教师 3 人。

重大师强领航。创办由院士、总师担任主讲人的未来技术讲坛，已邀请院士做专题报告 10 场，参与师生 3 500 余人次；创办的"对话未来"名师专家系列活动年均举办宣讲 40 余场，涉及学院 18 个，参与学生 2 000 余人次。

（三）人才培养模式变革情况及成效

1. 培养理念和培养模式

学院深刻把握未来技术发展的时代背景，提出了"厚植基础、交叉融合、多元发展"的拔尖创新人才培养理念，确立了"爱国奉献，具有系统思维、勇于创新，善于解决复杂工程问题的新时代工程大师"的育人新目标。结合工程的"系统性、综合性、创新性"要求，构建了"厚植基础、强化交叉"的"1+1+X"人才培养新模式：一年级厚植数理基础，强化创新能力；二年级按照工程领域设置基础课程，强化系统思维；三、四年级注重专业交叉，强化综合集成；以"一生一策"的方式为学生量身定制个性化培养方案。重构"纵横贯通、逐级挑战"的课程与项目"双驱互融"的教学新方法，通过理论与实践交融一体化推进工程创新能力的培养；建设一流课程、教材、师资和实践平台等优势集聚的教学新资源；建立驱动内生动力的长效质量评价与保障新机制，形成了工程创新人才培养教学新体系，培养大批工程创新人才（如图 1-6-2 所示）。

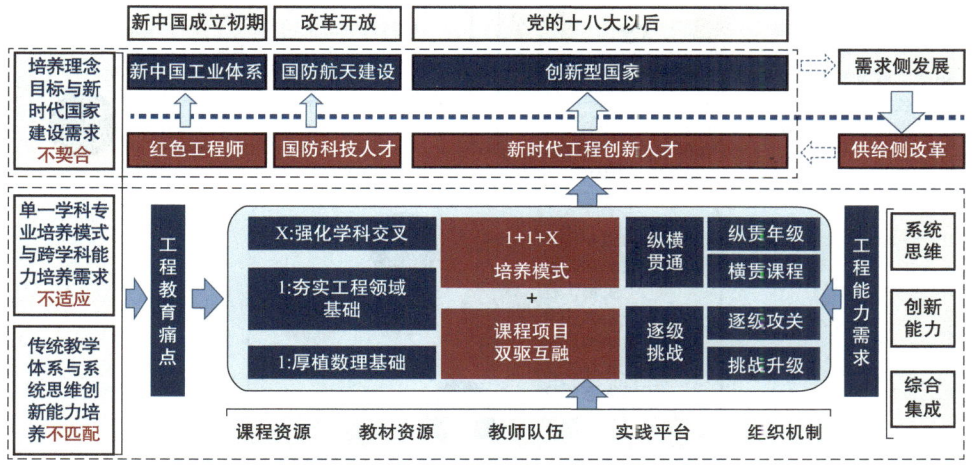

图 1-6-2 学院人才培养理念和模式

2. 招生选拔

为推进拔尖创新人才培养模式和机制改革，建立了除高考选拔外（学生高考录取最低分平均高于普通学院 15 分以上）的科学化、多阶段的遴选机制，制定《未来技术学院优秀本科生遴选面试考核细则》，科学选才鉴才（如图 1-6-3 所示）。

图 1-6-3　学院优秀本科生遴选面试考核细则

3. 专业建设

以人才培养目标和学生成长需求为导向，全校 69 个国家级一流专业全部参与未来技术学院学生培养；组织 18 个学院、103 个专业制定三大领域"一生一策"培养方案 220 套。

三个学科交叉专业领域与主要相关专业方向如图 1-6-4 所示。

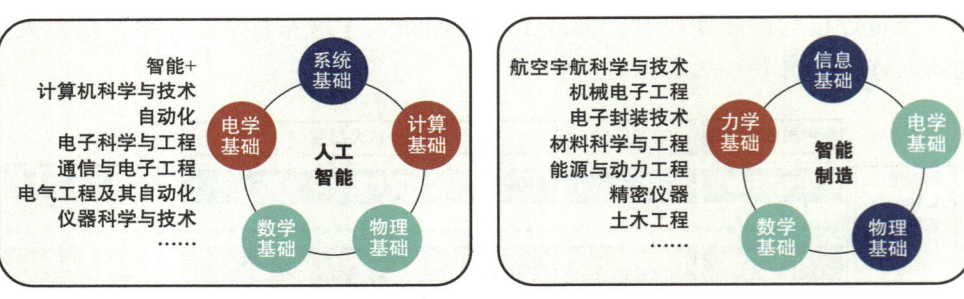

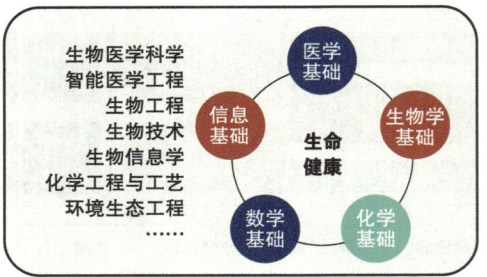

图 1-6-4　三个学科交叉专业领域及主要专业方向

4. 课程建设

为学生提供优质课程资源，含国家级一流课程 75 门；课程改革建设立项 76 项，累计经费 587.6 万元；新建三大领域基础课程 13 门，分层次建设教改课程 7 门、校外高水平教师课程 3 门；出版国内首套未来技术学院专属教材 2 部（《微积分》上、下）；立项建设数字化课程、新形态教材、虚拟仿真课程等 26 项。

5. 教学组织形式创新

（1）制定《未来技术学院教学委员会章程》，组建跨学科教学委员会及领域咨询专家组（来自 20 个学院，包括人工智能、智能制造、生命健康三大领域及基础课程名师/优博导师及教学管理专家共 39 人）。

（2）面向 2023 级新建人工智能院士特色班，组建跨校区的人才培养团队（本科第 1 年在哈尔滨本部培养，第 2～4 年在深圳校区培养）。

6. 导师制建设和落实

发挥书院制特色，明确导师定位，制定《未来技术学院书院导师聘任管理办法》，建设由高水平教师（20 个学院 521 位，高层次人才所占比例达 43%）、行业专家（6 个国家及地区 60 家企业 116 位）组成的高水平导师库，从大一年级即开始全面落实双选机制，师生比约 1∶2。

7. 创新创业教育

从"解决复杂工程问题所需要的系统思维和创新能力"培养需求出发，提出以"微工程"形式对学生进行思维和能力的培养，构建"纵横贯通、逐级挑战"的课程与项目双驱互融的教学新体系；对"一年级数理基础—二年级工程领域基础—三、四年级交叉融合专业"培养全过程进行系统化设计，将课程与"微工程"项目深度融合贯通，做到纵向突破培养阶段、横向突破课程间壁垒，按照学生能力水平逐级设置挑战，形成了课程和项目深度融合、双重驱动的教学体系，构建了课程和项目"双驱互融"的教学新方法，改变了传统体系中课程与项目实践双线平行、各自为战的状态，形成了"课程门门有项目"的良好局面，实现了通过理论与实践交融一体化推进工程创新能力的培养（如图 1-6-5 所示）。

基于项目的学习，建设"未来技术学院学生科创项目及指导教师库"，包括 479 个科创项目，组织完成 2 场大型培训会，组织完成三个学年共 311 组科创项目答辩，参与指导的 206 位教师中教授 110 位、副教授 76 位。

制定《未来技术学院本科生创新创业学分修读管理实施细则》，强化创新领军人才培养导向。制定《申请推荐免试攻读硕士学位研究生（直博生）实施细则》，提高推免学分绩点要求，并加入创新学分，引导学生积极投入创新创业实践学习。

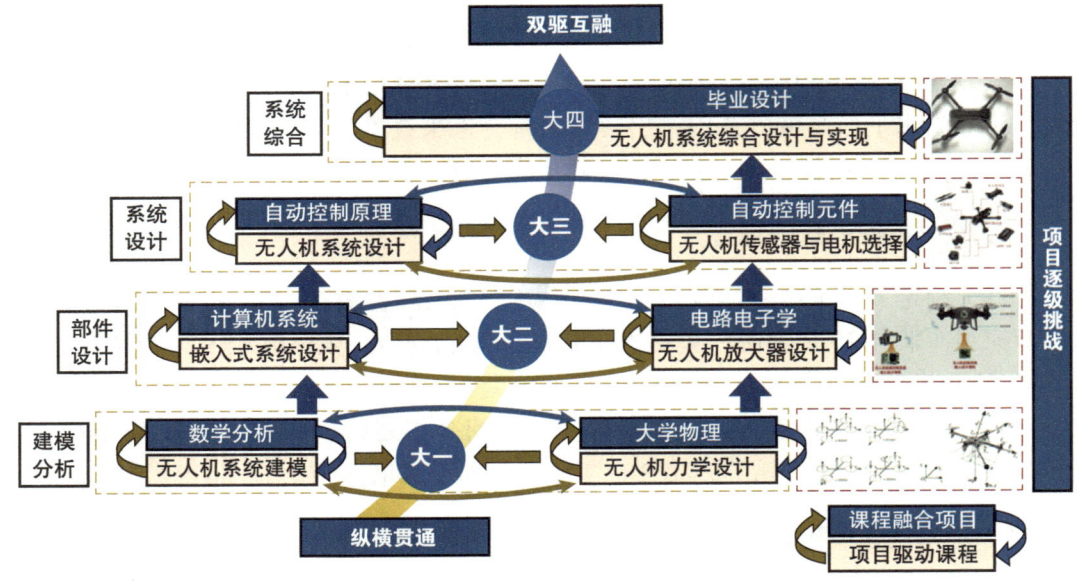

图 1-6-5　课程与项目双驱互融教学体系

8. 评价改革

为了打破唯考试成绩评价的弊端，采取了一系列措施，逐步完善学生学习评价体系（如图 1-6-6 所示）。此外，学院组织制定了"数学分析""大学物理""线性代数与空间解析几何""计算机程序设计与实践""外语综合"等课程的先修与免修（听）实施方案，全面推进多元化评价、个性化教学与学习改革。

举措	原则与办法
强化创新学分和创新创业项目要求	□ 坚持创新创业教育四年不断线，全覆盖、层次化推进 ✓ "大一年度项目学习计划" ✓ 大二大三"大学生创新创业训练计划"项目 ✓ 大三大四学科竞赛、创业实践
完善面向学生学习成效的多样化考核制度	□ 满足学生多元化、个性化学习和考试需求 ✓ 全面实行累加式考核 ✓ 部分数理课程中试行先修免修和分时分段考核制度 ✓ 部分课程学生可通过自主安排学习进度、自主选择课程层次、自主选择听课方式等实现自主修读
坚持"五育并举"学生全面发展评价导向	□ 坚持"五育并举"学生全面发展评价导向，以"重德育、强实践"为核心理念 ✓ 发挥"思政理论实践课"作用，强化"学思行合一"的过程性考核与多元化评价方式 ✓ 将"德智体美劳"综合表现纳入学生荣誉奖励评价等环节 ✓ 夯实立德树人成效，确立科学育人目标

图 1-6-6　学生学习评价体系

（四）教学组织模态创新情况及成效

1. 创新育人新模式

瞄准未来技术学科交叉融合发展方向，吸收借鉴麻省理工学院、斯坦福大学等国际一流大学先进的人才培养模式，以知识、能力、素质的全面提升为目标，将促进产业升级的革命性技术融入课程体系。面向新学科边界，打造包含数理基础、专业教育、创新特色、人文通识、语言能力五大模块的课程体系，培养关联多学科知识的思考问题和解决问题的能力。重塑数理基础课程，突出对未来技术的支撑作用，夯实学生基础；大力建设涵盖综合分析、多视角解决问题、案例分析、科技前沿、交叉学科研讨等多元化专业教育和创新特色的课程，以学科前沿、产业和技术最新进展推动教学内容更新，使课程的高阶性更实，创新性更强，挑战度更高。

为了实现学科交叉融合，突出学生的个性化发展，稳步推进完全学分制改革。立足于专业建设而不囿于专业，以主辅修专业学制打破专业界限，以完善的信息化支撑平台为基础，以培养方案为切入点，丰富课程体系，建立灵活选课制度，建立弹性学制、学分互认制、学业导师制、免修免听制等教学管理机制。整合校内外、线上线下教育教学资源，满足学生多元化、个性化需求。学生可以通过自主安排学习进程、自主选择课程层次、自主选择听课方式等实现自主修读。

2. 革新组织新形式

依托学术大师团队和国家级重点实验室，组建服务于人才培养的跨学科专业的教学科研团队，建设一批小卫星、认知计算、智能机器人、智慧城市等领域的面向未来技术的多学科交叉创新人才培养高端平台，为学生由课程知识学习转向创新能力提高提供师资平台保障。强化学生团队协作和学科交叉意识，发挥先进焊接与连接全国重点实验室、快速响应小卫星应用技术国家地方联合工程实验室等21个国家级平台的牵引作用，坚持问题导向和目标导向，聚焦团队成员共同感兴趣的、有挑战和创新性的课题，激励学生提出新问题、尝试新方法、验证新猜想，吸引多学科学生加入，根据成员专业爱好进行分工，协作实现预定目标。

建立书院管理新模式。"问天书院"的名称源于屈原的长诗《天问》，寓意有二：一是探求科学真理征途漫漫，追求科技创新永无止境；二是哈工大人对于天空的探索从未止步。学院以书院制进行管理改革，秉承传统，开拓创新，通过"立志、立言、立行、立德"四个思想维度，构建涵盖自我价值认知、知识领域提升、沟通与合作、文化与融入四个方面的具有哈工大特色的拔尖人才能力需求PACK矩阵，构建"引领未来、探索未来、逐梦未来、赋能未来"的书院工作体系（如图1-6-7所示）。在教育理念、教育资源、教育主体、教育平台四个层面汇聚思政元素，深度赋能"怎样培养人"（如图1-6-8所示）。

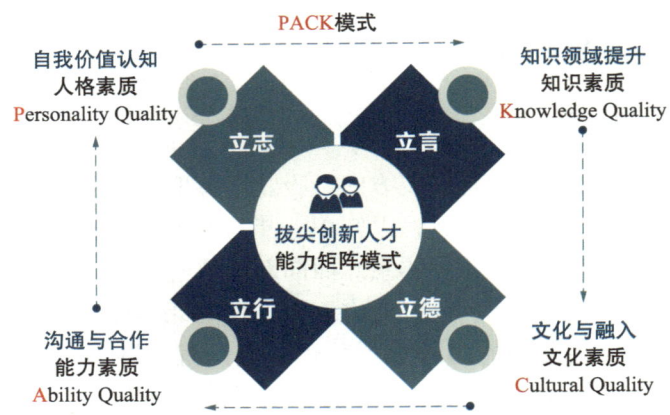

图 1-6-7 拔尖人才能力需求 PACK 矩阵

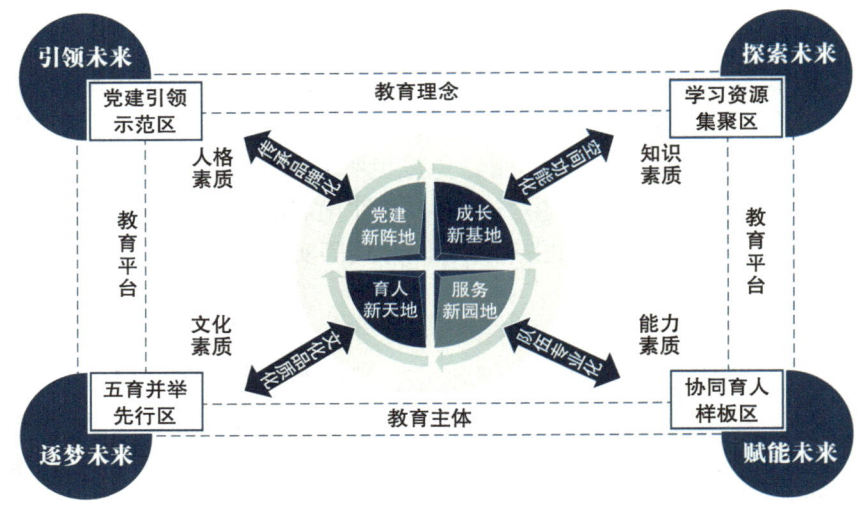

图 1-6-8 "引领未来、探索未来、逐梦未来、赋能未来"的书院工作体系

（五）国际交流与合作情况及成效

有效利用外部优质教学资源，多措并举推进联合培养。推进"与国际名师共建课程计划"，邀请国外学者或知名企业研究员来访问讲学，使学生能够领略到不同的授课方法和授课内容。扩大拔尖学生国际导师库，与世界顶尖高校等合作建立国际联合实验室，与国外一流大学合作培养拔尖学生。建立"一带一路"特色国际学生项目，大力支持国际暑期学校、组织精英班等国际化教学项目建设。邀请诺贝尔奖获得者、图灵奖获得者、国外院士等世界顶尖科学家来校开设前沿讲座和开展交流活动，为学生接触世界科学研究前沿、融入国际一流学术群体创造条件，为学生攀登学术高峰搭建坚实可靠平台。

拓宽国际游学留学渠道。依托中俄工科大学联盟开展联合办学，建设哈工大—

圣彼得堡联合办学项目、哈工大—莫斯科鲍曼大学联合办学项目。设立国际交流资金，鼓励学生参加国际组织实习和挂职锻炼，支持学生参与相关国际交流项目，推进拔尖学生的联合培养与短期交流，开阔学生的国际化视野，提升国际交流能力。开展外语专项培训，鼓励学生参加语言考试，获得参与相关国际交流项目所需的语言资格证书。规范境外交流管理，完善境外交流学分认证，做好学分认证指导。让每位拔尖学生在本科期间都有一次参与国际交流或名企实习的机会。

与香港科技大学、香港城市大学、香港理工大学、香港大学协同制定推荐攻读博士院际协议，与俄罗斯、韩国、加拿大、澳大利亚、英国、法国、意大利、西班牙、瑞典、荷兰等国家和中国香港地区的 27 所高校签订 36 个有效联合培养协议。教师参加国际国内高水平会议 88 人次（国际会议 25 人次），学生境内交流访学 6 人次，境外交流访学 4 人次。

通过学院与国际合作部、外语学院共建的联动机制，建立了留学竞争力和国际交流能力提升特色讲座和一对一指导工作坊，营造拓宽国际视野、重视国际交流能力培养的氛围。与外国语学院联合制定《外语课程教学管理办法》，创办"未来杯"写作/演讲大赛。组织专场留学经验介绍报告会 16 场，组织留学辅导与国际交流能力提升工作坊 74 次，为学生提供留学申请文书写作与面试等一对一指导，邀请嘉宾 203 人次，参与学生 800 余人次。

建有空间环境与物质科学研究院（国家大科学工程）、中国—俄罗斯先进能源动力技术"一带一路"联合实验室、中国—智利 ICT "一带一路"联合实验室等，学院多名导师作为领导或核心成员参与上述大科学工程项目和联合实验室工作，并以国际合作等多种方式支撑学院人才培养，学生参与科创、毕业设计或参观学习 500 余人次。

（六）科教协同创新情况及成效

深化与科研院所及领军企业科研合作和协同创新，机器人技术与系统、材料结构精密焊接与连接等 4 个全国重点实验室顺利重组，获批新建智慧农场技术与系统全国重点实验室；通过学校牵头建设的 38 个科技创新平台、3 个科教产教平台对学生进行培养，合作经费超过 3 亿元（不含自筹）；导师团队牵头承担国家重大科技专项 20 项、国家自然科学基金项目 73 项、国防军队重要科研项目 27 项、科技部项目 12 项；依托相关项目培养的学生毕业设计获得包括全国高校航空航天类专业本科毕业设计成果交流会特等奖等荣誉；学生年均获各类学科竞赛奖 500 余项。

（七）科教产教协同育人情况及成效

汇聚科研院所、企业、投资机构等各方资源支撑未来技术创新领军人才培养。依托航天科工、航天科技、华为、腾讯、浪潮等头部企业，建立企业俱乐部、科技创新俱乐部，开启"高企之旅"校企学术交流活动，提升学生的科技创新实践能力。引入优秀企业界人士参与拔尖人才培养，邀请名企大咖、创业校友，举办"名企小班行"系列活动，为拔尖学生提供与学术界、教育界、工程界的大师级人物进行面对面交流的机会，将企业资源融入拔尖人才培养，让学生直面企业遇到的复杂科学工程问题，激发学生对解决未来技术问题的兴趣。

结合科研平台和创新团队建设特色实习实践环节88项。新建实践课42门，加强41门课程的实践环节，新建2门高阶实验课。新建"面向未来"特色认识实践项目，大一新生100%参加"面向未来"世界500强企业特色认识实习。与哈工大重庆研究院、苏州研究院等拟定《校企协同生产实习方案》及实习课程方案。以"校企协同育人基地"等方式新增25家企业，通过支持学生到企业实习实践、聘请企业导师开设"国之重器"思政讲座、创新创业讲座、指导双创实践，将产业界在技术、设备、人才等方面的优势资源引入人才培养的全过程。2023年度新增45位来自各类科研机构、企业的专家等作为校外导师进入导师库。

（八）学生培养成效

1. 建立时空浸润式育人新理念，学院书院双协同，培养全面发展的领军人才

充分发挥书院空间优势、学校和校友资源优势，将塑造优良品格、培养具有领军才能的人才培养目标与建设教学优异、科研卓越的一流大学的责任有机结合起来，打造书院社团品牌，在学习、社交、运动、娱乐中通过生生、师生交互，将书院作为第一课堂的课外战场、第二课堂的主战场，探索基于书院环境开辟培养德智体美劳全面发展人才的新途径（如图1-6-9所示）。

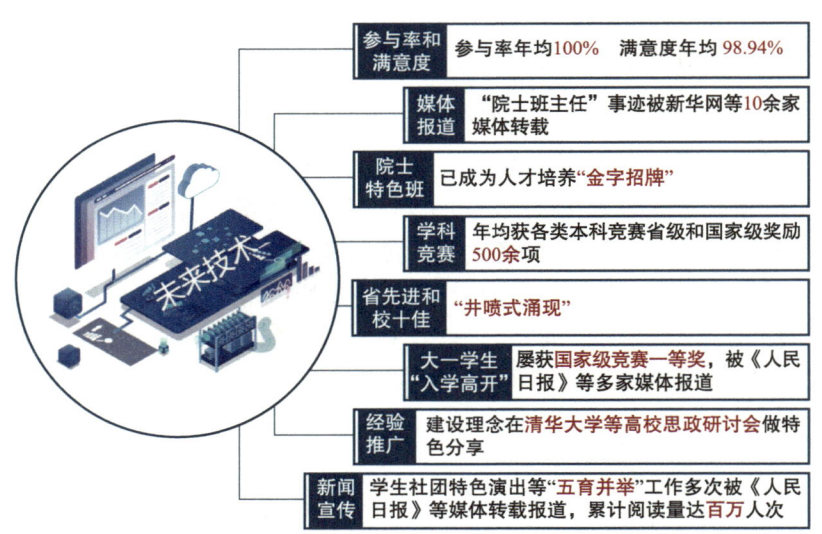

图1-6-9　双院协同的育人成效

2. 构建"引领未来、探索未来、逐梦未来、赋能未来"的工作体系

以学生一站式社区建设为契机，积极开展书院建设，以"未来"强化拔尖人才培养理念，用"问天"突出党团建设品牌特色。学生思政教育成效显著，学生工作队伍获省青年大学习先进集体和个人等思政荣誉称号每年在 10 项左右，初步形成了"问天思政轩"党委工作品牌；通过由党支部承办、"全覆盖"举行传承未来系列四大院士特色班 10 个小班的活动，以及"全覆盖"对党员积极分子寝室挂牌和书院每月卫生检查，带领全院学生"向未来"。

3. 学生学习成效显著，"高开高走"成为学院学生培养新常态

学生活动品牌参与率达 100%，满意度达 98.94%，对院士班主任的报道被新华网等 10 余家媒体转载，包括永坦班、善义班在内的"院士班"已成为我校人才培养的"金字招牌"；学生实现校十佳学生干部、十佳学习之星、十佳思政实践项目、十佳班集体、十佳社团、十佳学业支持品牌、十佳网络思政作品、十佳强国建设主题系列微视频各类校级"十佳"奖项全满贯；学生年均获各类本科竞赛奖项 500 余项，其中 2023 年度获各类学科竞赛奖项 556 项，包括国际及国家级奖项 339 项、省部级奖项 209 项；论文发表和专利申报 18 项，引领学校人才培养新范式。学生大一年级即获国家级竞赛一等奖、高分入学"高开高走"事迹被《人民日报》《中国青年报》等媒体报道，累计浏览量超过 10 万次；求是网、新华社、《人民日报》等媒体专题采写人才培养相关举措和成果报道。

2024 年针对全院 2 091 名学生的教育质量调研结果显示，"许党报国"成为学院学生人生规划关键词，也是对"为谁培养人"最好的回应。

（九）其他改革工作情况及阶段性成效

1. 管理与运行机制

（1）管理团队。设院长、书记（兼常务副院长）各 1 名，副院长、副书记各 1 名，教学秘书 3 名，行政秘书 1 名，辅导员 8 名。

（2）协同育人激励机制。从引导激励学院工作高质量推进与学院人才培养工作角度出发，将各专业学院、导师、教师等对未来技术学院人才培养工作支撑及成果纳入专业学院关键绩效考核，包括课程建设、教材建设、科创指导、竞赛获奖、留学辅导、讲座座谈、成果整理等。

（3）书院管理委员会。新建问天书院管理委员会，制定管理章程，加强"一站式学生社区"建设，营造交叉融合的学习和生活环境。学生通过参加书院安排的社会活动和科研项目进行深度学习和体验，培养团队合作能力和组织协调能力等社会

能力。新建基础学科答疑室 1 间、党员之家 1 个、社团之家 1 个、健身房 1 个、二级心理辅导站 1 个、文化墙 4 个、导师谈话间 9 个（如图 1-6-10 所示）等。

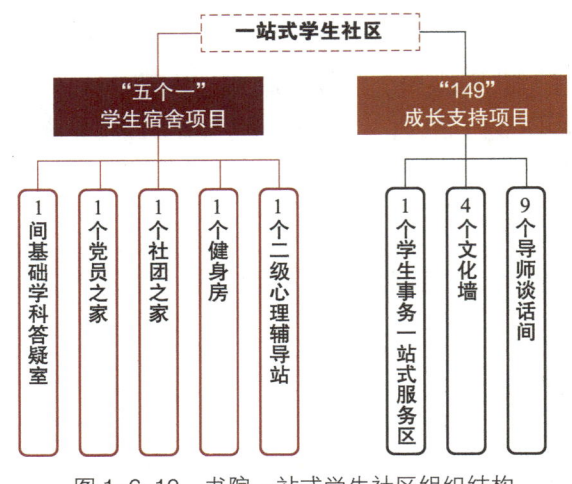

图 1-6-10　书院一站式学生社区组织结构

2. 人才培养质量监测与持续改进机制

（1）构建系统化教学评价与质量监控机制。通过导师/班主任遴选、课堂教学准入、主讲资格认证、教学过程评价、学生评教、教学督导、同行听课、领导听课、院系评价、学校质量年度自评、教学预警与退出、毕业生中短期发展第三方跟踪监测等构建系统化人才培养质量监控机制（如图 1-6-11 所示）。

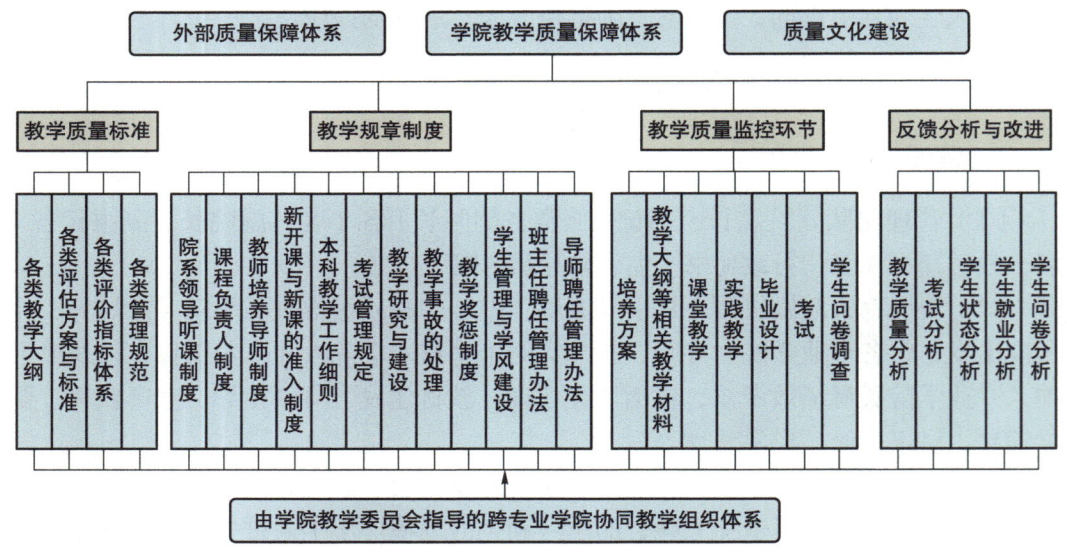

图 1-6-11　人才培养质量保障体系

（2）构建完善的持续改进保障体系。学院坚守课堂主阵地，深入贯彻课堂反馈、课程反馈、教学管理意见反馈、学生学习成效反馈四层闭环反馈及调整机制。建有涵盖学院教学发展、教学建设、教学评价、教学管理、学生学习成效五大方面、近 80 项正负向指标的学院评价体系（如图 1-6-12 所示）。

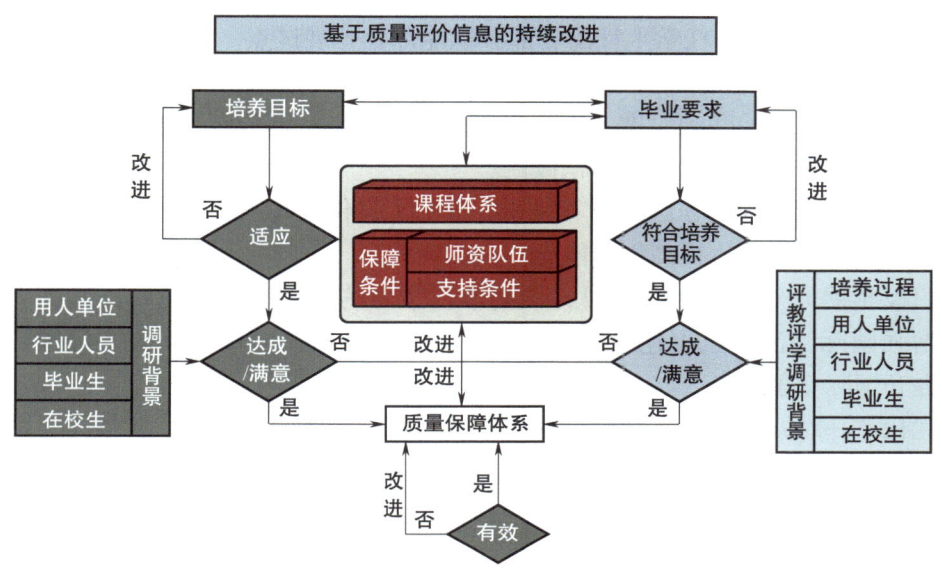

图 1-6-12　人才培养持续改进体系

（3）其他规范制度等管理机制创新。面向全领域拔尖人才培养，系统建立了 16 项教学管理制度，包括学院《书院导师聘任管理办法》《教学委员会章程》《书院管理委员会章程》《创新创业学分修读管理实施细则》《申请推荐免试攻读硕士学位研究生（直博生）实施细则》《专业领域及轨道选择实施细则》《优秀本科生遴选办法》《优秀本科生遴选面试考核细则》等。

3. 教育数字化建设情况及成效

新增数字化新形态教材建设立项 5 项，出版国内首套未来技术学院专属教材 2 部（《微积分》上、下，含线上资源）。新上线 MOOC 课程 4 门，虚拟仿真课程立项 8 项；启动专业图谱数字化建设，新增微视频课程建设立项 4 门（项）、课程知识图谱建设立项 18 门（项）、数字化资源课程建设立项 10 门（项）；在课堂教学实践中引入多种数字化教学平台（如哈工大网络课程服务平台、雨课堂、学习通等）并用以开展评学和评教工作，促进教学方式的转变；着手构建统一的新型教学评价信息系统，强化移动终端过程性数据采集，提高教学评价的时效性、客观性和科学性，更好地实现以评促教，推动教与学持续改进。

三、下一阶段工作计划

以"支部+"工作机制推动学院党建高质量发展，结合5个院士特色班推动双带头人党支部建设，力争打造全国样板党支部；探索社区功能型党支部（临时党支部）建设和运行机制，在学生社团、部分职能部处开展试点。

优化教育教学评价机制，做好本博衔接培养，推动人才培养高质量发展。进一步加强与专业学院的联动，进一步优化考核激励办法，提升班主任、导师和授课教师投入未来技术拔尖人才培养的积极性。

明确学术大师和工程巨匠培养目标，进一步强化大师引领，加强产教融合、科教融汇，着重引导学生提高创新能力，全面发展。

积极拓展海外短期交流项目，鼓励学有余力的学生积极赴境外高水平大学深造，增强国际交流的氛围建设，加大宣传力度，有效开阔高水平人才的国际化视野，提升国际竞争力。

优化"一站式"学生社区管理模式，充分合理利用书院空间，扩展学生活动空间，推动书院建设高质量发展。

上海交通大学
未来技术学院建设进展报告

（2021—2024 学年）

一、总体情况

（一）三年整体建设概况及工作亮点

1. 明确学院办学定位和思路

上海交通大学（以下简称"上海交大"）未来技术学院（英文名称为 Global Institute of Future Technology，简称 GIFT）被命名为"溥渊未来技术学院"（以下简称"学院"），以"溥博渊泉，与日俱进"为院训。宁德时代新能源科技股份有限公司（以下简称"宁德时代"）董事长曾毓群博士与上海交通大学医学院附属瑞金医院院长宁光院士受聘学院名誉院长，宁德时代首席制造官倪军教授担任院长。学院致力于打破学习边界、学科边界、学校边界，探索构建具有世界影响、中国特色的产教融合教育体系，面向未来产业培养战略型、国际化科技领军人才（如图 1-7-1 所示）。

图 1-7-1 2021 年 8 月，溥渊未来技术学院正式揭牌成立

2. 获批 2 个教育部新本科专业

学院申请的"可持续能源"与"健康科学与技术"专业列入教育部新增本科专业名单。新专业设计适应现代科技发展和经济建设需求，培养具备健全人格、强烈

社会责任感和良好人文素养，具备宽厚基础和国际视野，具有坚实的未来能源和未来健康的知识基础，以及对计算机、网络、信息处理、人工智能等其他相关学科知识的交叉应用能力，具有创新精神、系统性思维与团队协作能力，能在能源和健康相关领域从事研究、设计、开发和管理工作的领军人才。

3. 建设2个联培育人基地

学院作为上海交大国家卓越工程师学院理事单位，与宁德时代、联影医疗等企业共建联培基地，深入推进专业学位研究生的联合培养，汇聚产教融合的创新力量，将人才链、创新链、产业链有机贯通，构建科技创新全链条（如图1-7-2所示）。实行学校、企业双导师培养机制，引导学生深度参与企业课题研发，深入了解实际需求，针对工程实际挖掘、凝练科学问题，掌握实践技能，获取实践经验，提高理论与技术应用水平，增强发现、分析和解决复杂工程问题的能力。

图1-7-2　学院与宁德时代、联影公司开展交流活动

4. 获得国家储能平台建设支持

学院作为重要组成单位，获批建设国家储能技术产教融合创新平台（如

图1-7-3所示）。平台总投资4.49亿元，总占地面积12 966平方米。储能电池制造与装备中心建设地址位于上海市闵行区未来技术策源创新区，共计3 200平方米，预计设备购置费8 623万元。目前，中心已采购设备289台，支出经费超3 500万元。中心与龙头企业宁德时代在大规模储能与可靠性、固态电池、新型电力系统等相关储能前沿领域建立了产教融合的合作与共建关系。

图1-7-3　国家发展和改革委员会社会发展司刘明司长调研储能平台建设

5. 建设2个省部级科研平台

学院参与联合建设的"城市复杂风险防控与韧性治理重点实验室"获批上海市应急管理局重点实验室。学校依托溥渊未来技术学院和机械与动力工程学院牵头建设上海工业母机创新研究院，聚焦工业母机"从0到1"阶段的共性技术基础探索，以产教融合的形式研发面向未来工业母机产业应用的颠覆性技术（如图1-7-4所示）。

图1-7-4　上海市工业母机创新研究院揭牌成立

6. 建设若干个交叉学科科研中心

学院成立了校级科研平台——智能网联电动汽车创新中心、上海交大—宁德时代清洁能源技术联合研究中心（如图 1-7-5 所示）；正在建设若干个院级产教融合科研中心，包括未来能源系统与可靠性研究中心、未来电池研究中心、未来光伏研究中心、绿色能源与未来农业研究中心、新能源装备极限智造技术研究中心、面向健康的人体数字孪生中心、多模态人体表征与健康检测研究中心、脑健康与脑技术研究中心、全生命周期健康管理研究中心、衰老与肿瘤研究中心、智能微观生物创新平台等（如图 1-7-6 所示）。

图 1-7-5　学校与宁德时代共建清洁能源技术联合研究中心

图 1-7-6　学院校企联合实验室场景

7. 组建高水平学术委员会

学院成立高水平的学术委员会，学院院长担任主任，学校分管科研的副校长、分管教学的副教务长担任副主任。委员会汇聚了来自全校 11 个学院以及领军企业的 20 位顶尖专家，并有 6 位讲席教授、9 位特聘教授和业界科学家加盟，为学院的人才引进和培育工作提供战略性意见和建议，保障交叉背景师资队伍的高水平引育。

8. 学院大楼建设有序推进

大楼总建筑面积约为 6 万平方米，主楼地上 17 层、地下 1 层，位于上海交通大学闵行北校区，地处"大零号湾"未来技术创新策源区，与毗邻的宁德时代未来能源研究院大楼共同构成"双子楼"，为人才培养、科学研究及成果转化塑造全新格局。大楼建设正有序推进，2024 年 4 月 13 日完成奠基仪式，5 月底正式开工，预计于 2026 年年底竣工（如图 1-7-7 所示）。

图 1-7-7　溥渊未来技术学院与宁德时代未来能源研究院"双子楼"设计图

（二）学生培养规模

学院从 2023 年 9 月开始招收本科生和硕博士研究生（如图 1-7-8 所示），目前有全日制本科生 58 名、全日制硕士研究生 34 名、博士研究生 2 名。随着办学的推进和博士生导师的引进，未来办学规模将不断扩大，预计到2026年，学院的学生人数将达到500人。

图1-7-8　溥渊未来技术学院举行2023年开学典礼

二、工作进展及成效

（一）学科专业壁垒突破情况及成效

学院打破传统专业之间的壁垒，构建交叉课程体系，为学生提供跨学科的个性化培养方案。"可持续能源"专业面向国家"双碳"目标，围绕新型能源技术、新一代信息网络技术与智能化的前沿交叉方向，聚焦未来能源技术全产业链跨学科研究，推进物联网、人工智能、大数据、云计算技术与新型能源技术的有机结合，实现能源系统的智能化与数字化管理，促进大规模移动能源系统时空域协同调控与创新业态模式融合发展，构建从能源材料、能源系统到能源管理的未来能源方向交叉融合课程体系。"健康科学与技术"专业以"面向人民生命健康"国家战略需求为导向，面向人类健康全生命周期，基于人工智能、大数据、虚拟现实技术与生物信息、基因技术、预防医学、运动转化医学等知识内容，研究生物遗传因素、环境因素、卫生因素等对居民健康和预期寿命的影响规律，涵盖健康科学知识基础、医学系统分析技能，以及计算机、网络、信息处理等未来健康交叉融合的课程体系，致力于引领"全周期主动健康领域技术"向个性化、智能化方向发展。

（二）高水平师资队伍建设情况及成效

学院坚持"人才强院"战略。目前，学院已初步构建了由学术大师领航、兼职师资助力的高水平师资队伍。目前，学院全职在聘师资及研究队伍有28人。长聘体系师资队伍中，45%来自世界顶尖高校（全球排名前30），75%来自世界一流高校（全球排名前100）；75%获得国家及上海市人才计划支持；学院师资100%具有海外学习或访问背景；25人次入选ASME、SME、ISEAM、ISNM等国际学术组织Fellow（会士），国际期刊编委任职占40%。学院35岁及以下师资占64%，形成有活力、有潜力的青年教师群体。此外，学院已聘任英国皇家学会会士、欧洲科学院院士、爱丁堡科学院院士、中国科学院外籍院士Peter G. Bruce教授，以色列计算机科学家Amnon Shashua教授为溥渊荣誉教授、客座教授。已聘请行业顶尖科学家吴凯博士、欧阳楚英教授、赵丰刚等担任客座研究员，宁德时代金海族博士也依托学院成功申请校企联聘国家级人才项目，拟聘为学院特聘教授。

（三）人才培养模式变革情况及成效

一是在招生方面，成立招生工作联系组和考核组，提高学生对我院人才培养特色的认知度与兴趣。通过优化招生流程，采用更加灵活多元的选拔方式，选拔具备跨学科背景和研究兴趣的拔尖创新人才。面向高中学生开展"学森挑战计划"，推进大中学创新衔接培养新模式的构建。

二是在培养模式方面，学院秉持"五个百分百"育人理念，即为全体学生分配导师、为全体学生提供企业实践机会、为全体学生搭建领导力建设平台、为全体学生提供充足的国际化经历机会，以及覆盖全体学生的奖助学金，全面助力学生成长为未来科技领军人才（如图1-7-9所示）。其中，"导师制"旨在为每一位学生配备学业生涯导师、学业实践导师和科研学术导师，形成全方位、多层次的导师队伍，是学院实现个性化、精准化育人的关键路径。

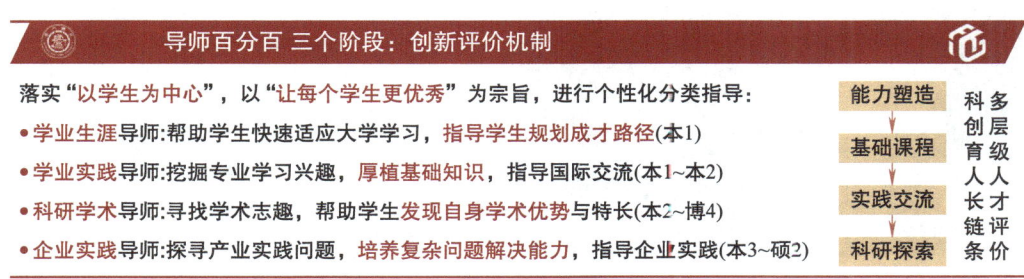

图1-7-9 "五个百分百"中的"导师百分百"

三是在实践平台建设方面，学院依托上海交大的丰富资源，携手产业界伙伴（如宁德时代、西门子中国、腾讯等行业龙头企业），共建教学实验室和实习实训基地，为学生提供体验真实的研发环境和参与项目实战的机会，促进产学研深度融合。

（四）教学组织模态创新情况及成效

学院以"重基础、强交叉"的课程体系建设为抓手，发挥跨学科引领作用，将专业基础课和核心课作为教材建设的重点，鼓励并引导教师队伍建设精品教材，形成具有专业特色的课程与教材一体化建设体系。在全校范围内首次开设多模态机器学习课程，帮助学生掌握新兴技术方法，增强跨学科能力。立项国际一流出版社的全英文教材 Machine Learning for Reliability Engineering 出版项目。

学院深度推进校企合作，着力在校企共建课程方面取得显著突破与成效。学院与多家行业领先企业建立了紧密合作关系，共同开发了一系列贴合产业发展需求、体现前沿科技趋势的特色课程，让学生有机会在真实的产业环境中发现"真问题"、解决"真问题"。学院开设的"医学成像原理"和"材料科学与工程中的计算方法"课程入选上海交大"双一流"校企合作课程建设项目，校企授课团队通过课堂授课、上机实验、课程项目和前沿讲座等方式，为学生提供了解实际应用和参与实践的机会，帮助学生提升解决工程领域问题的能力（如图 1-7-10 所示）。

图 1-7-10　宁德时代 21C 材料仿真团队负责人赵旭山博士为学生讲授校企课程"材料科学与工程中的计算方法"

（五）国际交流与合作情况及成效

学院打造了一支高水平国际化教师队伍，学院长聘体系师资队伍中，多来自牛津大学、耶鲁大学、斯坦福大学、密歇根大学等世界顶尖高校。学院积极引进海外优质教育资源，为学生提供与国际接轨的课程体系和教学内容。与英国伦敦国王学院、瑞典皇家理工学院、新加坡南洋理工大学等高校建立了学生交换、教师互访、学术交流等合作关系。学院积极扩展国际学术交流，加拿大皇家科学院院士 Paul Frankland 教授，诺贝尔物理学奖得主、斯坦福大学物理学教授朱棣文（Steven Chu），韩国科学院院士 Sang Il Seok 教授等来到学院与学生对话交流（如图 1-7-11 所示）。学院主办了分子和细胞认知学会亚洲分会 2023 年年会、IEEE IESES 2023 工业电子可持续能源系统国际大会等国际会议，举办了两次溥渊国际青年学者论坛，邀请海内外优秀青年学者参与，为未来发展注入了新的活力和动力。

图 1-7-11　诺贝尔奖获得者朱棣文到访溥渊未来技术学院

（六）科教产教协同创新情况及成效

学院围绕国民经济主战场重大需求，积极与行业领军企业开展科研合作，超前谋划与布局重点项目。学院与宁德时代签订了战略合作协议，推动宁德时代与学校共建"上海交通大学—宁德时代清洁能源技术联合研究中心一期建设"项目合作，并牵头与宁德时代开展"上海交通大学—宁德时代清洁能源技术联合研究中心二期建设"项目合作，牵头与宁德时代共建"上海交通大学溥渊未来技术学院未来电池研究中心"，积极协调并组织校内其他相关院系与宁德时代开展交叉融合的协同研究。学院与零束科技有限公司共建"零束科技—上海交通大学汽车智能网联技术联合研发中心"（如图 1-7-12 所示），与西门子共建"上海交大溥渊—西门子可持续技术研究中心"。学院还与华为、国家电网、上汽通用五菱、合创汽车等一批重点企业开展项目合作。学院获科技部科技创新 2030——"脑科学与类脑研究"计划支持。

图 1-7-12　学院与零束科技共建智能网联技术联合研发中心

（七）科教产教协同育人情况及成效

学院着力打造深度的校企合作人才培养模式，完善校企科研合作机制，夯实科研基础设施建设和产教融合平台建设。与宁德时代紧密对接，牵头协调校内资源，组建跨学科交叉研究团队，打造科学前沿的电池新材料新应用中试平台和实践基地，共同培养储能领域应用型人才，共同开展前沿性和重大共性技术攻关，共同推进国家储能技术产教融合创新平台项目建设（如图 1-7-13 所示）。与西门子共建"上海交大溥渊—西门子可持续技术研究中心"，并以"产学研用"合作方式与腾讯、华为数字能源、中微半导体、上海微电子、隆基等二十多家单位建立了合作关系。

图 1-7-13　宁德时代曾毓群董事长为全员师生授课

学院构建科学完善的联培研究生创新机制，探索"上下贯通、左右联动、内外互动"的协同育人模式，建设"宁德时代联培基地""联影联培基地"，拓展 48 位联培基地行业导师。宁德时代联培基地主要聚焦大规模储能与可靠性、固态电池、新型电力系统等相关储能前沿领域，开展科技研究和"卡脖子"技术攻关；联影联培基地主要聚焦人工智能和健康数据分析、生物医疗传感、图像处理等方向，开展前沿科技研究和"卡脖子"技术攻关。

（八）学生培养成效

学院注重学生思想引领，将立德树人作为学生培养的根本任务，目前共有学生党员 5 人，2023 级新生入党申请书提交率接近 70%，12 月举行了共青团上海交通大学溥渊未来技术学院第一次代表大会。在实践层面，将以党建带团建作为重要发展路径，探索"学生党建+"多元模式。其中，溥渊 2301 团支部和溥渊 23M001 团支部分别获上海交通大学 2023—2024 学年秋季学期团日活动一等奖、二等奖。

在科创赛事中，鼓励学生积极参与数学建模、电子设计、程序设计等领域的国内外知名竞赛，并取得了优异的成绩。由溥渊未来技术学院教授、绿色能源与新农村研究中心主任鲍华带领的上海交大"生生不息"团队获得第三届"多多农研科技大赛"三等奖。智能网联电动汽车创新中心杨明老师团队研制的 CyberRock 无人驾驶智能车获得第十三届"中国智能车未来挑战赛"（IVFC 2023）二等奖（亚军）。研究生一年级学生撰写的学术论文被国际高水平会议收录。科创成果展现出了溥渊学生扎实的专业知识功底和良好的实践能力，体现了在学术研究方面的潜力。

三、下一阶段工作计划

根据教育部未来技术学院建设方案要求和学院"十四五"规划目标，2025 年，学院将组建国际大师领衔、超百人规模的顶尖师资队伍，形成产教融合人才培养新模式；2030 年，学院人才培养产生显著成效，产生一批重大科研成果；2035 年，学院具有全球影响力的人才不断涌现，高质量颠覆性技术持续产出，建成全球知名的未来技术学院。下一步，将重点开展以下工作。

一是加快总结未来人才培养的规律，完善两个本科专业的培养模式。与学校的教务处、学生工作指导委员会协同，深入推动学院人才培养的综合改革，落实学院的"五个百分百"的培养要求，打破"唯 GPA"的评价体系。

二是推动产教融合专业学位研究生培养的改革试点工作。与学校研究生院协同联动，夯实学生本硕博贯通的培养体系建设，建设产教融合的工程硕士、工程博士的培养体系。

三是加快世界一流的师资体系建设，加强行业领军人才引进的双聘工作，形成教师考评的综合改革方案，打破"唯KPI"的评价体系。

四是加快产教融合的研究中心的建设。加强未来能源和未来健康、智能网联汽车等领域的中心建设，逐步扩大学院对于产业的影响力、引领力。

五是加快溥渊未来技术学院大楼的建设。争取各方资源加大对于学院新大楼建设的支持力度，加快校园内过渡空间的建设和办公室、教学实验室的改造工作。

六是争取各方对于学院办学的支持。争取合作企业、社会人士对于未来技术学院的支持；加强校地合作，形成稳定的地方和企业支持学院办学的良性模式。

东南大学
未来技术学院建设进展报告

（2021—2024 学年）

一、总体情况

（一）三年整体建设概况及工作亮点

明确未来技术学院定位，初步完成学院实体化建设。通过对国内首批未来技术学院的多次调研，并经过校内各级部门讨论、论证，对未来技术学院的建设思想和建设方案进行多轮修改和完善。明确未来技术学院作为东南大学新方向孵化平台的定位，并于 2023 年 6 月成立实体化、独立运行的二级单位，为更好地发展具有交叉学科特色的创新学科并汇聚校内外资源协同育人打好基础。

确定"未来机器人"特色方向。充分汇聚校内外资源，经详细论证后在未来技术学院建设"未来机器人"特色方向。以校内相关学院为支撑，实现交叉学科发展的新格局，为学校建设提供新增量。申请新增"未来机器人"本科专业并获批，该专业属于教育部 2023 年首次设立"交叉工程专业类"获批的第一个专业。

完成"未来机器人"专业人才培养方案的制定。在相关学院和教务处的协助下，以全新的培养理念、课程结构和体系，成立专班后通过多次研讨，并经过多次专家论证，制定了面向未来技术学院的"未来机器人"专业本科培养方案。

"未来机器人"专业 2023 年正式对外招生，2023 年面向"碳中和与智能制造"大类新生，以二次选拔的形式招收 50 名学生。2024 年，面向高考直招，招收 56 名学生，面向"碳中和与智能制造"大类新生，以二次选拔的形式招收 14 名学生。

加强地方、社会资源汇聚，共助学院发展。推动与无锡市、无锡市滨湖区政府签订合作办学协议，设立无锡市人民政府—东南大学太湖创新基金/太湖奖学金。在埃斯顿自动化集团支持下设立"埃斯顿基金"，推动未来技术学院发展建设。

（二）学生培养规模

东南大学未来技术学院（以下简称"学院"）秉承循序渐进的方针，2021 学年、2022 学年，每学年招收 100 名本科新生。2023 年获批"未来机器人"本科专业后，2023 年面向东南大学"碳中和与智能制造"大类通过二次选拔招收 50 名新生，2024 年通过高考直招及面向东南大学"碳中和与智能制造"大类二次选拔共招收 70 名新生，现共有在籍本科生 312 名。

二、工作进展及成效

（一）学科专业壁垒突破情况及成效

三年来，学校及未来技术学院对学院的定位和运行模式进行反复论证和优化，学院牵头申报的"未来机器人"获批首个交叉工程专业类学科下的新专业。"未来机器人"专业以东南大学未来技术学院为主体，依托机械工程、控制科学与工程、仪器科学与技术、电子科学与技术、信息与通信工程、计算机科学与技术等一流学科进行建设，着力构建未来机器人本硕博贯通化的培养体系（如图1-8-1所示）。遵循"厚基础、宽口径、重交叉、强创新"的原则，合理构建课程体系。成立跨学院专业建设专班，通过多次研讨并经过多次专家论证后，制定了"未来机器人"本科培养方案。将传统课程知识点进行重新梳理、更新和优化，将课堂教学、实验教学、课外研学有机结合，创新"电子电路Ⅰ/Ⅱ"和"统一机器人学"等多门研学练一体的学科基础课和专业核心课。

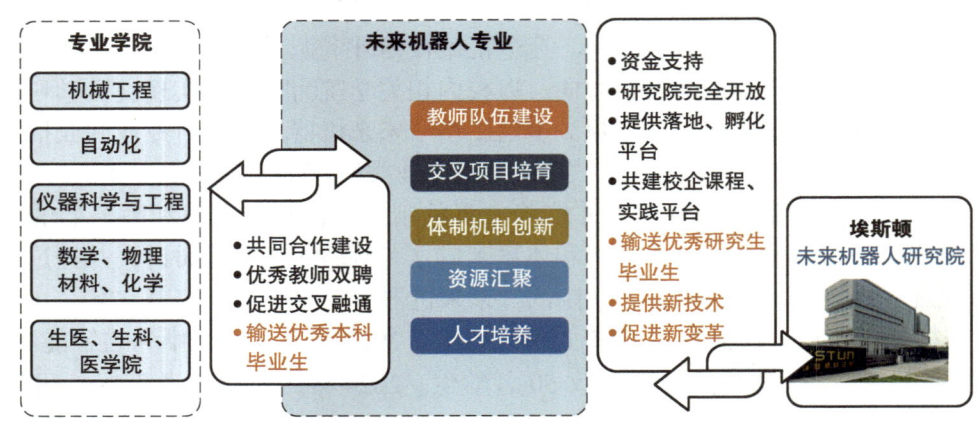

图 1-8-1　交叉融通的育人模式

（二）高水平师资队伍建设情况及成效

师资队伍通过学院推荐及专业建设委员会筛选，主要依托机械工程、控制科学与工程、仪器科学与技术三个一级学科，组建水平一流的教学师资队伍。这支教师队伍是以国家级学术带头人为核心、以博士生导师为骨干的高水平师资队伍。绝大部分教师来自国内和国际名校，超过80%的教师曾在海外高校或科研机构进修、学习或工作6个月以上。教师团队代表包括"新世纪百千万人才工程"国家级人选、江苏省有突出贡献中青年专家、教育部"新世纪优秀人才"、江苏省"六大人才高峰"、江苏省"青蓝工程"学术带头人等。

此外,"未来机器人"专业于 2023 年开展的全球人才引聘工作取得初步进展,海外高层次人才人工智能领域顶级专家黄广斌教授、海外高层次人才机器人控制领域专家忻欣教授、海外高层次人才水下机器人领域专家陆慧敏教授已全职入职学院。

(三)人才培养模式变革情况及成效

学院积极探索校企深度合作育人的新范式,以校企合作为驱动、人才引聘为内核、专业建设为基础、联合项目为牵引、交叉融合为特色,吸引企业深度参与人才培养,互利互补实现双向驱动;通过校外资源的引入,促进校内多学科交叉融合,建立产教融合的创新人才培养模式并创造学科交叉的工科人才培养体系。在此理念的指导下,2022 年学院牵头申请"未来机器人"本科专业,2023 年 4 月国内首个"未来机器人"本科专业获批,并依托未来技术学院进行建设。该专业是以机械工程、控制科学与工程、仪器科学与技术等强势学科为支撑,融合信息、电子、计算机、材料、生医、医学影像等方向的新兴交叉学科专业。与传统机器人专业不同,该专业充分利用东南大学众多相关双一流学科师资,瞄准机器人未来发展方向,将多学科课程分解重构为全新的具有学科交叉融合特色的专业主干课及模块式自由选择课程群,搭配贯穿本科阶段的综合实践课,助力产出优秀的教学科研成果,并培养符合国家战略要求的能在未来机器人领域探索前沿未知并从事于未来机器人技术创新的领军人才。

"未来机器人"专业的新生通过多种形式二次选拔和分流产生,其中包括:针对"碳中和与智能制造"大类新生,以初试+复试的形式,对学生的数理基础、创新和综合能力进行评估并选拔;针对全校学生,通过转系转专业考试,在大一、大二结束时进行选拔;针对吴健雄学院等人才培养高地的新生,通过自愿报名分流等方式进入。

以"未来机器人"专业为平台,学院进行了一系列卓有特色的教育教学改革工作,其中包括:贯穿本科阶段的课题制培养,由校企专家共同命题,鼓励"没有正确答案"的探索式自主学习;允许试错、宽容失败的考核方式、强调关键环节管理与过程控制的个性化质量监控评估体系;大学分跨学期课程设置,重构传统课程,将学习、研究、实践、竞赛融为一体,充分释放学生潜力;导师制、完全学分制、书院制落地实施。

其中,新型课程建设工作包括原有课程的整合与更新和新建多门特色课程等,其中不乏较有代表性的课程建设案例。

"电子电路 I / II":针对"未来机器人"专业的培养目标和后续课程需求,将原有电路基础、模拟电路、数字电路、单片机原理四门课程及其配套实验相关的知识点进行重新梳理。将课堂教学与实验课程有机结合,以实验促进知识点的学习,通过实验激发学生的学习兴趣(如图 1-8-2 所示)。

"统一机器人学 I / II / III":以任务为驱动,培养自主学习、研究设计、工程实践、评价总结等方面的机器人创新能力。重构传统机器人工程专业课程导论、机

图 1-8-2　电子电路实验室

器人学、机器人传动控制、机器人感知、机器人智能、数据统计分析、人机交互技术等课程。通过减少课堂教学，增加研究、实践、竞赛等形式的课外学习，将学习、研究、实践、竞赛等关键环节融为一体（如图 1-8-3 所示）。

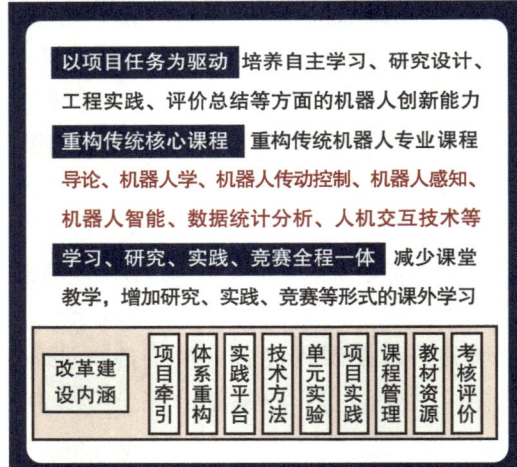
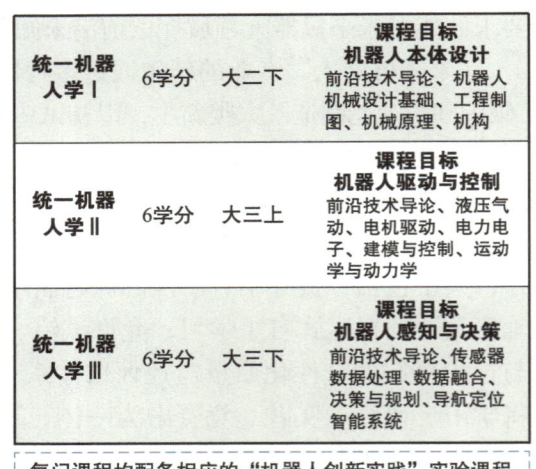

图 1-8-3　"统一机器人学"课程框架

"机器人创新实践"：以课题型项目的方式开展，一人一导师、一人一课题，紧扣"统一机器人学"的教学进度，由导师对学生的科研创新能力进行培养，并由专家组以中期报告、学期答辩等多种形式进行过程式考核（如图 1-8-4 所示）。

"未来机器人"专业实行"书院导师、学术导师、企业导师"的三导师制。大一依托书院制开展"书院导师交流计划"，每周邀请十余位学术大咖、行业精英、班团导师等与大一学生开展座谈，及早地引导学生立大志、塑造家国情怀，及早地

机器人创新实践 Ⅰ、Ⅱ、Ⅲ 1学分×3

以课程为抓手，对课题制课外研学、导师制进行规范、引导与跟踪，培养学生良好的创新能力与研究素养

课程目标
- 通过导师引导的项目制课题，对学生进行严格的科研实践训练，培养学生的创新能力、发现和解决问题的能力、自主学习的能力
- 通过创新实践对"统一机器人学"的学习进行引导与辅助

课程内容
- 一对一学术导师：由学院择优推荐，由理事会进行审议
- 项目制定制课题：导师发布创新性、符合教学进度、具有一定挑战性的课题，供学生选择。理事会发布定向课题，由导师学生结对认领
- 系统性的科研实践训练：课堂教学+导师引领
- 鼓励试错的过程化考核：进度跟踪、中期考查、结题答辩、鼓励试错、培养创新能力

图 1-8-4 "机器人创新实践"课程框架

引导学生步入大学生活正轨，从学业解惑到人生道路规划，提供一站式服务。大二开始为每位学生匹配一名教授级学术导师，导师由专业学院按未来技术学院的要求推荐，并由理事会遴选产生，学术导师发布项目后，由学生、导师双向选择进行匹配，每年可根据项目更换学术导师。企业导师由合作企业或学术导师推荐产生，未来将建成具有100名以上企业精英的企业导师库，以便学生导师双向选择。

（四）教学组织模态创新情况及成效

通过学院推荐和专业建设委员会筛选，由三个合作学院的10余位富有教学经验的优秀教师组建专业相关虚拟教研室（未来机器人专业虚拟教研室、未来机器人专业电子电路课程群虚拟教研室、统一机器人学课程群虚拟教研室），成员通过自主调研结合定期组织线上研讨及学习培训，对"未来机器人"专业的培养方案和课程体系进行系统修订（如图1-8-5所示）。虚拟教研室所产出的优质教学案例与教学资源对全校师生开放。

图 1-8-5 专业建设专班研讨培养方案及课程

（五）国际交流与合作情况及成效

学院持续推进国际合作资源建设，拓展高水平项目合作，鼓励学生参与校级院级各项国际交流项目。除各类校级层面国际交流项目外，学院还积极与德国亚琛工业大学、美国佐治亚理工学院、英国剑桥大学等多所世界一流大学开展国际交流项目，建立特色院级国际化项目平台（如图1-8-6所示）。组织学生参与国际交流项目，使学生获得多元化的教育经历和国际视野，推动学生个人发展，促进中外高等教育交流与合作深入发展。

图1-8-6　剑桥大学工程思维+PDL寒假国际交流项目

积极开展线上国际交流项目，形成"加州大学洛杉矶分校在线网络安全"等特色线上项目。学院邀请剑桥大学、南洋理工大学、加州大学洛杉矶分校等世界多所知名大学的教授为学生开设"人工智能""统计数据分析基础""古典、现代等音乐鉴赏"等特色课程，满足学生国际交流需求。学院学生参与线上、线下国际交流项目共计119人次。

学生在国际核心刊物上发表了两篇文章，参与国际竞赛屡获佳绩，其中包括国际大学生工程力学竞赛（亚洲赛区）国际特等奖、IEEE CASS学生设计竞赛国际一等奖、美国大学生数学建模竞赛一等奖、ASC国际大学生超算竞赛国际二等奖。

（六）科教产教协同创新情况及成效

与埃斯顿自动化、华为、中兴等企业和科研院所开展科研合作和协同创新，联合开展机器人、人工智能等领域的多项攻关项目（如图1-8-7所示）。

图 1-8-7 成立东大—歌尔穿戴式医疗健康卓越工程师技术中心

（七）科教产教协同育人情况及成效

埃斯顿自动化集团（以下简称"埃斯顿"）作为江苏省产教融合型试点培育企业与东南大学开展长期合作，参与未来机器人、智能制造人才研究及标准制定。埃斯顿董事长、东南大学杰出校友吴波夫妇捐赠 1 亿元，专门用于"未来机器人"专业的建设和人才培养。埃斯顿作为未来技术学院的重要实习实践基地，每年可接收 300 余人次的参观实习和 10 位左右学生的暑期实习。在埃斯顿设立的"未来机器人"专业统一机器人学 II 实验室也正在筹建中。埃斯顿董事汤文成和钱巍是未来机器人专业建设委员会的委员，参与建设"未来机器人"专业（如图 1-8-8 所示）。

图 1-8-8 埃斯顿自动化集团代表参与专业建设委员会会议

（八）学生培养成效

经过三年建设实践，未来技术学院人才培养初见成效。

学习成绩方面，2021级学生平均绩点3.44，最高绩点4.41；2022级学生平均绩点3.53，最高绩点4.39；2023级学生平均绩点3.55，最高绩点4.39。学生成绩总体良好。

本科生科研训练计划项目方面，学院学生校院级项目结题466项，其中校级重大项目86项，校级重点项目99项，校级一般项目178项，院级项目103项；省级项目结题66项；国家级项目结题72项。

科研成果方面，学院学生录用发表论文共计3篇（其中2篇为SCI收录文章），发明专利受理3项，实用新型专利受理1项，软件著作权授权3项。

学科竞赛及荣誉方面，学院学生共计193人次获得省级以上学科竞赛奖项，其中国际级奖项13项、国家级奖项66项、省部级奖项117项，奖学金及荣誉称号148项。

三、下一阶段工作计划

一方面，重点开展"未来机器人"专业的实验室和平台建设，为项目制教学奠定基础。面向学院教师发布"揭榜挂帅"的课题，依托学术导师和课题，为学生提供创新的方向和平台。另一方面，探索创业人才的培养模式，在未来技术学院中选拔一部分学生进行创业培养，助力学生多元发展，预期学生能获得一批优异的创新创业成果。

中国科学技术大学
未来技术学院建设进展报告

（2021—2024 学年）

一、总体情况

（一）三年整体建设概况及工作亮点

在全球科技革命和产业变革的大潮中，量子科技发展以其重大科学意义和战略价值，正成为引领新一轮科技革命和产业变革的关键力量。为在这一领域取得领先地位，我国"十四五"规划明确提出在量子信息等前沿科技和产业变革领域进行布局。与此同时，美欧等发达国家和地区纷纷出台量子科技发展战略，从多方面进行系统化布局，推进量子科技前沿技术研究及创新成果应用。党的二十大报告指出，深入实施人才强国战略，培养造就大批德才兼备的高素质人才，是国家和民族长远发展大计。当前，我国量子科技发展虽已取得显著成果，但量子信息科学人才紧缺的问题依然突出。

中国科学技术大学充分发挥其在量子科技领域的优势，与合肥国家实验室联合，于2021年7月正式成立未来技术学院（以下简称"学院"），致力于培养量子科技领域的领军人才，深入实施人才强国战略（如图 1-9-1 所示）。学院现任院长为潘建伟院士，执行院长为罗毅教授，党委书记为叶树集教授。

图 1-9-1　未来技术学院揭牌仪式

学院依托学校的优势专业和学科方向，与合肥国家实验室、合肥微尺度物质科学国家研究中心、少年班学院、物理学院等联合制定培养方案，打破教师现有学院归属，建立跨学院双聘机制，形成一支由潘建伟院士、郭光灿院士、杜江峰院士领衔的教师队伍，进一步提升了学院在量子信息科学研究方面的实力与影响力。学院在创新人才培养模式上进行了大胆尝试，坚持以"一流本科教育质量提升计划"行动纲领为引领，确立了基于综合评价的招生机制。2021年11月，成立首届本科生量子信息英才班。2022年9月，学院完成全国首个"量子科学与技术"一级学科专业的研究生招录工作，建立首个本硕博一体化的"量子信息科学与技术"英才培养体系。在课程体系建设方面，构建完善的课程体系和实践教学平台，为学生提供最前沿的量子科技知识和实践机会。同时致力于打造一流的技能提升平台，建设并开设"百年诺奖技术重现与超越"课程。学院不仅注重培养学生的专业素养，而且坚持立德树人，促进学生德、智、体、美、劳全面发展。此外，学院还注重与产业界合作，推动产学研深度融合，为学生创造更多实践机会和就业渠道，培养具备创新精神和实践能力的高素质人才，为我国量子科技产业的发展提供有力支撑。

（二）学生培养规模

截至2024年4月，未来技术学院培养本硕博学生412人，分布如表1-9-1所列。

表1-9-1　未来技术学院学生规模　　　　　　　　　　　　　　　　人数/人

学生类型	2019级	2020级	2021级	2022级	2023级	合计
本科生（量子科技英才班）	—	—	22	25	26	73
直博研究生	—	—	—	51	56	107
硕转博研究生	40	40	45	54	53	232

二、工作进展及成效

（一）学科专业壁垒突破情况及成效

学院坚持以量子科学与技术学科为核心，通过整合物理、数学、信息等多学科资源，打破了传统学科之间的壁垒，实现了学科间的深度融合与交叉。2021年，学院向教育部申报并获批设立"量子科学与技术"一级交叉学科专业。该专业研究方向涵盖量子通信、量子计算和量子精密测量三大领域，形成了完整的学科体系。同年，"量子信息科学"专业被教育部认定为2021年物理类新增本科专业，并入选省级一流本科专业，充分展现了学院在量子信息科学领域的教学和研究实力。学院坚持以量子科技为核心，构建了多学科嵌入的培养方案（如图1-9-2所示）。通过引入研讨课、科技前沿课、创新科研实践课等研究型和实践型课程体系，激发了学生的学习兴趣和创新精神（如图1-9-3所示）。学院还坚持兴趣激励、问题导向和创新驱动原则，为学生提供了广阔的学术平台和丰富的实践机会，促进学生在多学科交叉中开拓思维、提升能力。未来技术学院在突破学科壁垒、培养量子科技

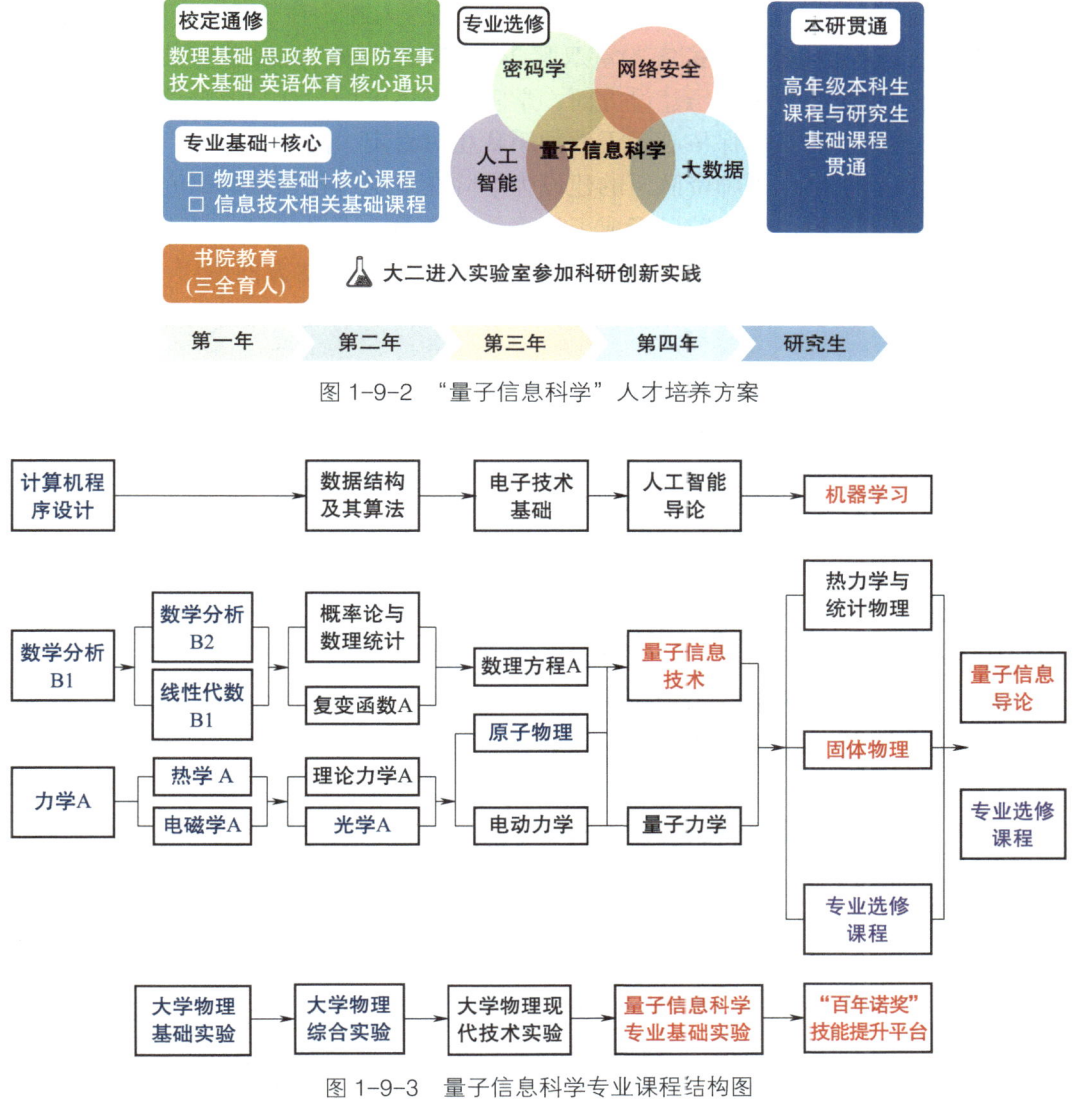

图1-9-2 "量子信息科学"人才培养方案

图1-9-3 量子信息科学专业课程结构图

人才方面的探索与实践，为我国在新一轮科技革命和产业变革中抢占先机、赢得主动。

（二）高水平师资队伍建设情况及成效

学院坚持以大师领航为核心战略，汇聚了一批在量子科技领域具有广泛影响力的领军人物。目前，学院专任教师总数达到100人，其中教授级人才所占比例高达91%，副教授级人才占9%。师资队伍不仅具备扎实的专业基础、深厚的学术造诣、跨学科的研究背景，更对科技发展前沿有着极强的敏锐力和把控能力，能够引导学生探索未知领域，培养创新思维。为了进一步提升教师团队的规模和竞争力，学院积极从合肥国家实验室等高层次科研平台引进优秀人才。在2022年10月至2024年4月期间，学院从合肥国家实验室双聘24名兼职导师，为教学和科研工作注入了新的活力。在核心骨干队伍建设方面，学院特别注重稳定性与成长性的平衡。通过优化人才选拔机制，确保核心骨干教师团队相对稳定，同时鼓励他们与学生共同研究、共同成长。高水平师资队伍的建设为学院在量子科技领域的研究和教学工作提供了有力保障。目前，学院已形成了研究领域全面、成果突出、学科体系结构合理、人才梯队完备的良好局面。这些优秀的教师不仅在科研方面取得了显著成果，更在人才培养方面发挥了重要作用，为我国量子科技事业的发展提供了坚实的人才支撑。

（三）人才培养模式变革情况及成效

学院深刻认识人才培养的系统性、复杂性、长远性，遵循"学生中心、全面发展"的基本原则，有效整合各项资源，密切关注选才、育才、成才的有机统一，开创少年班学院选拔模式，创建量子信息科技英才班培养管理，设计"一生一导师，一生一方案"，建设"百年诺奖技术重现与超越"课程体系等一系列创新性举措，打造体系化、高层次量子科技人才培养平台。

在优化学生遴选方面，与少年班学院深度合作，开展精准定向培养，健全本科生遴选制度，推动基于高考成绩、学校测试、学业水平成绩、学科竞赛等为一体的综合评价模式，选拔后采取滚动机制，第4学期结束时最终确定名单。研究生招生采用直博及硕转博的招生模式，以未来技术学院为主，依托合肥微尺度物质科学国家研究中心提供资源，并与合肥国家实验室需求相结合。

人才培养总体采用两段式、全方位、长周期、个性化、国际化的方案。本科阶段前两年接受基础课通识教育，后两年学习专业课，参加科研、实践活动。"本硕博"贯通，长周期培养基础宽厚实、专业新精活的高层次人才。在此过程中，对每位学生因材施教，突破流水线式的培养模式，实行"一生一导师""一生一方案"，引导学生科学规划成长路径（如图1-9-4所示）。

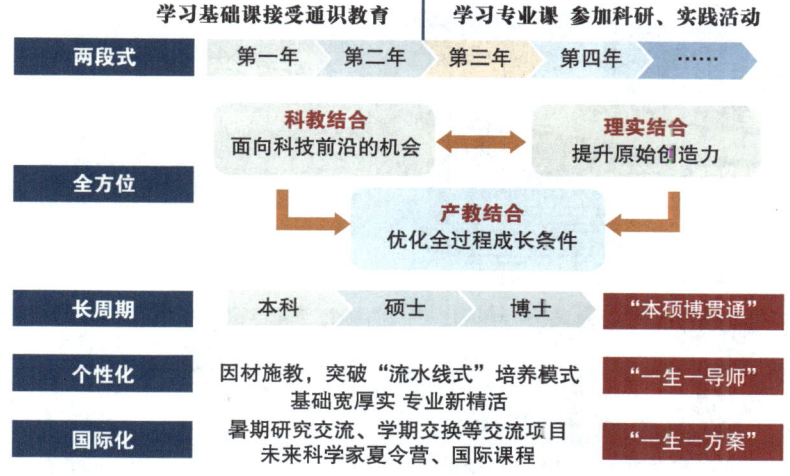

图 1-9-4 未来技术学院人才培养模式

在课堂教学方面，提升课程的深度和广度，开展课程研讨，培养学生提出问题、解决问题的能力。在实践能力培养方面，学院开设了"百年诺奖技术重现与超越"课程（如图 1-9-5 所示），并建设了以此为基础的本科生技能提升平台，已开设 12 项科研提升项目，聘请科研一线的教师辅导学生自主寻找科学问题、设计实验、开展实验研究。为了开阔学生的学术视野，培养人文素养和社会责任感，学院定期举办了"瀚海讲堂"系列专家报告 11 场，内容涵盖科技前沿和社会、人文的通识教育（如图 1-9-6 所示）。

图 1-9-5 "百年诺奖技术重现与超越"课程

图 1-9-6　瀚海讲堂海报与报告现场

（四）教学组织模态创新情况及成效

学院坚持"科教融合，科教相长"，以科研带动教学内容更新，以教学促进科研基础发展，积极推进教学改革研究，形成了科教相长的和谐氛围。突出协同创新素质培养，注重国际视野下的开放、交叉、联合指导，形成适应国际科技竞争的"本硕博"一体化创新人才培养新模式。依托构建多元化科研训练体系、科创平台，鼓励本科生在多层次和多学科交叉领域中进行创新创业活动，长期资助本科生科研和科创竞赛，提升本科生的创新与实践能力；修订培养方案，优化课程体系，通过去冗余、增前沿、强数理，提升各专业课程的高阶性、创新性、挑战度。探索现代信息技术与教育教学深度融合，推进课程教学模式和考核评价方式多样化。推进交叉科学中心建设，进一步完善培养中的科研实践教学环节。围绕专业方向，建设与学科发展需求以及核心教学培养方案相适应的专业科研教学实验室，持续增加自主设计式科研教学内容，构建和完善本硕博一体化、多层次的科研教学体系。

（五）国际交流与合作情况及成效

为了拓展学生的学术视野，学院加强国际学术交流，组建不同领域的国际合作创新团队；积极推动与瑞典皇家理工学院的实质性深度合作，签订院际合作协议。构建学生派出渠道，以期为学生提供暑期研究实习、毕业设计、暑期学校等机会。学院将所有博士研究生在读期间至少参加一次国际会议作为毕业要求之一，大大增强了学生参与国际学术活动的动力。2023年9月，学院学生获得"中国科学技术大学优秀博士研究生出国留学支持计划"资格，前往美国加州大学尔湾分校进行为期一年的交流访问。

（六）科教产教协同创新情况及成效

自2021年以来，学院在科教产教协同创新方面取得了显著成效。学院积极深化与科研院所及领军企业的科研合作和协同创新，通过牵头或参与项目，实现了产学研的深度融合，有效推动了科技创新和人才培养双向发展。学院在与学校和科研院所（包括C9兄弟院校、中科院物理研究所、中科院理论物理研究所等）开展紧密合作的同时，还与众多领军企业建立了深入的产学研合作关系，涵盖了科技、能源、制造等多个领域，包括阿里巴巴达摩院、华为技术有限公司等知名企业。通过与企业的合作，学院能够及时了解市场需求和技术发展趋势，将科研成果转化为实际应用，推动产业升级和发展。

近三年学院牵头或参与的企业项目数量达到83项，经费总额逾8813万元。这些项目的实施不仅推动了相关领域的科技进步，还为社会经济的发展提供了有力支撑。同时，通过科教产教协同创新，学院的人才培养质量也得到了显著提升，毕业生的综合素质和创新能力得到了社会高度认可。

（七）科教产教协同育人情况及成效

依托未来技术学院导师重大科研项目、合肥国家实验室、合肥微尺度物质科学国家研究中心等重点平台，为学生提供系统化课程实践指导、考核等一对一方案，探索基于项目的动态教学组织形态。2023年6月，组织英才班本科生参观学习科大国盾量子技术股份有限公司和合肥国家实验室，让学生真实感受量子科技前沿领域。开展师生学术交流会，各课题组导师与英才班学生就量子信息科技发展和各研究方向进行讨论，促进学生对各课题组的了解，学生有针对性地选择自己喜欢的方向，利于衔接"本硕博"长周期培养。2023年8月，组织量子信息科技英才班本科生暑期赴无锡和上海科研实践，参观了国家超级计算无锡中心"神威·太湖之光"、无锡量子感知研究所、中国电子科技集团第五十八研究所和华中科技大学无锡研究院，并于江阴城市记忆馆及临港规划展览馆等地进行了现场交流。赴中国科学技术大学上海研究院进行实践参访，开展现场教学，探究量子信息科技的前沿发展，参观研讨，以学促行（如图1-9-7所示）。

图 1-9-7　参观活动

(八)学生培养成效

国家自然科学基金青年学生基础研究项目(博士研究生)于 2023 年首次试点设立,旨在选拔一批研有余力、基础扎实,在科学研究中展现出较强发展潜力的优秀博士研究生,资助他们作为项目负责人承担科学基金项目,自主选择研究方向开展基础研究和学科交叉研究等。2024 年 4 月,未来技术学院 3 名博士生分别获得首届该项基金资助立项,每项获批经费 30 万元。除此之外,未来学院本科生 16 人次获得 RoboGame 机器人大赛、安徽省机器人大赛、司南杯量子编程大赛、全国大学生数学竞赛非数组、九章杯非数组等各类比赛奖项及国家奖学金等,博士生 42 人次获得国家奖学金、中科院院长奖、中科院院长特别奖等多个奖项(如图 1-9-8 所示)。

图 1-9-8　部分奖项证书

(九)其他改革工作情况及阶段性成效

学院汇聚科研院所、企业、投资机构等各方资源,构建开放式协同创新人才培养大平台,为未来科技发展和未来科技创新领军人才培养提供有力支撑(如图 1-9-9 所示)。探索建立经费和资源持续投入机制,为师生潜心研究前沿技术提供坚实保障。对接承载国家战略部门和产业需求,推动科技成果转化。与无锡市开展联合育人、科研攻关、技术合作、人才交流等工作，"未来技术太湖奖学金""未来技术太湖创新基金"等协议履行有序开展。同时，学校给予未来技术学院稳定发展所需的政策扶持以及经费支持，学生的各项活动得以顺利开展。

图 1-9-9　部分合作交流项目

三、下一阶段工作计划

学院将在下一阶段进一步完善基层党组织建设，继续创新招生模式，培养和引进并重，继续培养高端领军人才，同时提升量子科学与技术类国家级人才计划的引进力度和质量。继续组织开展学院专业宣讲、导师和学生交流以及暑期研修活动。进一步优化培养模式，完成场地扩建，继续做好科研技能提升项目平台建设。做好创新创业和国际交流合作对接。推进学院教育数字化建设。组建不同领域的国际合作创新团队，邀请国内外专家来访，加强双边和多边学习交流，实现人员互访。

华中科技大学
未来技术学院建设进展报告

（2021—2024 学年）

一、总体情况

（一）三年整体建设概况及工作亮点

华中科技大学未来技术学院（以下简称"学院"）自 2021 年 7 月组建以来（如图 1-10-1 所示），从组织机构、领导班子等多层面完成了实体化建设，确保了学院的顺利运行和发展。同时，学院聚焦未来革命性、颠覆性技术人才需求，融合华中科技大学（以下简称"华科大"）工科、医科等学科优势，逐步凝练出以人形机器人为牵引的未来技术特色方向，并确立育人理念，制定出台了人才培养建设方案，探索引领未来科技和产业变革的人才培养模式。主要工作亮点包括以下三方面。

图 1-10-1　华中科技大学未来技术学院 2021 年 7 月挂牌组建

1. 持续建章立制，建立健全学院组织机构

学院搭建了具有丰富经验和卓越领导才能的管理团队，由中科院院士丁汉领衔负责学院战略规划、决策执行，并组建了包括行政、教学管理、科研管理、学生管

理等在内的完整机构和高效、专业的行政团队，确保教学和科研工作顺利进行。

2. 凝练交叉学科，确立学院特色发展方向

学院依托华科大机械工程、光学工程、生物医学工程、人工智能等国家一流本科专业的优质科教资源，融合工科、医科等领域的学科优势，凝练出以人形机器人为牵引的智能制造、生物医学成像、光电子芯片与系统、人工智能等未来技术特色方向。

3. 聚焦未来科技，修订完善人才培养方案

学院进一步确立"强基固本、学科交叉、科教协同、产教融合"的育人理念，制定出台《华中科技大学"未来技术学院"科技创新领军人才培养建设方案》，完善本研贯通培养机制，构建模块化、递进式课程体系，开展项目驱动式创新创业教育，培养前沿交叉领域的高素质未来领军人才。

（二）学生培养规模

未来技术学院每年计划招收120名学生。2021—2023年实际共招收347名学生。其中包括2021级本科生117名（校内选拔），2022级本科生117名（高考直招94名，校内选拔23名），2023级本科生113名（高考直招90名，校内选拔23名）。

二、工作进展及成效

（一）学科专业壁垒突破情况及成效

学院坚持四个面向，调整学科布局，积极开展突破学科壁垒的前瞻性探索。为推动专业学科交叉融合，学院聚焦以人形机器人为牵引的未来技术领域方向，推行"大创项目—课程轮转—科创论坛—项目研究—产业实践—创新创业"的科技创新培养模式，面向全体本科生进行大规模、深层次、全覆盖的实验室轮转（Lab Rotation）教学改革，遴选了包括机械、光电、人工智能、生物医学、计算机、集成电路及材料等学科近50个面向未来科技的交叉科研团队，为每位学生提供3个不同方向的实验室和为期18周的轮转学习，帮助学生打下更扎实的学科基础。

同时，学院依托"未来技术太湖创新基金"，面向国家重大战略需求开展未来技术前沿交叉学科创新研究。首批共投入120万元，围绕人形机器人方向遴选了"面向工业制造场景的人形机器人技术研究及应用"等8个项目进行立项，由跨学科导师团队带领学院学生"组团作战"，预期通过跨学科融合、师生携手创新产出具有重大科学意义或产业化前景的优秀成果（如图1-10-2所示）。

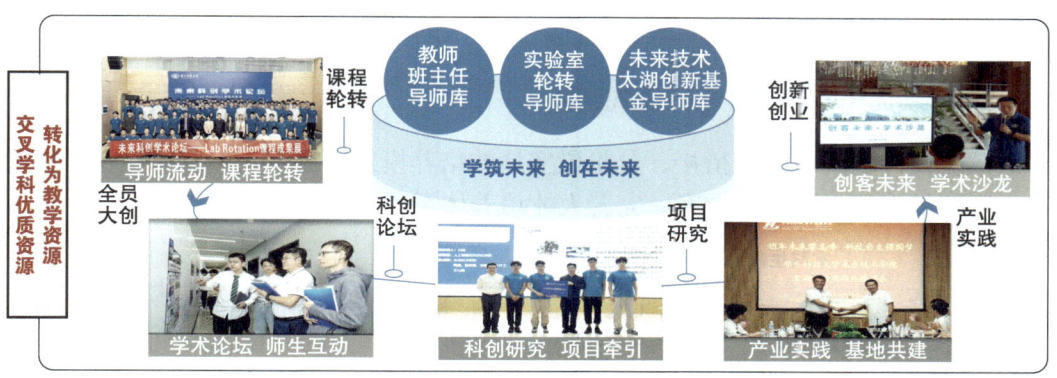

图 1-10-2 科技创新人才培养模式

（二）高水平师资队伍建设情况及成效

学院强化大师引领，结合"高校国际化示范学院推进计划"实行海外高端引智，推进建设交叉融合的高水平师资团队。

1. 大师引领学科方向课程建设

按照 4 个学科方向分别遴选具有国际化视野、交叉研究基础的高层次人才担任首席科学家，组织学院内外不同专业教师组建多个专业课程团队。其中，工程物理模块依托武汉光电国家研究中心、光学与电子信息学院建设了"理论力学"等 4 门课程；交叉学科基础模块依托武汉光电国家研究中心、生科院、光电学院、电气学院、人工智能学院、集成电路学院建成了"普通化学""基础生命科学""软件技术基础""算法设计与数据结构""人工智能导论""电子器件与电路""光学原理"等专业核心课程。

2. 海外引智提供国际化人才支撑

学院聘请欧洲科学院院士、德国柏林洪堡大学教授尤根·库思（Jürgen Kurths）担任外籍院长，并从英国伦敦大学学院等海外名校引进 10 余名海外教授组建研究型、国际化课程团队，为国际化建设提供了人才和资源支撑。

（三）人才培养模式变革情况及成效

1. 推行"强基固本、学科交叉、科教协同、产教融合"的育人理念

学院聚焦以人形机器人为牵引的智能制造、生物医学成像、光电子芯片、人工智能等未来技术领域，以学生成长为中心，以能力培养为导向，开展基于项目驱动的动态教学和创新实践，形成重视塑造创新意识、创新精神和创新技能的人才培养

机制，做好未来科技创新领军人才的前瞻性和战略性培养。

2. 持续优化完善人才培养模式整体

系统设计各阶段有机衔接、分阶段实施的培养模式，制定了以未来交叉学科研究为基础的本研贯通培养方案，完善人才培养体系（如图 1-10-3 所示）。

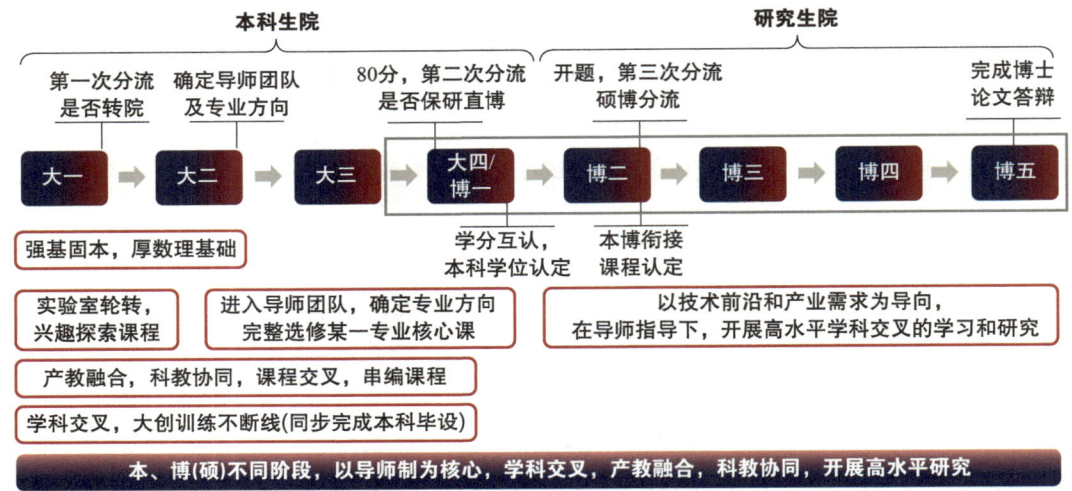

图 1-10-3　学院培养模式设计

3. 全方位多渠道遴选高质量生源

学院按照"一个目标、两个统筹、三项举措"的思路构建了"大招生"体系，通过视频直播、媒体报道、网上咨询、现场宣讲等形式多元开展招生宣传工作，2022 年、2023 年在鄂招生平均位次处于全校前列，其中湖北省录取最高分考生连续两年被未来技术学院录取。

4. 构建模块化递进式的课程体系

学院按照"本科阶段注重学生全面发展、培养基础素质与能力，研究生阶段注重专业素质、培养科技创新能力"的基本思路构建课程体系（如图 1-10-4 所示）。支持学生个性化发展，建立开放与交叉贯通相结合的选课制度，允许学生跨专业、跨院系、跨学院选课和本科生跨层次选修研究生课程。

5. 以教材精准对接学科前沿，有效支撑人才培养目标

近三年，学院组织编著的《工科理论物理简明教程》《数据结构与算法设计》《普通化学原理》三本教材获批学校"十四五"本科规划教材，"量子力学"课程获评湖北省一流本科课程。

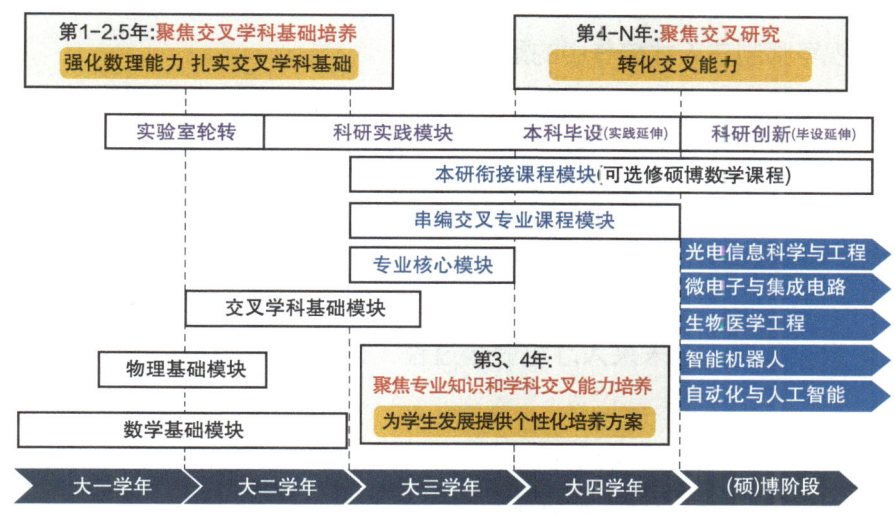

图 1-10-4　学院课程体系建设

6. 打造功能完备、开放共享的交叉学科实践平台

学院面向全体本科生进行大规模、深层次、全覆盖的实验室轮转教学改革，并搭建"专业认知实践—科研项目实践—企业社会实践"的实践体系，依托华科大无锡研究院"大学生实践育人基地"，与企业共建联合研究中心和实习实训基地（如图 1-10-5 所示），引导学生在一线实践中提升创新能力。

图 1-10-5　实践育人平台建设

7. 重视导师制在人才培养中的重要作用

学院推行贯穿本硕博全过程的学业指导、科研引导、人生向导"三位一体"的全方位导师制，为学生优先配备一流师资，包括 2 位中国工程院院士、26 位国家级领军人才、24 位国家级青年人才。他们承担学院任课教师、班主任、实验室轮转导师以及未来技术太湖创新基金导师中的一职或多职，携手指导学生学业发展和科学研究。

8. 将思政教育贯穿未来人才培养全过程，形成全方位、多角度、立体化的育人格局

学院落实新时代党旗领航工程（如图 1-10-6 所示），强化理想信念教育，不断丰富学习活动形式，做到每月有活动、每次有主题、每人都参与。通过成立新闻中心，建设微信公众号、视频号、中英文官方网站，拓宽宣传矩阵，守好意识形态阵地，讲好未来故事。

党员先锋队

红色寻访

党员班进级

特色党日活动

图 1-10-6 党旗领航特色思政教育

9. 不断启迪创新思维，构建未来导向的创新创业教育体系，培育未来创新之才

学院依托任课教师、班主任、实验室轮转导师、未来技术太湖创新基金导师库，发挥交叉学科优势资源，让学生在本科阶段率先涉猎学术前沿、启发科研思

维，不断擦亮"学筑未来，创在未来"品牌。2021—2024年，学院学生参加大创项目的比例达100%，获国家级及国际级竞赛奖项100余项，60%以上的学生获省级及以上学科技能竞赛奖项、参与校级及以上基金项目或发表论文，学生共计第一作者或共同第一作者在高水平期刊发表论文10篇，以第一发明人身份申请专利6项、软件著作权1项。其中，2021级学生周鑫的2篇一作论文分别被计算机视觉领域国际顶级会议CVPR 2024、国内顶级会议PRCV 2023收录；2021级学生管海粟的独立第一作者论文被自然语言处理领域国际顶级会议ACL 2024收录。

10. 革新教学评价体系，迈向多元评估新时代

学院秉持"学生中心、产出导向、持续改进"理念，充分尊重和发挥学生在教学中的主体地位，改革和完善教师教学的激励与约束机制，一方面改革学生学习评价体系，重构学生学习评价标准，出台《综合素质评价实施细则》，由注重学习成绩向注重学习成效转变，注重考试结果向学习过程和学习结果并重转变；另一方面是改革考核手段、方法，推动教师进行教学内容、教学方法和教学手段改革。

（四）教学组织模态创新情况及成效

学院实施课程责任教授制度，鼓励跨学科、跨院系、跨专业的教学团队推行案例式、研讨式、项目式授课改革，推动信息技术、人工智能技术与教育教学深度融合，不断打造新的教学组织模态。经过三年建设，学院已开设43门专业课，形成一系列具有创新机制和组织模式的课程改革探索经验及成效。

学院以知识多元性、知识个性化和面向真实实践为目标，通过科教产教融合构建项目驱动、学科交叉的动态"课程串编"学习方式，打造穿针引线式的教学育人模式。学院依托武汉光电国家研究中心、国家数字化设计与制造创新中心、数字制造装备与技术国家重点实验室、国家集成电路产教融合创新平台等国家级科研平台，以及与中国科学院长春光学精密机械与物理研究所、中国船舶集团、成都飞机工业（集团）公司、华为、杭州海康威视数字技术公司、美的集团和华科大无锡研究院等大院、大所及龙头企业等共建的实践育人基地，凝练出"未来光刻""人形机器人""自主飞行系统""脑与认知"4个未来方向，由相关交叉学科专家和行业专家共同参与相关课程的设计开发，以项目为中心对现有课程体系进行课程内容的网络化筛选和分布式串联，打造串编课程群，让学生的综合能力在课程学习和项目实践环节中相互支撑、螺旋上升。

利用智慧教学平台开设公共选修课"创新工程实践"，利用"智慧树"平台构造"数据结构与算法设计"课程知识图谱，通过课程知识图谱—问题图谱—能力图谱，将传统顺序章节结构的线性知识学习转换为学生自主选择路径和能力/问题导向的网状学习，使教学更加信息化。

学院与国家集成电路产教融合创新平台共建"电子器件与电路"课程实践教学云平台等。通过"教师精导妙引、学生柔性选择、社会广泛支撑"的模式，锻炼学生的自主学习、知识创新、产品创造、系统思维、计算和实验实践能力，培养面向未来技术研究的创造者和发现者。

（五）国际交流与合作情况及成效

学院结合教育部"高校国际化示范学院推进计划"，通过海外高端引智，引进国际师资参与人才培养，不断推进与世界一流大学的联合培养项目，在不同层面开拓和扩大国际教育合作。

学院聘请欧洲科学院 Jürgen Kurths 院士担任外籍院长，主要负责推动国际化建章立制、制定人才培养计划、积极开展国际交流、推动国际教学科研合作项目等。学院先后从英国伦敦大学学院等外国高校引进了 10 多名海外教授，邀请多位海外知名学者来院交流授课，组建了近 20 个研究型国际化课程团队，为学院建设提供了国际化人才支撑。学院还不断拓宽国际人才培养合作渠道，分别与新加坡国立大学、新加坡南洋理工大学的相关合作院系签订院际联合培养项目协议。

在海外引才引智、国际合作项目的推动下，学院国际化人才培养成果不断涌现。2021—2024 年，学生在 *Nature*、*Optics Letter*、*Biomedical Optics Express* 等著名国际期刊、会议上累计参与发表高水平论文 24 篇，30 余人获资助前往哈佛大学、剑桥大学、麻省理工学院等海外名校进行短期访学交流、长期科研实习和海外毕业设计；毕业生国际竞争力突出，19 人在杜克大学、伦敦大学学院、东京大学等全球一流大学或科研院所继续深造，并获国际光学工程学会（SPIE）等国际重要学术组织奖学金，学院学生出国深造率和综合深造率均位居全校前列。

（六）科教产教协同创新情况及成效

学院注重科教产教协同育人，以课程—实践—毕设全过程项目制为牵引，加强与科研院所全链条协同育人，参与武汉光电国家研究中心、国家数字化设计与制造创新中心、数字制造装备与技术国家重点实验室、国家集成电路产教融合创新平台等国家级科研和育人基地的建设，以科学和产业前沿问题牵引未来拔尖创新人才培养。2021—2024 年，学院学生广泛参与所在科研平台承担的重大、重点项目，包括科技部重点研发、国家杰青、国家自然科学基金重点项目等。

学院不断完善产教融合育人机制，围绕未来技术核心方向，通过共建联合研究中心和实习实训基地，组织学生在中国船舶集团、中电科集团、成都飞机工业（集团）公司、华为、上海联影医疗科技公司、美的集团、中国科学院长春光学精密机械与物理研究所等大院大所和龙头企业走访实践，提升学生专业认知、行业专家，邀请企业研发人员结合产业需求命题毕业设计，实行企业高校双导师制，让学生在科学研究中聚焦解决行业发展难题。

（七）科教产教协同育人情况及成效

2021—2024 年，学院不断完善科教产教融合育人体系，通过积极参与武汉光电国家研究中心、国家集成电路产教融合创新平台、国家数字化设计与制造创新中心等国家级平台建设，引领学生早进课题组、早进实验室、早进科研团队、早进科技前沿，引导学生系统性地了解未来技术方向，培养学生的交叉学科研究兴趣，推动科教协同育人。例如，学院组织 2021 级 117 名本科生首批入驻国家集成电路产教融合创新平台，启发学生的科研思维（如图 1-10-7 所示）。

图 1-10-7　学院科教产教协同育人成果展示

（八）学生培养成效

学院全力践行"培养引领未来科技、产业和社会发展的复合型、创新型领军人才"的初心使命，注重思想引领，强化理想信念教育，发挥党建促学业、促科研、促发展的示范引领作用。经过三年的建设实践，学院高年级党员比例超过 25%，党支部获"先进基层党组织"称号，获校级及以上班级、团支部等集体荣誉 20 余项，人才培养取得初步成效。

2021—2024 年，学院学生获国家级及国际组竞赛奖项 100 余项，参与发表高水平国际论文 24 篇，2 名本科生（全校仅 4 人）受邀参加国家自然科学基金委员会调研座谈，48 名学生参与首批"未来技术太湖创新基金"立项项目，科创氛围日益浓厚，学生创新创业能力不断提升。

学院全覆盖开展生涯教育，培养立大志、明大德、成大才、担大任的"未来青年"。1名学生获首届全国大学生职业规划大赛国赛金奖，20%以上的学生获学院资助参与长、短期海外交流项目。2024届毕业生深造率超过90%，本科升学率、就业率连续数年位居全校前列。

三、下一阶段工作计划

继续优化教师考核激励机制，落实教改评价体系。一是通过教学绩效分配、职称（职务）评聘、岗位晋级考核等调动未来技术学院教师从事教育教学工作的积极性；二是结合未来技术方向交叉学科研究的特点，探索建立"代表性成果"评价机制。

加强学院专职教师引育工作。贯彻"小核心、大外围"引育原则，面向交叉学科方向从国内外一流科研院所、头部企业遴选专任教师若干名，保障学院高质量基础课程教学和教学改革工作顺利开展。

探索建设交叉学科平台。通过整合校内外教学/科研平台、联合实验室和主流企业资源，建立跨院系、跨学科、跨专业的交叉学科平台，引领未来领军人才培养全过程。

华南理工大学
未来技术学院建设进展报告

（2021—2024 学年）

一、总体情况

（一）三年整体建设概况

华南理工大学未来技术学院于 2021 年 1 月成立，5 月成为全国 12 家首批未来技术学院建设单位之一。2022 年 4 月 11 日，与鹏城实验室签署战略合作框架协议（如图 1-11-1 所示），共建华南理工大学未来技术学院（华鹏未来学院，以下简称"学院"）。自建院以来，学院坚持以习近平新时代中国特色社会主义思想为指导，全面贯彻党的教育方针，落实立德树人根本任务，积极探索，勇于创新，经过三年实践，学院建设初见成效。

图 1-11-1　华南理工大学与鹏城实验室签约共建未来技术学院

1. 坚持党建引领，夯实学院高质量发展根基

学院坚持把思想政治建设放在首要位置，把发挥党员先锋模范作用作为基层党支部建设的重要任务，把保证和提升教学科研工作水平作为检验基层党支部战斗力的重要标准（如图 1-11-2 所示）。目前学院有 3 个党支部，包括 1 个教工党支部和 2 个研究生党支部，学院现有教职工和学生党员共 91 人。学院于 2023 年 5 月荣获

"华南理工大学抗击疫情先进集体",学院教工党支部获"华南理工大学2023年先进基层党组织"荣誉称号。

图 1-11-2　坚持党建引领,重视思想政治教育

2. 增强创新思维,探索学院发展的特色道路

学院贯彻"创新是引领发展的第一动力"的理念,在学院发展定位、师资引培制度、人才培养模式、科学研究组织形式等方面提升创新意识和创新思维,提出构建跨学科的教学科研组织形式、跨系统的创新实践平台,并设计引领未来技术探索的发展新模式。针对关于未来知识和需求的双盲挑战,探索能够引领未来的人才培养体系,培养学生的学习力、思想力和行动力,进而形成创造力(如图1-11-3所示)。

3. 拓展对外交流,打造"在地国际化"办学新范式

学院秉承国际校区"在地国际化"办学新范式,融合世界先进教育理念,引入全球优质教育资源,提供沉浸式国际化成长环境。通过与国内外高校和企业建立合作关系、拓展国际合作项目、鼓励师生参与学术会议,以及邀请海内外知名学者来校进行学术交流、支持学生参加各类竞赛、设立校企奖学金、承接公益科普活动等举措,挖掘学院的学科优势和专业特色,打造独特的品牌形象,充分提高了学院的知名度和社会影响力。

4. 注重制度建设,建立持续发展的长效机制

学院采取院务会治院和教授治学相结合的管理方式,坚持民主管理制度。学院现设有学术分委员会、教学分委员会、学科建设专家小组、教学指导专家小组,以

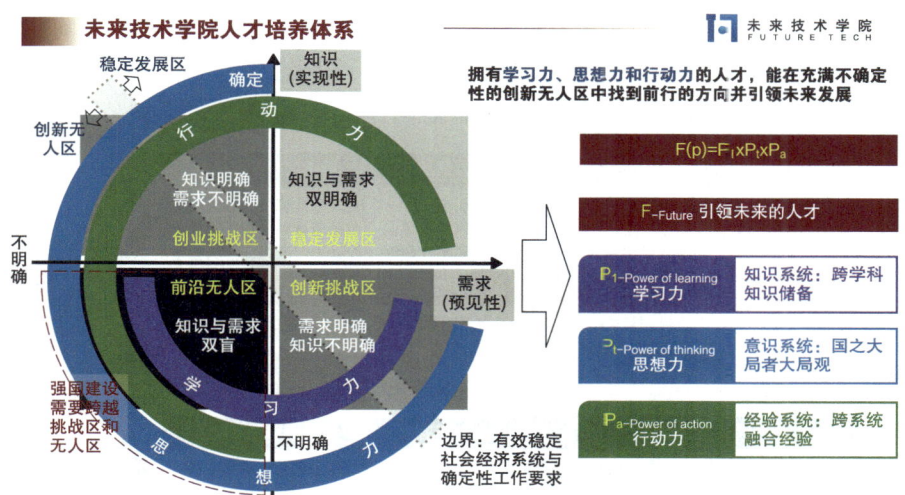

图 1-11-3　未来技术学院人才培养理念

及人才引进评议、师德师风、新生二次选拔等工作小组。各工作组根据工作职责，坚持"改革、发展、稳定、创新"的原则，制定了 20 多项规章制度，建立了学院发展的长效机制，保障学院在人才培养、学科建设、科学研究、师资队伍、实验室安全、师德师风建设等方面工作顺利推进。

5. 加强宣传教育，创造安全稳定的教学科研环境

学院牢固树立安全重于泰山的意识，贯彻落实学校各项安全工作会议精神，利用多种方式，积极组织开展思想阵地教育、国家安全教育、实验室消防安全教育、信息化网络安全教育等学习活动，着力提升师生安全意识与事故防范能力。

（二）学生培养规模

本科生设立"人工智能"和"数据科学与大数据技术"两个专业。2021 年 9 月开始招收首届本科生，目前在读学生 665 人。

研究生设立"信息与通信工程"和"电子信息"两个专业。2022 年 9 月开始招收首届研究生（硕士生和博士生），目前在读硕士生 144 人、博士生 195 人。2024 年 9 月获批"智能科学与技术（人工智能）一级学科"，拟于 2025 年通过智能科学与技术一级学科学位授权点招收研究生。

二、工作进展及成效

（一）学科专业壁垒突破情况及成效

学院锚定国家社会发展重大需求，围绕人工智能前沿技术和跨学科交叉领域

搭建学科平台，聚焦主动健康与智慧能源两个方向，瞄准国际科学前沿，开展高水平学术研究，依托大湾区的优势产业资源，积极推动科技向产业的转化（如图1-11-4所示）。2024年9月已获批"智能科学与技术"一级学科。

图1-11-4 学院聚焦AI主线，布局主动健康+智慧能源科研方向

学院积极构建跨学科前沿交叉融合平台，已建立未来技术前沿交叉研究院，下设数字孪生人研究中心、粤港澳胎儿—婴幼儿脑科学数据科学平台、智慧能源联合研究中心等分中心，与鹏城实验室、琶洲实验室、粤港澳大湾区数字经济IDEA研究院等科研机构深度共建，持续推进前沿交叉科技创新平台和生态平台的建设，推动产学合作与社会协同，探索知识推动与价值拉动并行的创新路径。其中，与鹏城实验室共建学院，实施联培博士生专项计划。

（二）高水平师资队伍建设情况及成效

学院面向全球引育一流教学科研团队，拥有一批结构合理、具有国际化视野的高水平师资队伍。新进教师全部拥有海外高等教育及科学研究工作经历，均毕业于伦敦大学、帝国理工大学、新加坡国立大学、新南威尔士大学等知名高校。

学院探索师资结构多样化，与人工智能与数字经济广东省实验室（琶洲实验室）实行师资"联聘"机制。立足产学融合，设置了兼职教授、产业导师等多种引进高层次人才的渠道，从鹏城实验室、广东省智能研究院、腾讯等知名研究机构和企业遴选聘用学院兼职教授，包括美国国家工程院外籍院士1人，国家级高层次人才3人。学院以师德师风为第一标准，扎实推进师德专题教育，引导广大教师坚定理想信念、厚植爱国情怀、涵养高尚师德。

（三）人才培养模式变革情况及成效

1. 招生模式多样，创新构建"1+N+X"人才培养路径

学院通过631综合评价、二次选拔、转专业等方式招收和遴选优秀学生，以

"培养引领未来的人才，抢占未来科技发展先机"为目标，设计构建"1"条时代主线（人工智能主线）+"N"项学科与场景（多学科交叉、多场景跨系统融合）+"X"引领者意识培养（面向不确定性的引领者意识）的特色人才培养路径（如图1-11-5所示）。遵循该培养路径，引导学生不断加强跨学科素养，锻炼跨系统能力，强化引领者意识，持续丰富增进学习力、思想力和行动力。

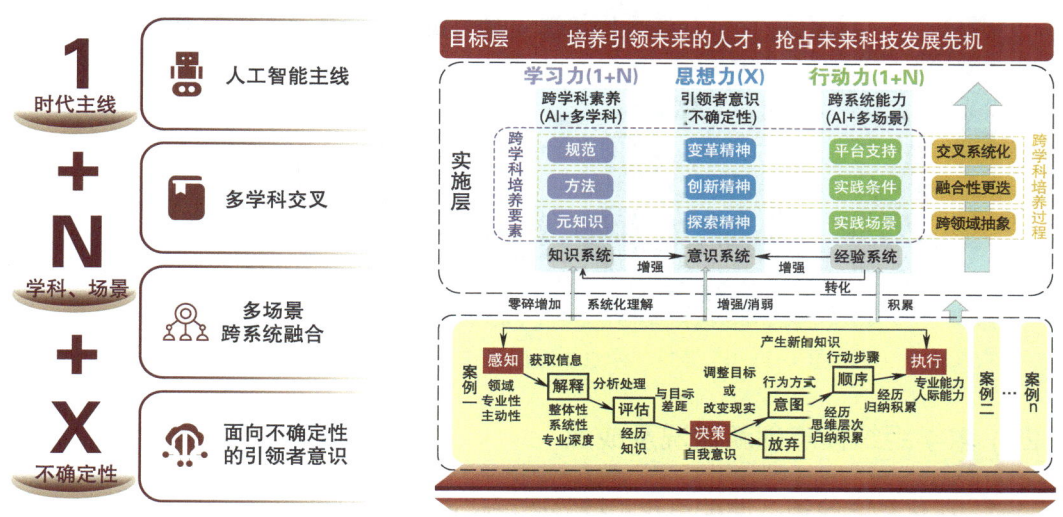

图 1-11-5 "1+N+X"人才培养路径

2. 探索"在地国际化"培养模式，打造前沿交叉融合的特色课程体系

学院瞄准国际科技前沿，融合世界先进教育理念，引进全球优质教学资源，为学生提供国际化成长环境。学院实施跨学科培养方案，创新性采用"导论—元知识—关键技术课程—综合交叉实践"的知识架构，强化学科交叉融合与知识的现场实践，推行"探究式"教学，建设高质量课程体系。学院积极开展精品课程建设和评选，"工程导论实践Ⅰ""人工智能与3D视觉"2门课程入选2023年度广东省一流本科课程。

3. 坚持"学生永远在C位"，夯实全员导师制度

学院牢固树立"学生永远在C位"的教学理念，不断推动全员导师制度走深走实。学院共聘任45位学业导师、31位科研导师、56位成长导师协助开展指导工作，对学生的思政、学业和科研进行指导（如图1-11-6所示）。同时，学院共选拔70位朋辈导生，从学习、科研、生活和学生工作等多个方面实行高年级学生对低年级学生的帮助和引导，充分践行"朋辈引领，导生示范"的亦师亦友型引导模式。

图 1-11-6　坚持"学生永远在 C 位",夯实全员导师制度

(四)教学组织模态创新情况及成效

1. 深化教学改革,课程思政和精品课程建设取得进展

学院以习近平新时代中国特色社会主义思想为指导,进一步推进课程思政建设,"工程导论"获批校级本科课程思政示范课程。学院关注本科教学改革实践,聚焦科教融汇、产教融合提升人才培养质量等热点、重点和难点问题,已有"基于校企合作的开放式项目制实践教学研究""基于校企合作的工科类人才创新创业培养模式探索与实践"等 5 项课题获校级本科教研教改项目立项,《人工智能系统综合设计》获校级本科精品教材专项建设项目立项。

2. 落实以教促改,稳步提升教学水平

学院着力提升教师英文水平和教学能力,鼓励教师积极参加 EMI 教学技能培训,动员教师踊跃参加青年教师教学竞赛。学院设立了课程组,形成"学院—专业—课程组"三级组织模式,规划学院课程建设任务,通过经验交流、新课试讲等教研活动促进教师教学水平与能力整体提高。学院建立了教学检查提升机制,贯彻"以评促建,以评促改"方针,不断推动教学改革及发展向纵深推进。

3. 加强数字化建设,强化学科平台教学支撑能力

学院积极建设人工智能硬件实验室(为华南区智能硬件平台最丰富的实验室之一)、大数据综合实训室(为联合百度在华南区高校打造的示范性标杆实训室)等一

批高端前沿教学实验室，推进线上线下混合式教学，积极探索智能教育新形态，推动课堂教学改革（如图 1-11-7 所示）。学院配备了一站式教学实训平台，其具有强大的运算能力和丰富的教学实训资源，包含预置海量真实业务场景的开放数据集，支撑学生参加各种大型赛事和实验课程。其中，专业课程"大数据导论课程设计"结合百度 AI 线上平台进行混合式教学，利用云平台在线课件、在线代码模块进行实践教学，师生反响良好，已获得校级教学改革立项支持。

图 1-11-7　人工智能前沿交叉实验室

（五）国际交流与合作情况及成效

1. 引进海外名校优质课程和名师资源，打造沉浸式国际化教学

学院三年来举办各类高水平讲座 49 场，含海外名师课堂、交叉学科前沿讲座、国际学者无界讲堂等多系列国际化交流讲座 28 场，如邀请牛津大学 Patrlck Rebeschini 教授、麻省理工学院 Mark Vogelsberger 教授、卡耐基梅隆大学 Shlomo Ta'asan 教授、

剑桥大学 Pietro Lio 教授等众多海外名师为我院学生做学术报告（如图 1-11-8 所示）。此外，学院设置了多门海外名校联合课程，其中，20 人次完成剑桥大学"离散数学"课程，20 人次完成剑桥大学"人工智能与网络安全、软件与安全工程"课程。

图 1-11-8　开设海外名校联合课程，开展高水平讲座

2. 拓展中外合作办学模式，推进国际交流项目

学院建立"一对一"（1+1）和"一对多"（1+N）国际合作模式，与美国、加拿大、英国、法国、澳大利亚、日本、新加坡等国家的世界一流大学开展合作，建立了访学、交换、暑期交流等形式的国际交流项目。

学院积极推动海外交换及寒暑期交流。截至2024年暑期，9位学生参加国际高水平学术会议，108人次访学英国牛津大学、英国剑桥大学、美国加州大学伯克利分校、德国慕尼黑工业大学等全球顶尖名校；与英国伯明翰大学、比利时鲁汶大学、澳大利亚悉尼科技大学、英国布拉德福德大学等院校设立2+2双学位项目；与美国罗格斯大学、密歇根大学、新加坡国立大学、法国巴黎综合理工学院、日本早稻田大学、韩国汉阳大学等院校设立3+2/X等本硕/博项目；接收多位法国南特大学、香港岭南大学等院校的交换生、留学生；积极与日本千叶大学、意大利都灵理工等院校探索中外合作办学模式（如图1-11-9所示）。

图1-11-9　学院学子参加访学、研学活动

（六）科教产教协同创新情况及成效

1. 建立学科交叉创新合作机制，有组织科研快速发展

学院围绕国家重大战略，服务粤港澳大湾区地方经济，开展有组织科研。校内

与多个相关单位协同合作，搭建多层次学科交叉研究平台，校外联合清华大学、国家卫生健康委卫生发展研究中心、科大讯飞等国内知名单位组建粤港澳胎儿—婴幼儿脑科学数据科学平台。学院牵头与国内200多家单位组建全国主动健康产教融合共同体，并于2023年10月在雄安举行了第一届主动健康新质生产力产教融合创新发展大会暨全国主动健康行业产教融合共同体成立大会（如图1-11-10所示）。与市场接轨，建立校企人才培养实践基地，探寻与产业之间的资源和信息共享"双赢"模式。

图1-11-10　第一届主动健康新质生产力产教融合创新发展大会

学院现有国家级平台1个（智能孪生学科创新引智基地）、省部级科研平台2个（广东省数字孪生人重点实验室、人体数据感知教育部工程研究中心）、校企联合平台7个（华为、阿里、腾讯、百度、京东、广州数字科技集团、广东保伦电子）。2022年获批广东省数字孪生人重点实验室；2023年获批智能孪生学科创新国家级引智基地；与沙特阿美（沙特阿拉伯国家石油公司）签订联合开发项目；成为虚拟数字人标准化工作组成员单位。

2. 围绕国家战略与区域重大需求，积极布局区域重大/重点项目，推动学科交叉融合协同合作

2021年至今，学院获广东省科学技术一等奖1项，获批科研经费近1.3亿元，国家自然科学基金获批率达60%。发表高水平论文140余篇，申请发明专利140余项。

3. 举办重大科研活动，扩大学术影响力

学院共组织重大科研活动和学术报告会56次，邀请到中国科学院欧阳明高院士、中国科学院尹浩院士、中国工程院张平院士、欧洲科学院李学龙院士、欧洲科学院张大庆院士、欧洲科学院李克勤院士等81位国内外著名专家来校举办讲座和项目评审（如图1-11-11所示）。

图1-11-11　学院组织重大科研活动和学术报告会

（七）科教产教协同育人情况及成效

1. 与行业龙头企业建立产学融合工程培养平台

联合百度设立百度松果人才培养实践基地，首届百度松果人才菁英班于2022年7月开班，9位学员获得优秀学员荣誉，2023年第二批招收10位本科生开展实训培养；与腾讯合作犀牛鸟开源人才培养计划，3位同学出色地完成了科研实战并获得"优秀学生"称号，获奖学生人数位居参赛高校第一名；与奥比中光、阿里巴巴、科大讯飞等头部AI企业建立联合实验实训室或实训基地。

2. 开设多门校企联合实践课程

学院分别与奥比中光共同开设校企联合实践课程"人工智能与3D视觉"；与

华为共同开设校企联合实践课程"大语言模型与人工智能工程设计",也是华南地区首个 AIGC 本科学分课程;与英伟达共同开设校企联合实践课程"元宇宙导论实践";与百度共建"工程导论实践"课程,并开展未来技术—百度飞桨杯学生科技作品竞赛。以上课程有效结合了企业前沿技术与教学内容,进一步激发了学生的兴趣,培养了创新精神(如图 1-11-12 所示)。

图 1-11-12　校企联合实践课程

3. 积极参与教育部产学合作协同育人项目

学院获批两项教育部产学合作协同育人项目，分别是基于阿里云计算平台的人工智能实践基地建设（阿里巴巴，2023年2月）和未来技术—百度松果实践基地建设（百度，2023年2月）。

（八）学生培养成效

1. 强化"以赛促学"，荣誉奖项数量和质量喜人

学生积极参与国内外竞赛并获得多项奖励。2022年，本科学生共获得64项奖励，其中43人次获得国际级或国家级奖项，获得"互联网+"大学生创新创业竞赛国赛金奖1项。2023年，学生获奖总数达到354项，包括国际级157项、国家级74项、省市级和校级123项，含"互联网+"大学生创新创业竞赛项目和"挑战杯"全国大学生课外学术科技作品竞赛项目21项（如图1-11-13所示）；89名学

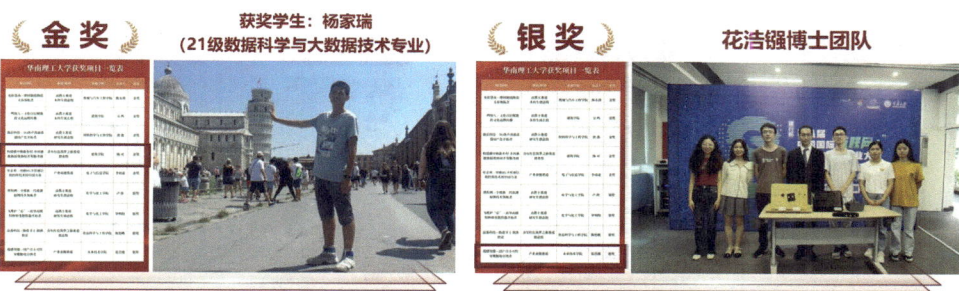

图 1-11-13　实践教学与课外竞赛成绩

生在 2023 年美国大学生数学建模竞赛中获奖,其中 8 支队伍共 20 名学生获得 M 奖,占学校获奖人数的 1/3;27 人获中国数模省一等奖及以上奖项,占全校获奖人数的 17%。在 2024 年美国大学生数学建模竞赛中,共有 103 名学生获奖,其中 2 支队伍共 5 名学生获得 F 奖,约占全校 F 奖获奖队伍总数的 1/4;8 支队伍共 13 名同学获得 M 奖,约占全校 M 奖获奖队伍总数的 1/5。此外,我院学生在 2022 年度及 2023 年度连续两年成为英特尔(中国)奖学金全国唯一本科生获奖者;2024 年本科学生在 Kaggle 数据赛 featured 类中获得银牌 5 项、铜牌 1 项。

2. 实施"科研导师"制度,助力提升本科生科研学术能力

学院鼓励高年级本科生提早进入实验室开展科研工作,重视培养学生对科技创新中的关键技术进行总结凝练的能力,并鼓励学生发表国际学术论文和申报国家专利等知识产权成果。在学术论文方面,2024 年已有 5 篇本科生为第一作者/共同一作的论文被 AAAI 2024、WWW 2024、CVPR 2024 等人工智能领域国际顶级会议收录(如图 1-11-14 所示)。

图 1-11-14 本科生为第一作者/共同一作在人工智能领域国际顶级会议发表论文

3. 推进全方面人才培养,学生获得大量实习机会

多名 2021 级学生已获得国际知名大学和研究机构的科研实习机会。例如,刘锦绣在斯坦福大学(国际人工智能顶尖学者李飞飞教授团队)实习、谢文轩在清华大学协同交互智能中心实习、李尚哲在慕尼黑工业大学实习、沈鑫杰在微软亚洲研究院实习、余芷茵在上海人工智能实验室实习等(如图 1-11-15 所示)。

图 1-11-15　学院多名 2021 级学生获得国际知名大学和研究机构的科研实习机会

（九）其他改革工作情况及阶段性成效

1. 加强沟通，拓展信息反馈渠道

坚持与学生的"FACE-TO-FACE"单独面对面座谈，了解学生的学习状况及困难，及早进行教学反馈和调整。此外，行政人员日常保持手机 24 小时开机，对学生提出的问题力求回应不过夜、不耽搁。

2. 培训辅导，提升教师教学科研能力

坚持每年度举行不少于 2 场针对新进教师的岗前试讲培训会，建立教师新课试讲"传帮带"模式，形成教学合力，助力教师成长。每年度举行多场科研申报辅导会，邀请有经验的校内外专家对新进教师开展科研项目申报培训，提升各类项目的获批率。

3. "一站式服务"解决教师的后顾之忧

协助新进教师办理入住事宜，办理校园卡并开通相关权限。协助境外来华的教师办理来华工作许可证、人才优粤卡等，为他们解决后顾之忧。

三、下一阶段工作计划

1. 构建跨学科交叉的教学科研组织

学院推动成立跨学科教学与研究委员会，构建跨学科教学与研究的有效组织模

式。依托重大科研项目、重点平台，根据未来技术特色布局，在学院建立跨学科研究平台，推动教师开展对关键共性、前沿引领性、颠覆性等技术的研究，在此基础上建设跨学科课程和组建跨学科教学团队，探索基于项目的动态教学组织形态，推动跨学科研究资源向教学资源转化。

2. 构建跨系统融合的创新实践平台

学院推动跨系统融合创新模式，在技术研发过程中联动教育、产业与社会三大系统的跨系统资源，以数据科学为驱动力，助力未来技术成功落地。学院通过未来技术前沿交叉研究院对接产业资源，构建校企联合实验室，建设融合工程、创新、创业、跨文化的覆盖多现场的工程实践平台，注入生产要素资源，让技术实现在系统集成、数据获取、迭代设计方面获得更为便利的条件；利用研究院平台对接社会投融资资本，为创新提供资金保障，降低创新断链风险。联合产业界开展形式多样的工程实践，引入产业实际工程开发课题，采用"双导师指导—企业课题—学校评估"管理模式，打造多级双创课题项目。

3. 构建设计引领的未来技术探索模式

学院通过设计引领探索趋势提升未来需求预见的有效性，通过学科交叉、数据科学共同完成知识突破，提升技术实现的有效性，共同实现未来技术可见可达。推动设置设计引领系列课程，一方面创设未来技术与设计思维导论、创新思维设计等课程，另一方面引入设计学院与未来技术学院创建跨学科联合教学科研模式，如人工智能系统综合设计联合教学、人工智能工业设计菁英班创新模式探索、人工智能工业设计联合科技攻关项目等，并通过知识交叉、项目实践、展览思辨等多种方式培养学生的设计思维和协同共创的能力。

西安交通大学
未来技术学院建设进展报告

（2021—2024 学年）

一、总体情况

（一）三年整体建设概况及工作亮点

1. 建设情况

作为西安交通大学（以下简称"西安交大"）创新人才培养模式的重大工程和"试验田"，西安交大未来技术学院（以下简称"学院"）始终着眼于未来科技领域与国家重大需求，不断深化科教融汇、产教融合、协同育人，推动创新链、产业链、资金链、人才链深度融合，建立政产学研资一体的人才培养和科技成果转化特区，构建从人才培养到成果转化、从基础研究到核心技术、从"出成果"到"用成果"的有机生态，与现有学科专业相辅相成，在人才培养、学术成果产出、科技成果转化等方面为现有学科专业发展提供有力支撑，培养未来科技创新领军人才。图 1-12-1 为未来技术学院揭牌仪式。

图 1-12-1　未来技术学院揭牌仪式

学院共设置人工智能、储能科学与工程、智能制造工程和医工学四个交叉学科方向，组建跨学科、产教融合"双师型"师资队伍，包含授课教师213人，其中企业教师86人；组建校内外导师团队共183人，其中企业导师72人。构建前沿性、前瞻性的项目体系与课程体系，自学院成立以来，新建或改造课程109门，其中项目课程34门，产教融合课程59门。与陕西轨道交通集团、上海市浙江商会、海尔集团、中国移动集团等大院大所、龙头企业共建创新联合体，实施有组织的科研和联合人才培养。

2. 工作亮点

学院不断深化学科交叉、产教融合、协同育人，持续探索项目驱动式人才培养模式，已初步建成本研贯通、"课—项—赛"相结合的人才培养新模式，其亮点主要体现在5个100%。一是100%学科交叉。学院现开设的四个方向均为学科交叉方向，人才培养牵引项目均为学科交叉项目。二是100%产教融合。教学内容设计、项目研究、专业实践等方面均要求产教融合，学生在项目课程、实习实践环节中赴苏州、无锡、深圳、兰州、西安等地的合作龙头企业、大院大所进行科研实践访问，参与工程项目研究。三是100%项目驱动。学院引入基于企业未来技术需求的前沿性、颠覆性项目，并将项目融入项目课程，学生进入学院后均需接受项目课程训练。四是100%双导师指导。学院为全体学生匹配校企双导师团队，指导学生研究项目、参加创新创业竞赛、完成毕业设计（本）或学位论文（研）。五是100%本研贯通。本科生导师培养与研究生导师相贯通，导师依托校企合作项目和平台，设计从初级到高级的一系列贯通衔接、难度递进的课题，由同一导师（导师团队）以项目为牵引对所有本科生开展从本科到研究生的持续性、贯通式培养。

（二）学生培养规模

未来技术学院从2021年成立起，每年以本、硕、博学生各30名左右的规模开展招生工作。截至2024年3月，学院共有在籍学生226名，其中本科生87名、研究生139名（含58名硕士研究生和81名博士研究生）。

二、工作进展及成效

（一）学科专业壁垒突破情况及成效

学院按照"四个面向"，着眼未来科学技术领域与国家重大需求，以人工智能、储能科学与工程、智能制造工程和医工学四个交叉专业方向（如表1-12-1所示）为切口，聚焦深海、深蓝、深空、深地、生命健康、智慧城市、绿色能源和社会变革等领域，通过传统专业转型升级、现有专业交叉融合、未来专业引领探索，聚焦未来技术专业方向实施创新改革。

表 1-12-1 未来技术学院交叉专业方向

序号	平台名称	领衔专家	平台级别
1	人工智能	郑南宁　院士	国家平台
2	储能科学与工程	陶文铨　院士 何雅玲　院士 管晓宏　院士	全球首个，国家平台
3	智能制造工程	梅雪松　教授 陈雪峰　教授	国家平台
4	医工学	徐宗本　院士 吕　毅　教授	国家平台

其中，学院在医工学方向的基础上，孵化培育了本科"医工学专业"，于 2023 年初通过教育部审批设立，该专业以高端医疗设备原始研发为导向，目标是培养具有深厚的数理基础、宽广的临床医学知识、前沿的工程技术的高素质复合型创新人才。学院在储能科学与工程方向的基础上，孵化培育了研究生"储能科学与工程目录外自设交叉学科"，于 2022 年 7 月经教育部备案设立。该专业面向国家能源战略重大需求，瞄准储能领域的"卡脖子"问题，目标是为国家培养能源产业领域的高素质复合型创新创业人才。

（二）高水平师资队伍建设情况及成效

学院汇聚热爱教育、造诣深厚、德才兼备的学术大师和企业专家，引领高水平师资队伍建设。

1. "科学家+工程师"，建设一支跨院系、产教融合的"双师型"授课团队

学院围绕学科交叉、产教融合的课程内容需要，打破院系壁垒，集中校内优势资源组建授课团队，已有包括院士、领军学者、优秀人才等 213 人参与授课，已邀请来自华为、西北电力设计院、航天六院、中国电信等 21 家龙头企业及一流科研机构的 86 位企业专家参与授课。

2. "三支队伍育人"，建设一支跨院系、学科交叉、校企协创的多导师团队

由院士、领军学者、拔尖人才、青年优秀人才组成的校内导师队伍，由龙头企

业、一流科研机构专家组成的企业导师队伍和具有丰富创业经验或投资经验的创投导师队伍，共同围绕重大项目组成导师团队，指导学生开展科研活动、参与企业工程项目研究及实践实习，传授学生创业知识。目前校内外导师团队共计183人，其中72位企业和创投导师中，有58人来自大型国有企业（研究所）、世界500强企业、行业领军高新技术企业，所占比例80%。

（三）人才培养模式变革情况及成效

学院探索以项目为牵引，构建本研贯通、"课—项—赛"相结合的人才培养新模式（如图1-12-2所示）。本研导师联合校内学科交叉合作导师、来自大院大所及龙头企业的企业导师组成导师团队，基于企业未来技术需求，设置具有前沿性、革命性、前瞻性的本硕贯通、难度递进的项目课题，在项目制课程中指导学生进行研究。鼓励本科生以负责人身份牵头组队申报大学生创新创业训练计划项目（以下简称"大创项目"），鼓励跨学科、跨学院组队，通过大创项目训练不断完善项目课题后参加各类创新创业大赛及学科竞赛，取得论文、专利等各项成果，最后完成毕业设计。学院还将项目研究贯穿研究生阶段，进一步深化并探索成果转化落地。通过"课—项—赛"相结合的方式，形成从课程设计到科研创新，再到成果转化与创业训练的系统化、链条式、递进式培养模式，着力提升学生的创造思维和实践创新能力。

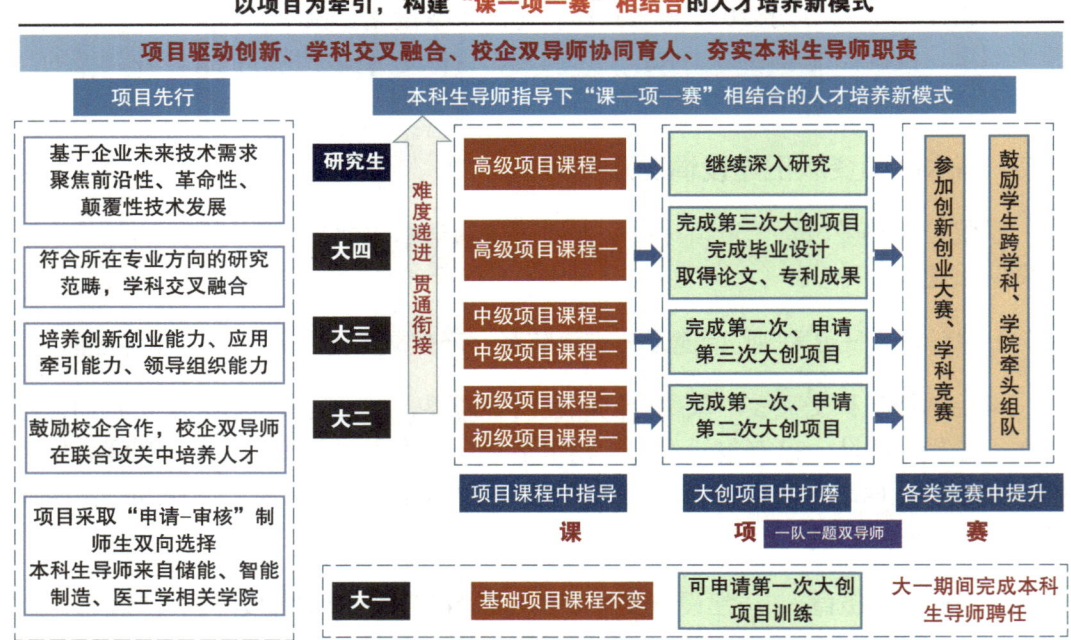

图1-12-2 "课—项—赛"人才培养模式

1. 优化形成多维度、多层次、多阶段的招生考核办法

创新选拔方式，以"志向远大、品学兼优、兴趣使然、身心健康"为原则，采取"笔试+综合面试""项目实践"等多维考查方式，引入企业、创投专家深度参与出题、面试等招生选拔的各个环节，综合考查学生德、智、体、美、劳等各方面综合能力，学院通过本科入校后二次选拔，研究生推免、硕转博、博士统考的方式进行招生。学院2021年至2023年招生录取情况为，本科生平均录取率12.4%，选拔硕士生72人（100%为推免生），选拔博士生81人（其中"985工程"及以上高校生源占81.5%，"211工程"及以上高校生源占88.9%），成功举办三届"优秀大学生科创夏令营"，推免生平均录取率为3.95%。

2. 构建本研贯通、项目驱动式人才培养方案

全面革新培养方案、课程体系和教学内容，以项目为牵引，构建本研贯通人才培养方案（如图1-12-3所示），整合实验、实践、实训环节，适当压缩课程学分（本科约20学分，研究生约5学分），为学生创新创业活动留足空间。

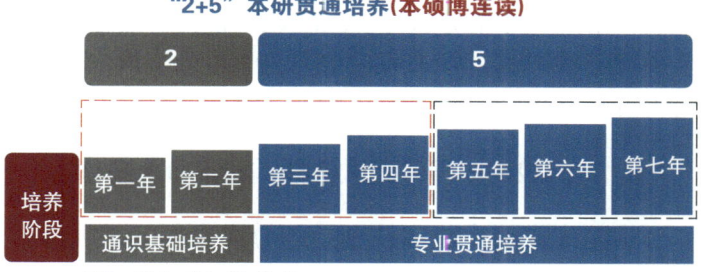

图1-12-3 "本研贯通"人才培养方案

3. 构建学科交叉、产教融合的项目体系与课程体系

建立纵向贯通的项目课程体系与横向衔接的理论课程体系，新建或改造课程109门，其中项目课程34门，产教融合课程59门。同时以教改项目为抓手促进产教融合课程和教材建设，已立项产教融合课程建设19项、产教融合教材建设11项，共支持经费84万元。组织编写《西安交通大学产教融合课程教学案例集》，在案例集中分享20余门产教融合课程中校企导师共同授课的教学案例。

4. 建设未来技术创新实践平台，打造开放共享创新实践空间

未来技术创新实践平台（如图1-12-4所示）共1000余平方米，包括医工交叉平台、机类加工平台、电类实验平台，一方面可支持"新形态机器人设计与驱控"

"航空叶片制造系统的大数据与云计算应用及实践"等项目课程开展实践训练，另一方面也可满足师生机械加工、电学测试等研发测试需求。

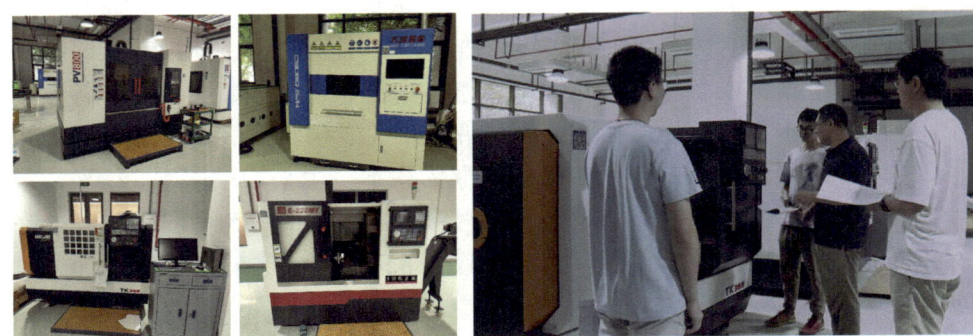

图 1-12-4　未来技术创新实践平台

5. 实施动态进出、灵活的学生管理制度

学院制定了本科人才培养纲领性文件《西安交通大学未来技术学院本科生管理办法（试行）》，实施从入口到出口各个环节的管理。创新性地开展本科生年度资格审查，聚焦人才培养目标，围绕创新精神、创业意识和创新创业能力三个维度对学生进行资格审查，将未通过审查的学生分流出未来技术学院，空出的名额可面向校内进行补充选拔。

6. 实施校内外导师团队考核，压实育人主体责任

学院为进一步落实校企导师育人责任，加强导师队伍建设，提升学生培养质量，出台了《未来技术学院校内外导师培养质量考核实施办法（试行）》。已针对2021级研究生的19个导师团队进行考核，并评选出优秀导师团队4个，考核结果与招生指标奖励相挂钩（如图1-12-5所示）。

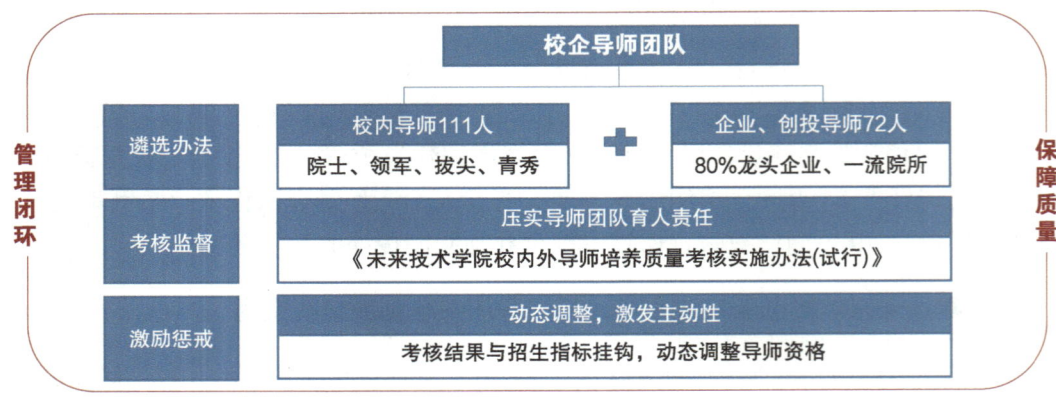

图 1-12-5　校企导师团队培养质量考核办法

7. 破"五唯",实施研究生学位评价改革

学院出台《西安交通大学未来技术学院硕/博学位申请指导性意见》和各方向学位申请实施细则,创新学位评价标准,注重学生的工程实践成果及其对企业的贡献,同时将创办企业等要素也纳入评价体系,突出学科交叉、产教融合特色,充分考虑主学科所在学院意见,明确保障学位授予质量的相关措施(如图1-12-6所示)。学院第一届硕士毕业生中,60%的学生以企业工程实践成果作为申请学位的依据。同时成立未来技术学院学位分委员会,其中企业委员5人,是全校唯一有企业委员的学位分委员会。

图1-12-6 研究生学位评价改革特色

8. 丰富思政教育形式,扎实做好学生工作

学院定期开展以党的二十大报告、习近平总书记重要讲话精神等为主题的集中学习培训和学生党员专题学习教育。先后与北京航空航天大学未来空天技术学院、华中科技大学光学与电子信息学院、浙江大学工程师学院开展结对共建活动。组织学生参加"走中国青年知识分子成长的正确道路"骨干研修营,推动实践育人。以党建带团建,新冠疫情期间,学院党员和团员同志挺身而出,主动承担志愿服务(如图1-12-7所示),让学生亲身体验一堂"大思政课"。学院师生联合党支部荣获2023年研究生"特色示范党支部"称号。截至2024年3月,已发展正式党员18名。组织本研学生座谈会,开展院领导与研究生的"一对一"谈话活动,深入了解学生学习、科研实际情况,及时反馈发现的问题并采取措施,对存在困难的学生给予重点关注。

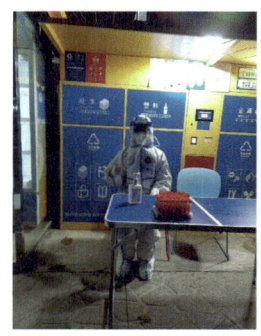
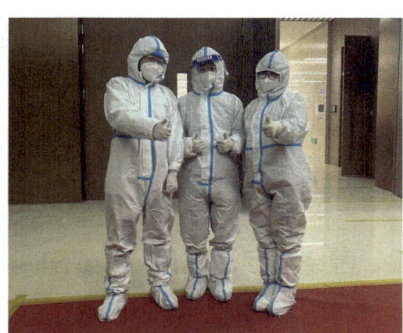

图1-12-7 学生积极参与志愿服务

9. 构建创新创业生态体系，打造特色活动，营造积极氛围

学院新建以"设计思维""创新创业理论与实践"为代表的创新创业通识课程。设计打造"未来科创论坛""coffee hour"系列活动（如图1-12-8所示），邀请校内外专家和学生代表面向全校分享创新创业经验，截至2024年3月，已成功举办27期。举办竞赛沙龙活动，邀请"互联网+"大赛金奖获得者、学校竞赛工作室指导老师等与学生分享参赛经验，打磨参赛作品。与深圳科创学院开展联合培养，每年选派学生参加科创学院冬令营、夏令营及半年或一年期创业实践训练。通过组建校企导师团队，为有创业意愿学生匹配创业导师，进行创业全链条指导。每年争取社会资金50万元，设置多个院级单项奖学金，鼓励学生积极参加文体活动、社会服务、创新创业等活动。五育并举，在德育智育创新的同时不断探索体、美、劳育人新形式，丰富活动内涵，鼓励学生参加校内外志愿服务活动，学院"引航星途"项目获评西安交通大学2022年度学雷锋志愿服务优秀项目。

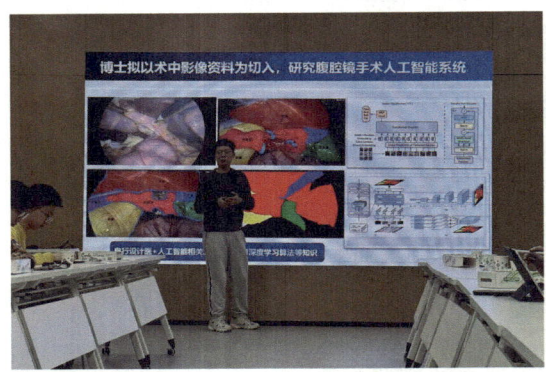

图1-12-8 未来科创论坛、coffee hour活动

（四）教学组织模态创新情况及成效

1. 探索项目驱动式课程建设，围绕项目达成目标组织开展教学

学生组成多人团队，在校企双导师的指导下开展项目式学习（如图1-12-9所示）。学生采取自主式、采集式、引导式的学习方法获取项目设计所必需的知识，

充分发挥学生的主观能动性，培养学生的创新思维以及问题分析、综合运用知识和解决问题的能力。学院以项目完成情况为牵引，采取过程性评价和结果性评价相结合的综合考核评价方式。由校企导师结合课程建设联合编写产教融合教材，并探索数字教材等新教材形式。

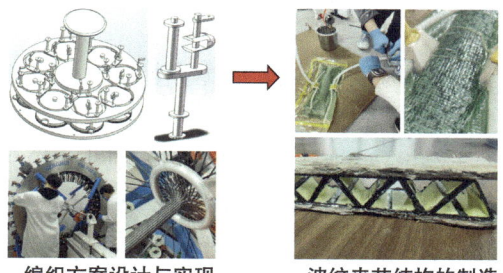
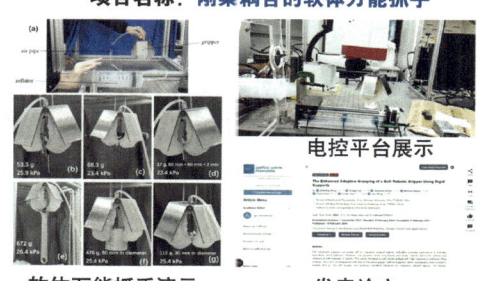

图 1-12-9　项目驱动式课程示例

2. 创新教学模式，"多位教师同上一门课、校企导师同上一堂课"

学院主张打破院系、学科壁垒，围绕学科交叉知识讲授需求组建跨院系授课团队，目前学院90%的课程为多名教师同上一门课，平均每门课程安排4位校内教师，来自2～4个学科、2～3个学院。此外，54%课程包括校企导师同上一堂课的形式，采取"校内教师理论讲授+企业专家案例应用拓展/企业专家项目实践指导"的教学模式，打通基础理论—关键技术—落地应用的知识环节（如图1-12-10所示）。

"储能原理与应用前沿"课程

- 课程信息：2学分，40理论学时，8实验学时
- 校内跨学科专家：化学学院、电信学部、能动学院、电气学院
- 企业专家：中航锂电科技有限公司、深圳比特瓦特公司、陕西瑟福能源科技有限公司、213研究所、西北电力设计研究院

序号	项目阶段名称	学时	指导教师	教师所在单位
1	绪论	2	丁书江	化学学院
2	锂离子、液流电池技术，氢储能技术	6	丁书江、朱肃然、肖春辉	化学学院、中航锂电科技有限公司
3	钠电池技术、电容器技术	4	徐友龙	电信学部
4	储热技术、蓄冷技术	8	李明佳、钱苏昕	能动学院
5	电力储能系统应用及装备技术	8	王建学	电气学院
6	电力系统储能、电磁储能、热质储能前沿技术实践	12	宋政湘、谢国辉、徐友龙、李节滨、杨洪、李印实、樊涛	电气学院、电信学部、能动学院、深圳比特瓦特公司、213研究所、陕西瑟福能源、西北电设院
7	信息物理融合分布式能源系统	4	徐占伯、吴江	电信学部
8	储能技术创新创业规划——PPT答辩与讨论	4	李印实	能动学院

图 1-12-10　校企导师同上一堂课示例

有时也以项目为导向，由企业专家先提出行业中待解决的实际项目问题，校内专家结合理论知识进行分析和讲解，再由企业专家进行项目实践指导，以做出实物为目标，培养学生解决问题和实践动手能力。

3. 积极响应国家教育数字化战略部署，牵头探索基于知识图谱的采集式学习模式改革

西安交大首创"采集式学习"模式，即以"建构主义学习+以学生为中心"的教育理论为指导，引导学生面向学习任务/学习问题的自主探索式的学习过程。依托电信学部专家团队研发的"知识森林模型"，学院牵头建设"基于知识图谱的采集式学习平台"，为采集式学习提供支撑，旨在从项目驱动式人才培养、学科交叉、产教融合、双导师协同育人、教育资源优化配置等高等教育面临的瓶颈问题入手，通过人工智能赋能教育，探索一条新的改革路径。"基于知识图谱的采集式学习平台"被列为西安交大"十四五"期间重要信息化建设项目，已完成一期建设（如图1-12-11所示）。截至2024年3月，学院已立项17门课程和8个项目任务的知识图谱建设教改项目，投入经费100万元，已有13门课程在学习平台上试用，师生试用人次达14 241人次，试用效果反馈良好。

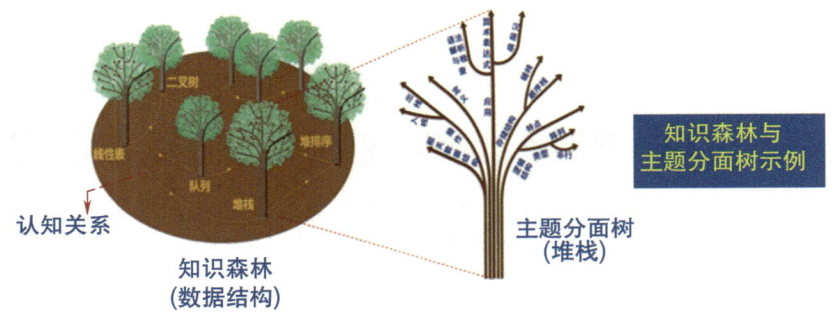

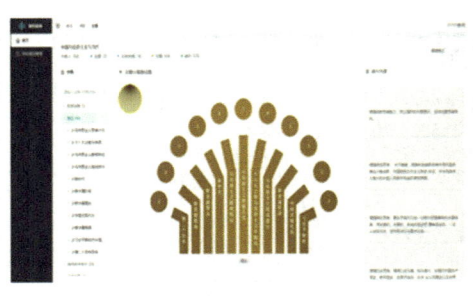

图1-12-11 知识图谱建设示例

（五）国际交流与合作情况及成效

加强国际交流合作，在创新中不断培育具有国际视野的高层次创新人才。学院建设有 1 门国际化水平提升研究生课程，引入海外师资参与授课（Composite Materials and Structures）；选拔 9 名本科生参加北航 2022 年英国（剑桥大学—牛津大学—爱丁堡大学）暑期在线交流项目，3 名本科生赴境外参加短期交流学习项目；组织智能制造方向 10 名本科生赴日本参加 2023 年"樱花科技计划"交流活动；推荐 1 名本科生参加海外交换项目（美国加州大学伯克利分校）；选拔 2 名博士生参加"CSC"联合培养（新加坡国立大学、美国哥伦比亚大学）；组织本研学生 16 人次参加国际高水平会议。

（六）科教产教协同创新情况及成效

学院积极探索"一中心、一孵化、两围绕、一共享"的产教深度融合新模式，与航天六院、陕西轨道交通集团、上海市浙江商会、海尔集团、中国移动集团、通用技术集团等大院大所、龙头企业共建创新联合体，加强内涵建设，加强双导师育人，创新用好"校招共用"等机制集聚高水平人才，主动探索校地企一体化联动、产学研深度融合新模式（如图 1-12-12 所示），开展科教产教协同创新。

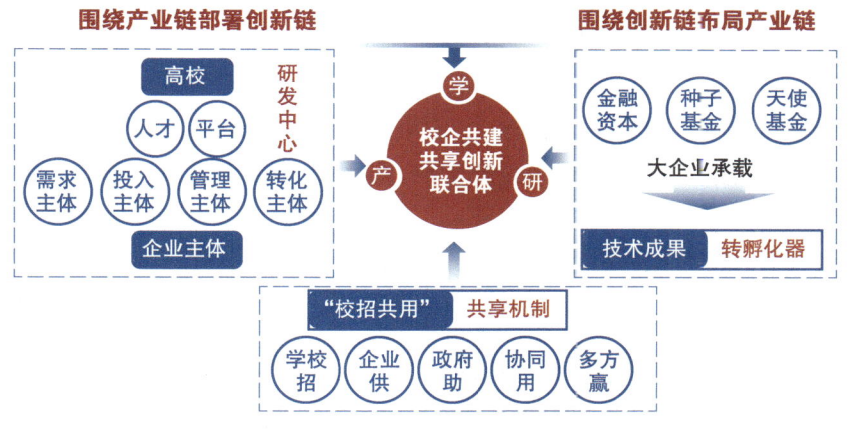

图 1-12-12　产学研深度融合创新联合体模式

例如，学院与陕西轨道交通集团联合成立轨道交通未来技术创新研究院，以解决轨道交通行业发展难点、痛点问题为研究方向，围绕轨道交通产业链部署创新链，加强产学研深度融合，以应用需求为牵引，加强交叉学科、未来学科的前瞻布局。创新"一对多"校企合作模式，在"车辆牵引与智能运维""信号与智能调度""智慧服务""绿色轨道交通""智慧社区与智慧园区"5 个研究方向开展首批 33 个科创项目"揭榜挂帅"，共 16 家头部企业与西安交大师生团队联合揭榜。截至

2024年3月，8个项目已取得阶段性成果。图1-12-13为陕西省委书记赵一德、省长赵刚一行调研轨道交通未来技术创新研究院试验基地。

图1-12-13　陕西省委书记赵一德、省长赵刚一行调研轨道交通未来技术创新研究院试验基地

研究院还建设了约500平方米的试验基地，包括网轨测试区、弱电测试区、装配调试区、机电测试区及设备展示区5个功能分区，配备设备及系统总计23套（台），可供学生开展实习实践和服务成果中试。研究院组建了一支60余人的"科学家＋工程师"队伍，联合中车永济电机公司、卡斯柯信号公司、江苏路航公司、浙江众合公司、思安新能源公司成立了5家校外实践基地，充分发挥科技型骨干企业的引领支撑作用，在企业主导的产学研深度融合中实现"卡脖子"关键技术攻关，培养拔尖创新人才。

此外，学院还积极参与国家储能技术产教融合创新平台、国家医学攻关产教融合创新平台建设。

（七）科教产教协同育人情况及成效

学院以科教融汇、产教融合、协同育人为总体思路，构建协同育人体系和机制（如图1-12-14所示）。与龙头企业、大院大所共建创新联合体作为人才培养的主要依托平台，通过"引企入研、引企入校、引企入教、引企入师"，设计基于企业未来技术需求的课程项目、实践题目，组建校企授课教师和导师团队，将"课—项—赛"相结合人才培养模式贯通本研阶段，培养具有科学家素养的工程师。截至2024年3月，校企共建项目课程34门、产教融合课程59门，共编产教融合教材11本，86名企业专家参与授课，72名企业专家与校内导师组成导师团队，实施有组织的科研和联合人才培养，取得了初步成效。

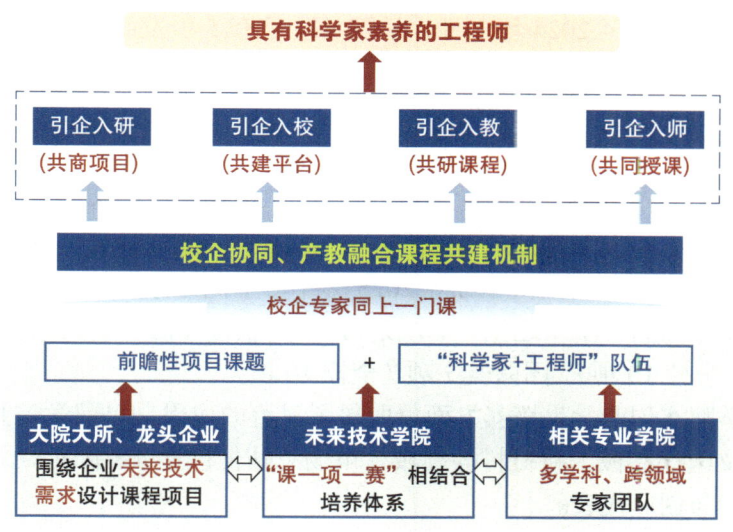

图 1-12-14 科教产教协同育人模式

例如，学院依托与航天六院共建的"空天往返动力与智能制造校企深融平台"，在国家重大专项、航天科技集团与国家自然科学基金委员会联合基金重点项目、教育部联合基金重点项目、航天企业委托项目等支持下，面向空天往返组合动力、可重复使用液体动力、航天器智能制造、太空制造、在轨维护等领域的关键技术开展科研攻关和协同育人。学院2022级智能制造方向硕士生张扬，主要研究方向是基于视频信息的液体火箭发动机异常状态识别研究，由机械学院兼聘导师翟智、刘金鑫、马猛和来自航天六院的企业导师杨亚龙、蒲星星共同指导。由于其研究方向涉及人工智能、计算机视觉等交叉学科，特邀电信学部教授彭海霞进行联合指导。经过两年的联合培养，张扬在液体火箭发动机故障诊断方面的研究取得重大突破，成功解决了发动机试车异常状态监测的实战难题，其个人也以第一发明人申请发明专利2项，获陕西省第一届青年志愿服务项目大赛项目选拔创"益"赛道第一名、西安交大"腾飞杯"竞赛银奖。

（八）学生培养成效

在竞赛方面，学院积极鼓励学生在项目、竞赛中锻炼科学研究的能力，学院研究生参加国家重大重点项目的所占比例为54%，本科生参与各类竞赛的所占比例为73%，获奖人数比例为55%。在第八届"互联网+"大赛中，共6位学生获国家级奖项，其中3位研究生担任主要负责人或主要成员并获得金奖，3位本科生任主要成员并获得银奖；在2023年"中国国际大学生创新大赛"（原"互联网+"大赛）中，共3位学生获国家级奖项，其中2位本科生分别获得金奖和银奖，1位研究生获得铜奖，另有14位学生获省级奖项。

在专利方面，截至 2024 年 3 月，学院学生已有 5 项发明专利获得授权，其中第一作者 1 项，第二作者 3 项，第三作者 1 项，另有 16 项专利正在受理中。其中本科生申请专利人数占学院本科生总人数的 13%。

在论文发表方面，学院学生发表的论文中被 SCI 收录 25 篇，含第一作者 13 篇（其中 2 篇第一作者为本科生），第二作者 9 篇，单篇最高影响因子 41.4。

在荣誉方面，学院学生中 1 人获得 2023—2024 年度"陕西省大学生自强之星标兵"（全省 10 人），1 人获得 2022—2023 学年博士优秀标兵（全校 15 人），1 人获得西安交大第十四届"学术之星"（全校 10 人），获首届西安交大"产教融合之星"个人奖 2 项（全校 10 项）、团队奖 1 项（全校 10 项）。

此外，学院在创业学生培养方面也取得了显著的成果，目前学院共 5 名学生成立公司，涉及医疗器械、新材料等领域，市场总估值已达 4.8 亿元。图 1-12-15 为学生荣誉表彰与创业代表。

图 1-12-15　学生荣誉表彰与创业代表

根据 2024 年 1 月开展的师生满意度问卷调查情况，学生和教师/导师对学院人才培养工作的整体满意度超过 90%，学生在思政教育、招生方式、课程讲授、科研与实践活动、竞赛培育、学术活动资源等方面的满意度较高；教师/导师对学院提供的支持政策、培养过程管理和质量把关、制度改革、校企导师团队组建政策等方面满意度较高。

（九）其他改革工作情况及阶段性成效

1. 积极探索，建立校企联合"揭榜挂帅"机制

学院通过与陕西轨道交通集团共建"轨道交通未来技术创新研究院"，探索"一对多"的新型校企合作模式，首批发榜 33 个项目，截至 2024 年 3 月，已吸纳 16 家行业龙头企业揭榜入驻，组建 60 余人的"科学家＋工程师"队伍，40 余名研究生参与课题研究，孵化 2 家科技公司，引入 1 名"校招共用"人才，实施有组织

的科研和联合人才培养；与中国电信集团、中国移动集团共建的联合研究院，确定首批揭榜挂帅项目 40 余项；与海尔集团、东部超导等 27 家企业对接项目 94 项。

2. 着眼全局，建成校级成果展示平台

学院以服务学校产教深度融合新模式、打造科技成果展示新名片为出发点，着力建设占地面积约 350 平方米的校级成果展示平台（如图 1-12-16 所示），并联合职能部门和专业学院，持续推进平台内涵建设，截至 2024 年 3 月，已接待参观 2 000 余人次。

图 1-12-16　成果展示大厅

三、下一阶段工作计划

1. 积极探索，扎实推进研究生招生改革

坚持"学院主导、项目先行、申请评审"的原则，将校企合作项目作为学院研究生培养的依托平台，由校企导师团队申请招生指标，遴选优质生源进入学院。

2. 持续探索"课—项—赛"相结合的新模式，不断深化项目驱动式人才培养改革

把前沿性、前瞻性项目课题作为本科生导师遴选的必要条件，制定本科生导师遴选及管理办法等制度文件，试点推行由本科生导师指导学生开展初级、中级、高级项目研究及指导学生完成毕业设计，强化本科生导师职责。

3. 持续发力，加速推进基于知识图谱的采集式学习平台建设

推进教改立项课程和项目任务的知识图谱构建，启动学习平台二期建设工作，深入推进人工智能赋能教育教学改革，探索建立采集式学习评价制度，推动采集式学习平台在全校范围推广。

4. 深化合作，持续扩大校企融合师资队伍规模

依托产学研深度融合创新联合体，持续扩大校企融合师资队伍规模，打造校企融合授课教师、导师队伍，围绕教学、科研、实践等对学生开展多方面指导。推进校企深度融合示范性课程和教材建设，进一步提升跨学科师资和企业专家同上一堂课的效果。

5. 依托创新联合体，深化产教融合协同育人

整合汇总学院创新联合体可提供的项目、企业授课专家等资源，组建"科学家+工程师"双师型队伍，服务学院人才培养，不断推进项目驱动式人才培养模式改革。

未来技术学院
实践探索案例

培养模式创新

1 北京大学

创新驱动转化，技术开创未来

——产教融合的前沿工程博士培养模式探索

随着科技快速发展和全球经济深度融合，新工科领域的领军型人才需求日益凸显。目前我国虽然拥有全球最大的工程教育体系和数量最多的工程科技人才，但领军型工程人才的数量却相对较少，无法满足国家发展的战略需求，培养和储备引领智能化时代的"中国创造"的领军型工程技术和工程管理人才，成为当前深化新工科建设的重要目标。在此背景下，未来技术学院作为北京大学生物与医药专业学位的实际依托单位，承办生物与医药前沿工程博士专业学位项目，服务国家医疗健康领域重大需求，培养生物与医药领域具有突出创新精神、深厚专业知识和优秀专业技能且能创造性地解决实际问题、开拓新的技术及市场领域的创新型行业领军人才，努力探索产教深度融合的培养模式。

自 2022 年起，北京大学未来技术学院已录取前沿工程博士生 27 人，他们均为生物与医药领域的企业高级技术研发及管理人才、医疗卫生机构的高级研发人才和政府及事业单位的高级管理人才。学员背景构成如图 2-1-1-1 所示。

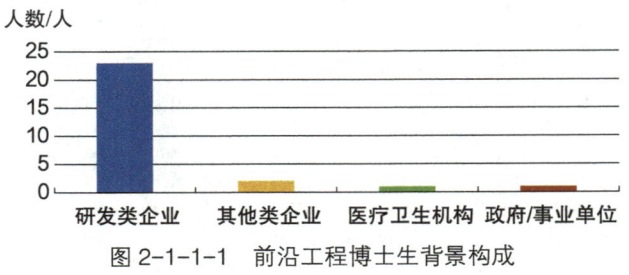

图 2-1-1-1　前沿工程博士生背景构成

课程体系充分体现项目的培养定位和特色，注重将基础理论知识与实际应用、行业实践相结合，由全校范围内各学科教师及行业知名专家承担教学工作。课程共包含四个模块：基础素养模块、前沿专业素养模块、创新模块和前瞻性领导力模块（如图 2-1-1-2 所示）。至 2024 年 4 月，项目已邀请 42 位校内外专家共完成 36 次专业授课，课程主题涵盖药品审评审批改革、智能外科前沿技术发展趋势、小分子/核酸药物研发、临床前安全评价、生物医学成像技术、脑科学与脑机接口、精准医学与大数据、创业与投融资、专利基础知识及撰写要点等，兼顾交叉性和前沿性。

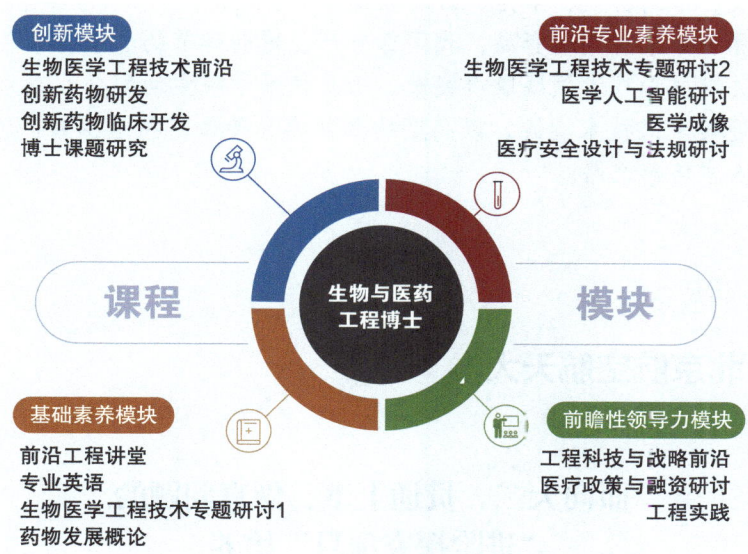

图 2-1-1-2　前沿工程博士项目课程体系

前沿工程博士项目对学生的培养采取"导师团队制"，即校内导师和校外企业家或工程技术专家共同对学生进行指导。目前，项目共遴选校内导师 45 位（包括未来技术学院导师 26 位、北京大学校本部其他学院导师 5 位、北京大学医学部导师 14 位）、校外行业导师 40 位（如图 2-1-1-3 所示）。

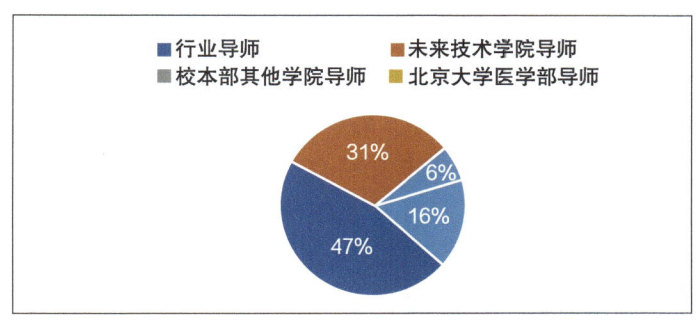

图 2-1-1-3　前沿工程博士生导师团队构成

作为前沿工程博士项目的特色培养环节，工程实践有助于学员深入了解生物与医药领域的最新动态和发展趋势，是一种具有创新性和实效性的培养方式。通过参访调研行业标杆企业，前沿工程博士生们能够近距离感知和观察企业的核心技术、产品战略和行业布局。同时，通过与业界精英对话，博士生们可以掌握企业运营管理和技术创新等方面的基础知识，激发创新精神和创业意识，发现一些新的研究方向或创新点，从而为自己的研究课题或未来的创业计划提供更多的思路和灵感。自项目开展以来，学院已带领学生们完成6次工程实践，调研企业包括纳通科技集团、科兴控股、水滴科技、华为、百度和腾讯等企业。

面对世界百年未有之大变局，我国部分产业薄弱环节的"卡脖子"问题日益严重，急需在关键核心技术领域取得突破。未来技术学院主动配合北京大学服务国家发展战略，迎接未来技术挑战，以高度的责任感和使命感持续探索产教深度融合、新工科领军人才培养之路。

2 北京航空航天大学

面向大二、贯通上下、做真问题的"进阶探究项目"培养

依托未来空天技术领域重大前沿问题和校企联合的双导师团，未来空天技术学院实施与课程育人体系螺旋共进的"新生探索—进阶探究—高阶挑战—创新研究"项目育人体系。进阶探究项目是其中的重要组成部分，面向学院二年级学生设置，旨在充分发挥校企协同育人和大师榜样育人优势，以重大工程中的真实问题激发学生兴趣，对未来研究方向形成初步认知；通过开展科研实践训练，为后续工程科研探索奠定良好基础。

从项目育人体系整体看，进阶探究项目发挥了纽带和桥梁作用。学生经过新生探索项目对未来空天技术领域及不同方向形成初步认知后，通过进阶探究项目初次体验和尝试真实的科研实践，在其中发现自己的兴趣和可能的科研方向，为进入高阶挑战项目、坚定学术志趣奠定基础。进阶探究项目均来源于未来空天技术领域的前沿、重大问题，课题由双导师团发布并负责全流程指导，学生经过选题环节后开展真实问题牵引的科研训练，并同步学习与课题相关的课程，自主构建知识体系。

在项目实施方面，每年秋季学期末，学院组织各双导师团围绕关键核心技术领域，设置2～3个具有前沿性、创新性、实践性的课题，经学院导师工作委员会审核后纳入进阶探究项目库；次年1月，学院向学生发布双导师团信息库和项目库，经师生充分沟通后于春季学期开学前完成导学双选匹配，并于春季学期完成项目教学周期。2021级作为未来空天技术学院首届学生，于2022—2023学年春季学期首次完成进阶探究项目。

项目库建设。首批项目库共收集课题107项，涉及45组双导师团（14名领衔院士、45名行业导师、44名校内导师），覆盖未来空天飞行器技术、未来空天工程与应用、未来空天基础科学与技术三个零级技术方向，月球与行星探测、空间科学等12个一级技术方向，飞行器、导航制导与控制、电磁等25个二级技术方向。2021级学生选择了其中32组双导师团的53项课题。

准备阶段。为保证项目的实施效果，通过召开项目介绍会帮助学生了解进阶探究项目的设计理念、管理办法和具体要求，召开项目宣讲会帮助学生了解导师团及课题设置；同时，建设人才培养智慧管理系统支撑项目教学、反馈、评价，学生每周提交项目进展周记录，图2-1-2-1为周记录示例。

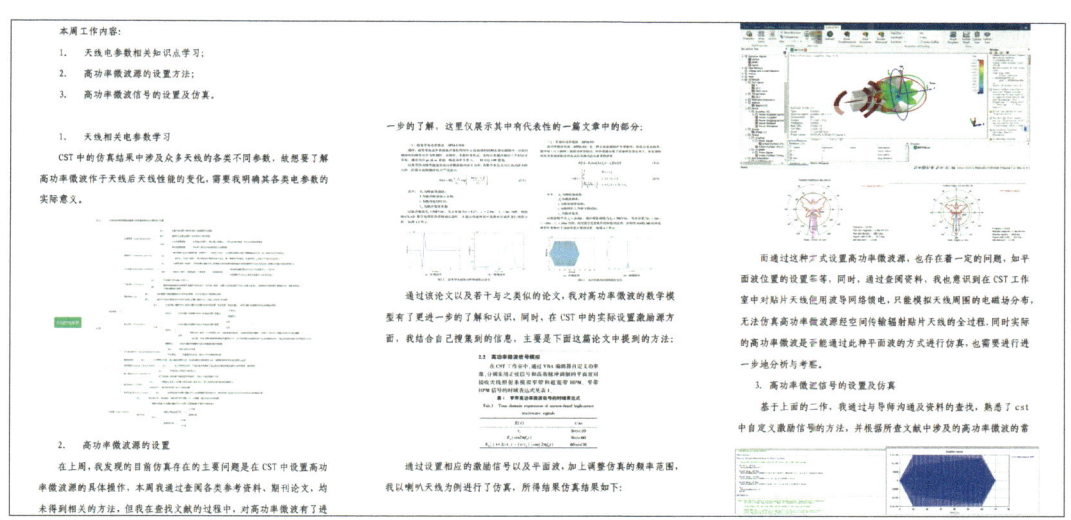

图2-1-2-1　进阶探究项目周记录示例

开题阶段。春季学期第4周结束前，学生在双导师团指导下开展文献调研、确定项目方案，学生完成开题报告，双导师团组织开题答辩。

中期阶段。春季学期第10周结束前，双导师团组织完成中期检查。从结果上看，95.83%的学生中期检查成绩在90分以上，取得了平均94.64分的成绩。同时，为了及时发现问题、持续反思改进，学院召开学生座谈会，进一步引导学生深入理解进阶探究项目在体验科研、大胆实践、激发兴趣等方面的重要意义，帮助学生解决在项目实践中遇到的问题和困惑。

结题阶段。春季学期 18 周前，双导师团组织学生完成结题答辩；第 19 周，学院组织评优答辩；在同步设置的进阶挑战赛中，表现优异的 10 名学生分别获得一、二、三等奖。

考核评价。按照"中期成绩 ×0.2+ 结题成绩 ×0.4+ 评优答辩成绩 ×0.4- 平时扣分项"的规则，学生获得进阶探究项目的最终成绩。从结果看，88.89% 的学生成绩在 90 分以上，取得了平均 92.06 分的成绩。图 2-1-2-2 展示了部分学生成果实物及进阶挑战赛现场。

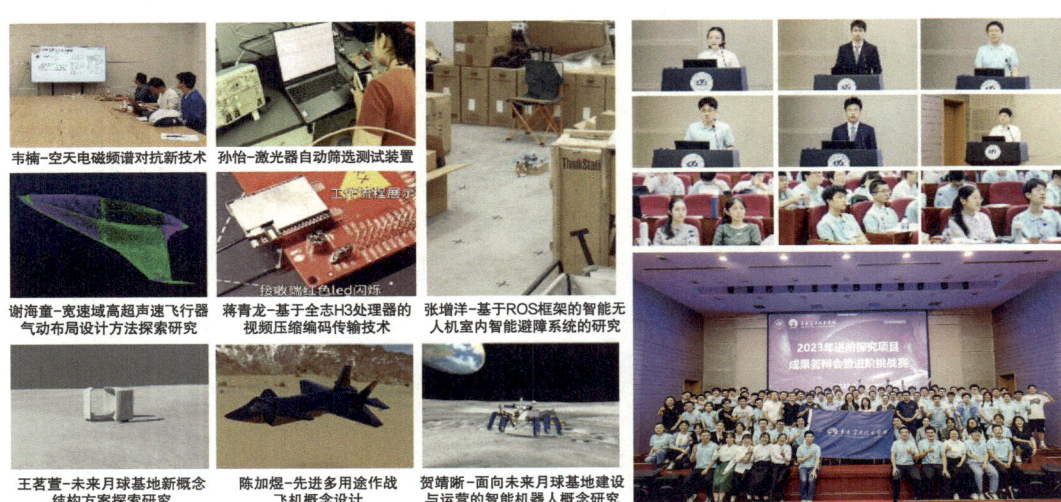

图 2-1-2-2　进阶探究项目部分学生成果实物及进阶挑战赛现场

经过开题、中期、答辩环节，2021 级圆满完成首次项目，成果展示和问卷调查显示师生满意度达 93.33%，学生对项目整体评价平均分为 8.7/10 分，对导师团的联合指导满意度为 8.5/10 分，项目实现了预期目标，在激发兴趣、促进深度学习等方面取得了显著成效。从学生收获和学习成果角度，98.51% 的学生认为自己在项目中收获丰硕，92.54% 的学生遇到问题能够主动寻求解决办法，具体表现在学生能力提升、科研体验与兴趣激发、知识体系建构与领域认知三方面。

学生能力提升主要体现在自主学习能力（4.21/5）、解决问题的能力（4.21/5）、科研能力（3.94/5）、沟通表达能力（4.05/5）、组织协调能力（3.63/5）等方面。例如，有学生表示通过项目"获得了面对未知领域进行研究学习的能力""学习并实践了嵌入式系统开发的流程，在搜集资料、从多个角度解决问题的能力上有了很大提升""了解到课题研究的形式，提高了独立自主解决问题的能力""收获了科研的基本方法、与导师队友交流的能力，最重要的是学会了面对挫折的方法和态度"。

科研体验与兴趣激发主要体现在找到兴趣点并明确未来研究方向（3.91/5）和提升学术志趣（3.97/5）两方面。例如，有学生表示"亲自感受了一个较完整的科研项目""对未来的可能研究方向有了一次简单的探索""自己真正开始科研，开始培养自己解决问题的能力，提前与老师沟通了解科研""学会了面对一个问题如何去找到切入点，学会了行动之前做调研"。

知识体系建构与领域认知主要体现在习得多学科知识与方法工具（4/5）、认知领域特点与行业前沿（3.91/5）、应用理论知识与项目实际（3.93/5）等方面。例如，有学生表示通过项目"学会了飞机总体设计的方法""了解具体科研过程，月球探测中的背景知识，掌握分析工具""全面了解了高超声速领域，学会了飞机总体设计、乘波体原理及设计、网格划分和气动仿真，精进了CATIA的使用，提高了文献调研能力"，也有学生表示"问题导向学习了好多知识""学到了科研方法""学会了自己探索知识"。

在随后进行的高阶挑战项目中，2021级在每个双导师团学生名额减少的情况下，仍有63%的学生成功匹配原导师团，继续深耕进阶探究项目的研究方向，并在较短时间内取得了丰硕成果（如图2-1-2-3所示）。

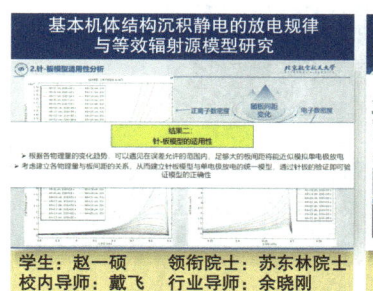
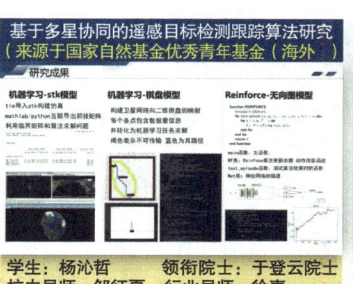
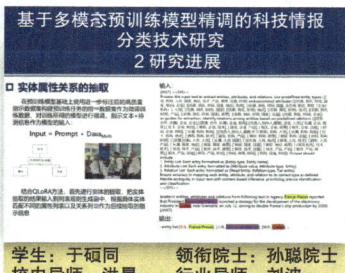
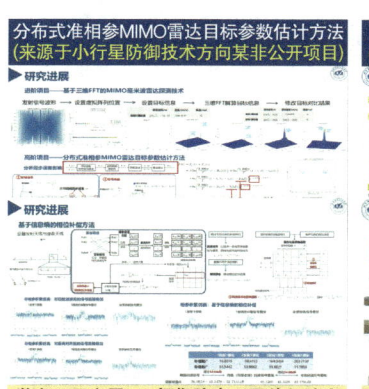

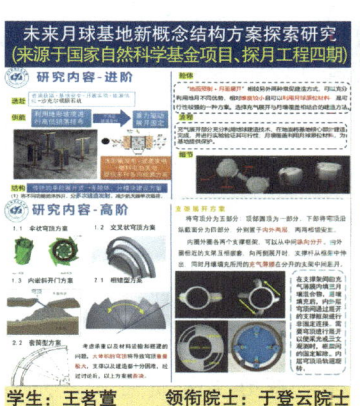
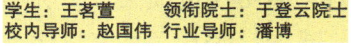
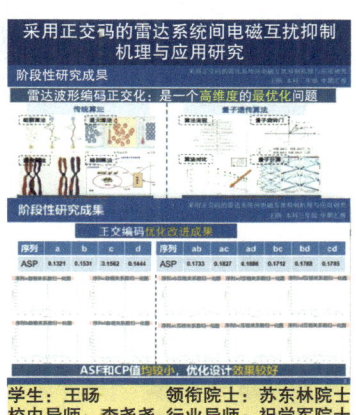

图 2-1-2-3　进阶探究项目部分学生成果

3　上海交通大学

溥渊未来学者计划

"溥渊未来学者计划"（以下简称"学者计划"）是由溥渊未来技术学院发起，面向上海交通大学本科生实施的学生骨干科研素养培养计划。学者计划坚持"以学生为本"的核心理念，致力于以培养博士生的方式塑造具备未来能源技术和未来健康技术研究背景的本科生。参与学生在不同专业背景的导师团队的指导下，聚焦关键核心科学技术问题，基于兴趣开展项目研究，参加系列讲座和社会实践活动，激发家国情怀，培养学术志趣。图2-1-3-1为首期溥渊未来学者计划启动仪式时的师生合影。

图 2-1-3-1　溥渊未来学者计划师生合影

溥渊未来学者计划特色鲜明。

一是构建三全育人的工作体系。该计划设置指导委员会、学术顾问团队、指导教师团队、学生管理委员会和学者联谊会等组织。指导委员会由校领导担任顾问，成员涵盖学指委、教务处、科研院等部处负责人，形成了学院各个部门紧密联动，助力未来技术学院建设的稳定机制，形成了学院以学生为中心，卓越纯粹、积极和谐、开放包容的学术氛围。

二是建立导师指导本科生模式。该计划的课题设计依托学院产教融合交叉科研中心，聚焦未来能源和未来健康领域的具体问题，根据学生特点与学科背景，个性化定制科研项目实施方案。充分发挥学院产教融合优势，课题大多来自合作企业实际生产中的真实场景，帮助本科学生在进行科研攻关前，率先了解行业概况与企业研究方向。

三是建设大师与学生交流平台。该计划打造大讲坛系列活动，自2023年7月启动以来，已举办了六期高质量讲座，邀请到学术领域和行业领域的顶尖专家学者，包括张钹院士、顾佩华院士、Peter G. Bruce院士、Amnon Shashua教授、宁德时代董事长曾毓群等，让学生们时刻感受"转身遇见大师"的学术氛围，在大师的启迪下坚定学术志向。

四是建设校外实践育人基地。该计划项目重视知行合一、学以致用。2023年7月，项目全体师生赴无锡锡山开展"智汇锡山、创新未来"研学实践暨中期展示，了解当地科技密集型企业的发展（如图2-1-3-2所示）。8月，组织学生代表赴福建宁德，参加宁德时代校企交流会。该计划还积极与企业联动，组织学生赴宁德时代、安脉时代、百度飞桨等行业领军企业，开展企业参观学习与校企交流会，提升学生的职业认识。

图 2-1-3-2　溥渊未来技术学院开展锡山研学实践活动

计划取得显著效果。

一是夯实学生科研基础。该计划学生目前申请专利2项，发表学术论文2篇。其中，绿色能源与未来农业研究中心鲍华教授指导未来学者李赛亚参与的"植物工厂光照环境调控系统"项目，获第十六届全国大学生节能减排社会实践与科技竞赛二等奖。学生在学者计划中收获良多，并愿意积极向其他学生推荐学者计划。学生在导师的指导和项目的组织下深度体验科研工作，通过实践走访不断开阔眼界，锻炼独立思考能力与系统展开研究工作的科学素养。

二是提升学生综合能力。学者计划在经过一年的运行后，能够在前沿创新力、交叉学科背景以及卓越领导力等方面对学生进行针对性的训练，因其扎实的科研技能培养、丰富的实践项目探索、全方位的一流教授指导深受学生喜爱。该计划在全校师生及合作政府机关、企业内获得了广泛认可，是培养适应未来产业发展需要的战略型国际化科技领军人才的一次有益尝试。

三是促进校地企协同育人。以该项目为载体，无锡市锡山区政府、上海市闵行区政府，以及宁德时代、联影集团、中微半导体等公司与学院深度合作，有效互动，开启了精准高效的政产学研合作，为学生提供奖学金和就业机会，形成了校企协同育人的生态圈，助力学生综合素质的提升，同时畅通了未来科研成果转化应用渠道，为地方经济转型升级和城市发展注入新的动力。

4 华南理工大学

探索"在地国际化"办学新模式
创新构建"1+N+X"人工智能未来技术领军人才培养路径

为应对来自知识价值链有效性和效率竞争的挑战，打通"知识—应用—场景"全链条，加速"教育系统—产业系统—社会系统"内循环，华南理工大学未来技术学院深入贯彻华南理工大学广州国际校区"在地国际化办学"新模式，创新推进"1+N+X"人才培养体系改革与实践探索，聚焦一条人工智能时代主线，通过跨学科实现"1+N"的知识系统培养、跨系统融合实现"1+N"的经验系统培养，以及通过设计引领、在地国际化、领导力讲座等实现"X"引领者意识培养，推动未来科技创新领军人才的前瞻性和战略性培养，抢占未来科技发展先机（如图2-1-4-1所示）。

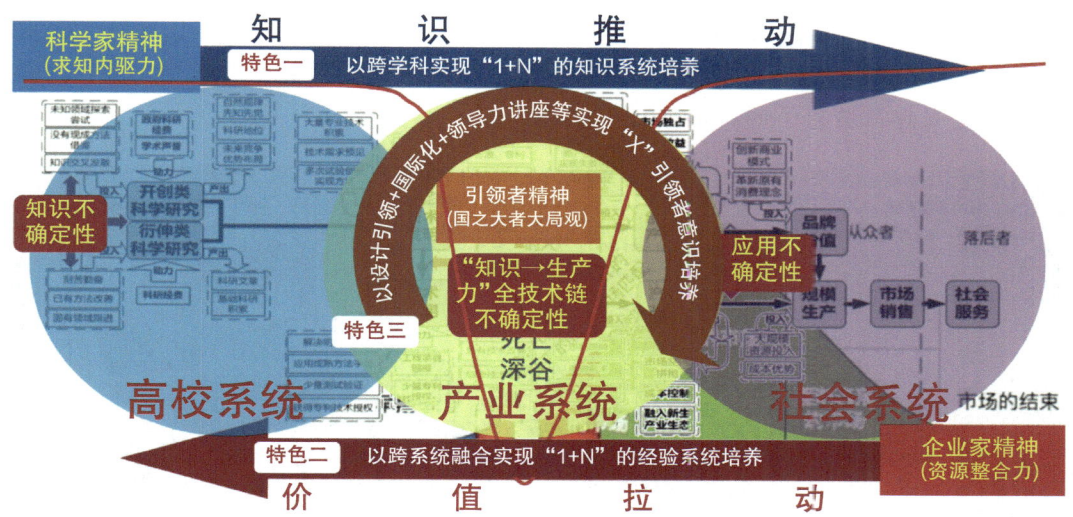

图 2-1-4-1 未来技术学院人才培养特色

在多学科交叉培养方面，学院建立了跨学科学业导师制度，为学生全员配备了45位来自不同学院的专业教师作为学业导师，在学习、科研等方面提供精心辅导；学院还建立了一批高端前沿教学实验室，以及人机交互实验室、低碳智慧能源实验室等跨学科实践平台，为学生的课程实验、实习实训、竞赛科研提供支撑。以"工程导论实践 I"课程为例，课程组教师均为学生的学业导师，他们设计出包括情感计算、智慧能源、智能硬件等内容在内的一系列与国际学科前沿接轨的教学专题，引导学生提前接触交叉学科方向。学生则围绕现实中存在的工程问题，结合自身兴趣自主选择课题，探索创新解决方案，研发出"跑步伴侣""情感聊天机器人""音乐创作家"等110余项让人耳目一新的项目作品。这些课程设计成果不仅在第三届"未来技术—百度大脑杯"学生科技作品竞赛中斩获32个奖项，而且有若干优秀成果经过进一步深度孵化，获国家级、省级大学生创新创业训练计划项目（6项）、省级科技创新项目（1项），以及2022年度国际"互联网+"大学生创新创业大赛全国总决赛银奖、其他国家级竞赛奖项（12项）、省级竞赛奖项（17项），形成国际学术论文（1篇），获国家发明专利授权（1项）。该课程也荣获校级本科课程思政示范课与2023年度广东省一流课程奖项。

在多场景跨系统融合方面，学院积极建立产学融合工程培养平台，包括：联合百度设立百度松果人才培养实践基地，9位同学获得首届百度松果人才菁英班优秀学员荣誉（如图2-1-4-2所示）；与腾讯合作开展犀牛鸟开源人才培养计划，3位同学出色完成了科研实战并获得"优秀学生"称号，获奖学生人数居参赛高校第一位（如图2-1-4-3所示）。学院还与华为、阿里巴巴、科大讯飞、奥比中光等头部AI企业建立了联合实验实训室或实训基地，共同开发了多门校企联合实践课程，包括华南地区首个AIGC本科学分课程"大语言模型与人工智能工程设计"以及"人工智能与3D视觉""元宇宙导论与实践"等前沿技术领域专业课程,进一步激发了学生兴趣,培养了创新精神。

图2-1-4-2　联合百度设立松果人才培养实践基地

图2-1-4-3　科研实战"优秀学生"

学院凭借上述教学教育特色优势,在本科生人才培养方面取得了显著成效。仅2023年度,学院本科学生在各类国际级、国家级竞赛中累计获奖354项(包括中国国际"互联网+"大学生创新创业大赛全国总决赛金奖、美国大学生数学建模竞赛国际一等奖等)。英特尔(中国)奖学金2022年度及2023年度全国唯一本科生获奖者陈冠霖、王子寒均来自于学院人工智能专业。

2024年上半年，学院已有5篇本科生一作/共同一作论文被AAAI 2024、WWW 2024、CVPR 2024等人工智能领域顶级会议收录。学院2021级本科生刘锦绣开展关于生成式人工智能、多模态大语言模型的研究，自2024年3月在美国斯坦福大学Vision Lab做访问研究员，2023年9月起在OPPO Research-Westlake University参与视频生成等大模型研发，并以第一作者发表CCF-A类会议AAAI论文一篇；2021级学生沈鑫杰依靠扎实的人工智能知识基础，率队取得英特尔大学生嵌入式比赛二等奖，并在国际顶级会议（WWW）和期刊（TNNLS）以共同第一作者身份发表两篇文章、一篇短文，大三年级即前往美国常青藤名校达特茅斯学院、微软亚洲研究院等国际一流研究机构进行科研实习。

5 西安交通大学

以项目为牵引、"课—项—赛"相结合的人才培养模式

西安交通大学未来技术学院探索以项目为牵引，"课—项—赛"相结合的人才培养新模式。本科生导师联合校内学科交叉导师及企业专家，基于企业未来技术需求，提供难度递进、本硕贯通的前沿性项目课题，在项目课程中指导学生进行研究。学生以课题牵头组队申报大学生创新创业训练计划项目（简称大创项目），通过大创项目不断打磨完善自身后参加创新创业大赛及学科竞赛，取得论文、专利等各项成果，完成毕业设计。以"课—项—赛"相结合的方式培养学生的创新创业能力、应用牵引能力、领导组织能力，逐步实现培养未来技术领军人才的目标。

在项目课程中指导学生。学院将全部实验、实践、实训学时学分整合为从基础到高级、本研贯通衔接的项目课程体系（目前共有项目课程29门）。在项目课程中来自交叉学科的授课教师团队，指导学生进行项目课题研究，打破传统授课方式，引导学生采取自主式、采集式学习方法获取项目研究所需知识，采用分组项目答辩等方式进行考核。学院探索"校企导师同上一堂课"的教学模式，来自大院大所、龙头企业的专家深度参与课程设计及实践教学，校企双导师围绕核心知识点分别讲授理论及实际应用，打通基础理论—关键技术—落地应用的知识环节，将行业前沿技术引入课堂。同时学院以国家战略需求为导向谋划布局，于2023年启动8本项目课程配套的产教融合教材建设，预计2025年内出版。

在大创项目中打磨课题。导师在项目课程中选取的课题非常关键,一般来自企业的未来技术需求,聚焦未来5~10年的前沿性、革命性、颠覆性技术发展,以国家重大战略、关键领域和社会重大需求为牵引,以校企联合攻克"卡脖子"关键核心技术难题为目标。项目课题设计时注重体系的完整性、层次性,力求做好本科生至研究生期间的整体研究安排。项目课题设置如表2-1-5-1所示。课题确定后,导师指导学生选择大课题下不同层次的子课题并参加每年的大创项目,本科生牵头跨专业方向、跨院系组队,"一队一题双导师",不断打磨,持续进行深入研究,锻炼学生的领导组织能力、沟通协调能力、应用牵引能力、创新创业能力,培养符合未来技术要求的高层次领军人才。

表 2-1-5-1 项 目 设 置

	导师申报项目（学科交叉、产教融合、来自企业未来需求）	
贯通衔接难度递进 ↑	高级课题二	研究生阶段继续深入研究
	高级课题一	大四（医工至大五）项目课 本科生导师指导，完成毕业设计
	中级课题	大三项目课，本科生导师指导 申请第三次大创项目
	初级课题	大二项目课，本科生导师指导 申请第二次大创项目
	基础课题	大一项目课，学科交叉、视野广博 申请第一次大创项目

在各类竞赛中提升能力。通过大创项目不断完善项目课题后,学生将继续参加各类创新创业大赛及学科竞赛,取得论文、专利等各项成果。据统计,学院2021级、2022级学生参与竞赛人数占比分别高达86%和60%,其中获奖人数比例达到参赛人数的55%,其中3人次获第八届"互联网+"大赛国家级奖项（银奖）,5人次获第九届中国国际大学生创新大赛国家级奖项（金奖）；截至2024年3月,已有2位本科生发表高水平论文3篇（2篇为SCI收录论文）,15人次参与5项发明专利的申请,彰显了学生扎实的专业基础和出色的创新实践能力。

学院智能制造方向彭智康同学在大一项目课程"新形态机器人设计与驱控"中,在校内教授彭军、高级工程师郭艳婕及来自北京软体机器人公司技术总监鲍磊的指导下,发明了"刚柔耦合的软体万能抓手",并以此为题在2023年大创项目中不断打磨,在实践过程中发现问题、调整设计制造流程,一步步实现技术突破,最终以第一作者身份发表SCI收录论文,同时运用在项目课程中学习到的技术,在全国三维数字化创新设计大赛中获得陕西赛区特等奖,并成功申请发明专利1项。这一案例集中展示了"课—项—赛"人才培养模式的成效。

基础要素建设

1　北京大学

研究生培养教师团队

——承国家之重任　探协同育人之新路

依托国家重大科技项目，北京大学未来技术学院致力于深化教师团队协同育人的实践，积极开展人才培养模式的有益探索。程和平院士团队基于"十三五"国家重大科技基础设施——"多模态跨尺度生物医学成像设施"项目组成的教学科研团队，建立了以国家重大项目攻关促进创新型、复合型、学科交叉型领军人才培养的模式，使不同专业背景的研究生能够在同一个屋檐下共同学习、共同工作，为一个共同目标而努力。

该教师团队始终把爱国主义、集体主义、社会主义核心价值观等作为基本信仰和行为准则，团队教师注重培养研究生的爱国情怀、集体意识和社会责任感，倡导热爱生活、关注社会、自觉践行社会主义核心价值观的良好思想风尚，追求科研原创程度最大化，恪守学术道德规范，注重提升研究生思想政治素质，培养研究生学术创新能力和实践创新能力，增强研究生社会责任感；坚持以科学理论为指导，弘扬科学精神，推崇务实精神，教育研究生注重实践、勇于创新，树立追求真理、追求卓越的科研精神。

团队导师也特别关注研究生成长环境和过程，在关心帮助研究生的过程中做好教育和引导工作，加强与研究生的交流沟通，建立良好的师生互动机制；关注研究生的学业压力，营造良好的学习氛围，提供相应的支持和鼓励；保护研究生合法权益，关注研究生的就业压力，引导研究生做好职业生涯规划；关心研究生的生活和身心健康，不断提升研究生敢于面对困难和挫折的良好心理素质。程和平院士每周参加科研讨论组会，并邀请了业内多名国际著名科学家、领域专家介绍最新的生物成像前沿动态。在每周的组会上，研究生都要和程老师见面并汇报相关学习和科研进展，从最基本的科研训练做起。对于如何学习、如何听别人的报告、如何自己讲报告等，程老师都是言传身教。孙育杰教授作为学院分管教学的副院长，积极参与教学任务和教学改革，承担多个模块课的教学工作，将国际前沿的生物物理技术和方法介绍给研究生。董彬教授积极参与数学科学学院和国际数学研究中心的教学相关事务，参与研究生培养方案、课程体系、节点管理的优化等工作。席鹏教授作为生物医学工程系分管研究生培养的副主任，对研究生的培养方案、开题、预答辩、答辩等环节严格管理，积极鼓励、引导研究生在学术上不断进取，对于学生心理问题等，做到及时沟通疏导，防患于未然，预防重大问题发生。

  目前，该教师团队已发展成一支具有国际影响力、学科交叉性强的高水平研究团队，培养的学生在 *Nature*、*Cell*、*Nature Biotechnology*、*Nature Methods*、*Nature Communications* 等国际学术期刊上发表了多篇高水平论文。另外，该教师团队还带领研究生在各个专业领域探索。其中，程和平院士致力于钙信号和线粒体生物医学研究，同时自主创制高端科研仪器，取得了多项重大原创、国际领先的研究成果。其 2023 年成功研发的 2.17 克微型化三光子显微镜一举突破了此前的成像深度极限，为揭示大脑深部结构中的神经机制开启了新的研究范式。团队中有多位导师获得由科技部等授予的多项奖项。

  程和平院士团队的研究生培养模式将个人兴趣和国家需求结合起来，以科教融合、产教融合的育人观为指导，引导研究生积极投身到科研活动中来，重点培养研究生的科研创新能力。在团队合力的指导下，研究生道德品质优秀、科研能力强，多名毕业生在国内高校担任教职或在科研院所、企业担任研发骨干。该教师团队获评"2023 年北京市优秀研究生指导教师团队"。

2 北京航空航天大学

大师引领、聚焦前沿、激发志趣的"未来空天技术导论"课程

  "未来空天技术导论"是面向学院一年级学生开设的为期一年的核心通识课程，也是一门先行先试的校企联合课程，由 17 位空天领域的院士共同建设，目

前已开课三轮。课程聚焦未来空天技术领域国家重大工程和学术前沿，充分发挥大师情怀驱动、榜样引领与精神感召作用，引导学生对未来空天技术领域全貌形成初步认知，培养学生"知""情""志"全面发展，有力支撑学院"培育未来具有深厚科学素养、引领空天科技发展的技术原创人才和卓越工程师"的人才培养目标。

课程分为理论与实践两部分内容。理论课程开设在秋季学期，每周由一位空天领域的院士聚焦一个技术领域，开设前沿讲座（如图 2-2-2-1 所示）。实践课程开设在春季学期，每周由一位空天领域的院士来校开展"学术午餐会"师生交流活动，或组织学生赴其工作单位进行现场参观教学（如图 2-2-2-2 所示）。

图 2-2-2-1 "未来空天技术导论"课程（理论部分）精彩瞬间

图 2-2-2-2 "未来空天技术导论"课程（实践部分）精彩瞬间

课程具有以下五方面特色。一是超高规格的师资团队。课程由 17 位空天领域院士亲自策划建设并讲授，大师高屋建瓴的站位和深入浅出的讲解，对于学生塑造价值观、端正科研观、拓展前沿视野、传承创新基因发挥了无可比拟的引领作用。二是贯穿始终的思政育人。课程充分发挥大师领航的示范作用和榜样力量，深入挖掘教学内容中蕴含的思政教育元素，用院士总师的热忱情怀和重大工程中的攻坚克难精神将思政育人贯穿课程全过程，引导学生厚植报国情怀，坚定理想信念。三是交叉融合的前沿内容。作为面向一年级学生开设的核心通识课程，课程打破传统学科专业壁垒，聚焦未来空天技术方向，将空间科学、深空探测、火箭、电磁等多个前沿技术热点及时融入教学内容，为学生全面系统地描绘空天领域知识框架，帮助学生对空天领域样貌形成初步认知，引导学生寻找兴趣方向，解决学生对于空天领域的认知高度和视野广度问题。四是突出应用的考核方式。课程突破传统考评方式，以小组为单位提出问题，并以团队合作的形式开展自主探究，鼓励学生基于理论课程学习总结研究现状、提出科学问题，大胆质疑，勇于创新，提出解决或优化的方案并设计实施，得出新的结论和成果；帮助学生在学术生涯早期体验科研全过程，培养学术规范和学术能力（如图 2-2-2-3 所示）。五是理实结合的教学安排。在为期一年的课程中，秋季学期为理论讲授，春季学期为以学术午餐会交流活动或航空航天相关科研院所现场参观为主要形式的实践教学。实践部分与理论课程紧密配合，使学生对理论讲授的内容产生直观的感性认识，从而加深理解，探寻专业志趣。

图 2-2-2-3 "未来空天技术导论"团队探究答辩展示

2021—2022 学年课程结束后，学院对首批选课学生进行了全覆盖的问卷调查，结果显示：课程在激发学生空天领域兴趣和好奇心、增进空天领域认知、拓宽航空航天领域视野、坚定空天报国信念与决心、增进对多学科领域认知等方面取得了显著成效。学生普遍认为，通过以大师前沿讲座为核心内容的导论课程学习，显著增强了自身对未来空天领域的认识和了解，很大程度上帮助自己拓展了空天领域视野。学生表示，课程帮助其"领略院士总师大师风范""体会到了科学家的精神""确立了目标榜样""拓宽了眼界""认识到每一门课程积累的重要性""初步了解了空天领域所需的知识与能力"。课程在锻炼低年级学生发现问题、解决问题、团队合作、沟通与表达、自主创新等学术能力方面取得一定成效。学生普遍认为，在参与自主探究的小组调研过程中很大程度提升了团队合作能力，答辩展示和结课报告锻炼了其沟通与表达能力。学生表示"在大一进行答辩很锻炼能力，完整地完成一项研究很需要努力"，课程帮助他们"认识到了自己的不足"，提升了自己"答辩和展示的能力"。

课程激发了学生进行创新科研的兴趣和内在动力。通过聆听大师前沿讲座，学生对国家重大战略需求和科技前沿课题形成一定敏感度。学生可以对感兴趣的报告自主查阅相关资料或与老师、同学交流，可以用其他课程学习的知识来思考报告内容或完成项目调研，可以在后续课程学习中继续深入研究课程调研项目。学生表示，课程帮助他们"认识到了技术发展面临的问题与挑战""更好地明白了未来发展的方向"，激发了学生对一些"技术问题的思考"。

3 天津大学

项目课作业融入思政元素　走进央视《新闻联播》

作为天津大学工程教育改革试验田，未来技术学院肩负为党育人、为国育才的时代使命，学院团委一直将思政育人与教学改革相结合作为工作主线，通过多年的实践摸索出"三融合"工作方法。坚持人才培养的思想融合，专业教师、思政班主任与辅导员的育人思想相统一，把思政教育作为一切工作的生命线，坚持立德树人根本任务，形成育人共同体。坚持课内外思政的工作融合、课程思政与日常思政的同向同行，课上引导学生沉浸式学习，课下开展体验式实践，把价值观塑造"基因式"地融入课程和日常教育中。坚持教师与学生的思政融合、教师和学生双主体思政的同频共振，建立大思政格局，实现教育与自我教育。

2021年五四青年节来临前，学院团委积极响应团中央的号召，提出将新工科教学改革与党史学习相结合，开展"学党史、强信念、跟党走"主题团日活动。2019级未来智能机器与系统平台二班团支部成员在与辅导员共同学习红军长征精神的过程中，提出利用他们在"设计与建造I"项目课中设计的智能循迹车重走长征路的设想。在团委书记陈维的带领下，支部精心组织、周密安排，于4月28日举办了"重走长征路 筑梦智能新时代"团日活动，献礼红军长征胜利85周年和中国共产党成立100周年。活动中，团支部书记李垚臻带领大家重温习近平总书记在纪念红军长征胜利80周年大会上的讲话，"学"习长征精神，支部成员们从理想信念、检验真理、唤醒民众等方面进行"思"考并做分享，思政班主任程斯宇老师点评，鼓励同学们以革命先辈为榜样，走好新时代的长征路。同学们展开实"践"，在三辆智能车的设计中融入爱国主义元素，伴随着智能车沿长征路线徐徐前行，感"悟"红军长征的伟大历史、艰辛历程、坚强意志和革命精神。学生们纷纷表示，作为新时代青年要秉承长征精神，遵照习近平总书记考察清华大学时的讲话，要立大志、明大德、成大才、担大任。

此次活动适逢时任团中央书记处第一书记贺军科在天津检查共青团组织开展党史学习教育开展情况并调研共青团基层组织建设情况，他全程参加了团日活动，赞扬同学们"学用结合、思考深刻"。

"未来智能机器与系统"平台新工科特色课程"设计与建造"是天津大学未来技术学院课程思政示范课程。"设计与建造"课程坚持立德树人，强化使命担当，突出多学科融合，注重实践运用，着力打造一流新工科系列课程体系。团队成员秉持天大人的责任感和热忱，不忘立德树人的初心，将多门专业基础课分类详细梳理，提炼核心知识点和思政教育融入点，结合天大参与国家重大工程的案例，激发学生敢为天下先、为国奉献的情怀。学院学生从零开始，基于Arduino开发组装成第一辆智能循迹派送小车。而后，学生们尝试以"浓缩在智能路中的微长征"为主题，将思政与科技相融合，在校内外引起了热烈反响，被中央电视台《新闻联播》报道（如图2-2-3-1所示）。

图2-2-3-1 《新闻联播》报道主题团日活动

学生再接再厉，运用"设计与建造"课程所学知识，自发成立科道乘流社会实践队（如图2-2-3-2所示）。第一期以"浓缩在智能路中的微长征"为主题，开设了"智能＋长征"的特色科学营模式，以暑期总评第一的成绩先后荣获天津市优秀实践队、天津大学黎明基金重点实践队等荣誉，获人民网、"津云""学习强国"等各大媒体平台的广泛宣传，所撰写的实践报告从全国千所高校万余份实践报告中脱颖而出，获共青团中央 2021 年优秀调研报告，而后又作为优秀成果代表，被收录入《大学生社会实践项目研讨会会议报告集》(全国仅 28 篇)。

图 2-2-3-2　实践队活动照片

4　东南大学

开设首个"交叉工程专业类"专业

——"未来机器人"

"未来机器人"专业遵循"厚基础、宽口径、重交叉、强创新"的原则，合理构建课程体系，以学院本科通识强化教学为基础，整合多学科多专业的教学资源，

175

构建新的专业主干课、专业选修课,并制定个性化、一人一案的培养方案和实践环节,以培养解决机器人领域未来5～10年后出现的具有原创性、交叉性和颠覆性的技术问题的领军人才。

"未来机器人"专业作为东南大学未来技术学院的特色发展方向,将通过其前瞻性、革命性的教育教学改革实践,引领未来技术学院成为教学科研新高地(如图2-2-4-1所示)。

图2-2-4-1 "未来机器人"引领的教学科研高地

总体思路:基于东南大学工程拔尖领军人才培养经验和东南大学机器人相关领域的优势基础,聚焦机器人领域的未来技术方向,依托大工程/大项目/大平台,建设具有东南大学特色的"未来机器人"专业。其中,学生中心——按照学生学术兴趣和能力特点实施个性化精英培养;培养中心——坚持思想引领,强化通识教育,夯实领域基础,注重交叉融通,延拓未知挑战;先导引领——打破学科壁垒,聚焦未来机器人领域,通过校企深度合作培育强交叉方向。

范式变革:将"四力"(学习力、思辨力、领导力、创造力)培养融入人才培养全链条(如图2-2-4-2所示)。

培养目标:具有坚定的理想信念、浓烈的家国情怀、坚实的理论基础、宽广的专门知识、知识融通能力、知行合一能力、团结协作精神、领导决策能力、宽广的国际视野、跨文化治理能力的可以在未来机器人领域探索前沿未知并从事未来机器人技术创新的领军人才

人才培养范式变革:将"四力"培养融入人才培养全链条
01 贯穿本科阶段的课题制培养 校企专家共同命题,"没有正确答案"的探索式自主学习
02 允许试错、宽容失败的考核方式 强调关键环节管理与过程控制的个性化质量监控评估体系
03 大学分跨学期课程设置 重构传统课程,将学习、研究、实践、竞赛融为一体
04 导师制、完全学分制、书院制落地实施

图2-2-4-2 人才培养模式

创新培养模式:以学生志趣为前提、学生成长为中心,以培养学生原始创新力为目标,坚持学科交叉融通,构建个性化拔尖人才培养体系。建立基于学生全面发

展需要的多维导师制，促进学生综合素质养成的工学书院制，高起点、高质量构建文理渗透、理工融合的博雅通识体系。

革新课程体系：夯实数理基础，厚植创新素养；交叉融合领域知识，重构系统化基础课程；理论+实践，打造项目化研究型课程群。

"未来机器人"专业以大学分、跨学期、学练一体课程为主，主要新建或修订数理通识类课程、机器人学科基础课程群、机器人专业主干课程、自主发展课程群，并建设未来机器人创新实践课程，通过个性化课题的发布与双选，做实导师制引导的课外研学。"未来机器人"专业课程体系如图 2-2-4-3 所示。

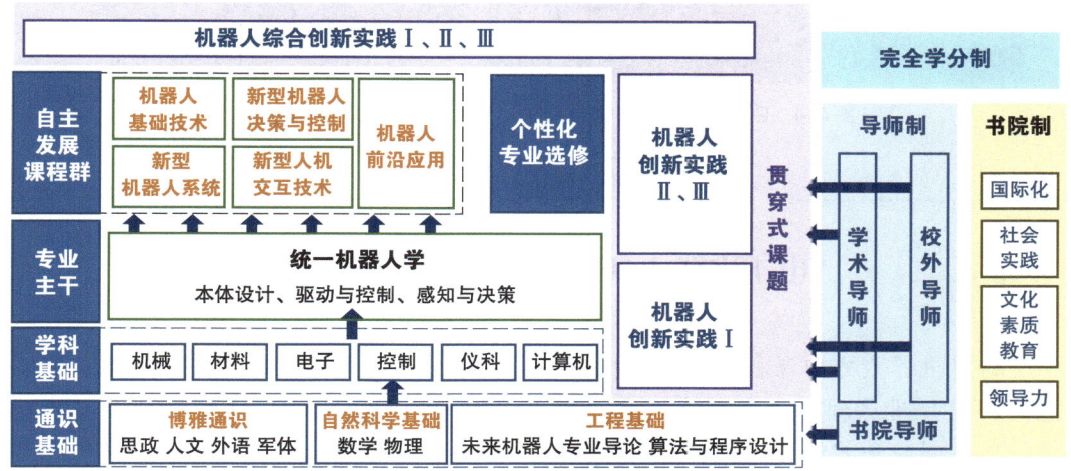

图 2-2-4-3 未来机器人本科专业课程体系示意图

打造高水平教师队伍：成立国际化高端人才特区，打造专职教师队伍，在经费和政策支持下，建立引进人才的缓冲/培养特区，建设多学科交叉、师生共生的人才蓄水池；汇聚校外资源打造兼职教师队伍，完善海外柔性兼职制，建立海外专家库；校外兼职专家与校内教师组成团队，参与人才培养全过程。

深化国际合作：加强与关系友好的海外知名高校、国际企业、国际组织合作，发挥中英大学工程教育与研究联盟、111引智基地等平台的作用，推动世界一流大学教育资源的引进与共享。

汇聚各方资源：结合国家战略与龙头企业、国家实验室、科研院所的重点需求，校内外专家共同建设符合未来技术学院人才培养目标的课程、课程群与教材体系。企业（行业）结合自身需求，在院内发布针对本、硕、博等不同层次的联合实践、研究项目。在与埃斯顿自动化集团深度合作的基础上，在校内建设联合研究中心，在企业建设联合实践基地，在科技园建设双创基地（如图 2-2-4-4 所示）。

图 2-2-4-4　2023 级"未来机器人"专业赴埃斯顿自动化集团参观学习

"电子电路 I / II"课程建设和改革探索

针对机器人方向课程内容重新梳理、高度整合,将电路基础、模拟电路、数字电路、单片机原理等电类基础课程,整合成跨学期、大学分、课堂教学、实验教学、项目制教学相结合的综合电类课程(如图 2-2-4-5 所示)。

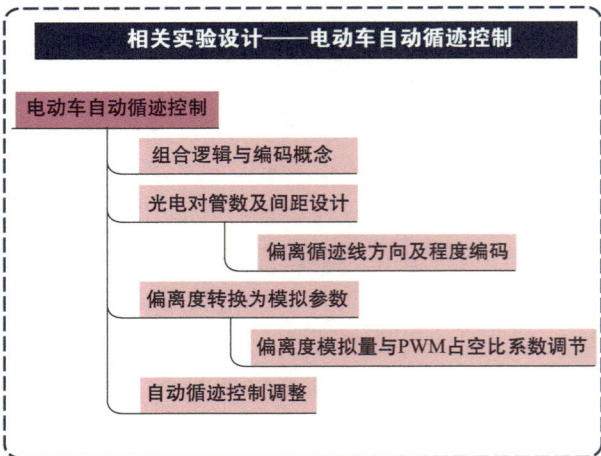

图 2-2-4-5　"电子电路 I / II"课程概述及部分实验内容大纲

"电子电路 I"课程是面向"未来机器人"专业学生开设的必修专业基础课程。它的任务是通过本课程的学习,使学生掌握电工电子技术的基本理论知识,掌握分析及计算电子电路的基本方法，学会独立进行电路设计，从而培养学生的动手实践能力和使用电子设备的能力。教学中，通过案例使学生了解电子技术在我国的发展成就与不足，了解我国集成电路行业的发展状况，激发学生对获取知识的渴望和心系国家发展、民族进步的使命和担当，为学习后续课程以及将来从事技术工作和科学研究奠定基础。

"电子电路Ⅱ"课程是"未来机器人"专业本科学生必修的一门大类学科基础课。通过本门课程的学习，使学生掌握数字电路、嵌入式微控制器内核 ARM-CM3/CM4 及 STM32 等方面的基础知识，并通过理论讲授及课堂实验掌握 STM32 微控制器中的各个模块的工作原理及应用方法，培养学生在电子电路应用、嵌入式系统开发等方面分析及解决问题的能力，为学习后续专业课程以及开展机器人自动控制项目的研发打下坚实的基础。教学中，通过介绍了解中国当前在嵌入式芯片设计、制造方面的突破点以及瓶颈问题，激发学生的爱国主义情怀、使命感及民族自豪感。课程以智能轮式机器人（智能电动车）为载体，贯穿各类知识点和必备实验技能。

5 中国科学技术大学

探索量子世界　激发创新热情

——举办量子信息科技英才班科技夏令营

为进一步拓宽量子信息科技英才班学生的学术视野，增强实践技能，激发创新思维，中国科学技术大学未来技术学院于 2023 年 8 月 21—30 日成功举办了为期十天的量子信息科技英才班科技夏令营。此次夏令营聚焦量子科技前沿领域，40 余名英才班学生在无锡和上海开展了一系列科研实践活动。

相聚无锡，开启科技之旅，在国家超级计算无锡中心工作人员的解说下，同学们详细了解了中心的建设历程和神威·太湖之光的研发过程，了解了这台超级计算机复杂、庞大的系统的大致组成，领略到超级计算机的"神威"。同学们不禁感叹其设计、制造过程中的艰辛，同时也感受到了满满的民族自豪感，对我国高科技领域迈向世界前沿充满了信心。无锡量子感知研究所技术源于中国科学院微观磁共振重点实验室，同学们在这里认真聆听了研究所发展历程、量子产品应用以及未来量子产业发展方向的介绍，并重点了解了"随钻核磁共振测井仪"等仪器设备。在中国电子科技集团公司,讲解人员向同学们详细讲解了集团的发展历史、员工规模、企业文化、发展愿景及获得荣誉等情况,还介绍了其完善的组织架构,重点介绍了资源共享服务平台。参观活动使同学们体悟到强"芯"的重要性(如图2-2-5-1所示)。

图2-2-5-1 参观学习

此次实地走访以实际行动践行"全院办校、所系结合"的办学理念,同学们对于科研院所有了更加深入的了解,同时表现出进一步投身重点单位服务国家的意向。这些科研院所也表示愿意为科大学子投身国家建设提供广阔的发展平台,希望同学们能够接续奋斗,为新时代的建设和"卡脖子"难题的攻关贡献自己的青春力量。同学们还参观了江阴城市记忆馆、临港开发区规划展览馆、长三角数字创新港等地。在随后的沙龙活动中,临港开发区科技局领导向各位学子详细介绍了临港科创载体建设情况及临港人才政策情况。江阴市委组织部、统战部,江阴市科技局,临港开发区机关及辖区镇街相关领导参加了活动。未来技术学院2021级董沛儒同学作为量子信息科技英才班学生代表交流了活动感悟。他认为,这是一次"红专并进、理实交融"的铭志之旅,这是一次开阔视野、触碰未来的增见之路,这是一次重温初心、继往开来的感恩之行。

离开无锡之后，同学们共赴上海，遨游量子世界，在中国科学技术大学上海研究院进行学习实践，开展现场教学，探究量子信息科技的前沿发展。研究院的尖端科技创新成果令人振奋，也激发了同学们深入探索量子科技的兴趣。参观研讨，以学促行，在研究院工作人员的带领下，同学们分别参观了量子通信、光量子成像等实验室。这场别开生面的参观之旅，让同学们近距离感受到了量子科学与技术的魅力，点燃了他们对未知世界的渴望。大家意犹未尽，很多同学继续留在上海按照课题分组进入各实验室，进行深入研学（如图2-2-5-2所示）。

图 2-2-5-2　实验室研学

此次科技夏令营活动，实地参观、交流互动、拓展实践等内容丰富充实，科技企业、科研院所的专家为同学们引领指路，同学们"沉浸式"感受量子信息技术发展趋势和探索创新，直观地体验到国家在量子科技领域的自主创新努力，是时代前沿的亲历见闻，更是研究方法的"头脑风暴"。同学们纷纷表示，要牢记探索求真的初心理想，常怀报国之心、常为科技之行，用优异成绩和创新作为交出不负青春、不负时代、不负理想、不负人民的答卷。

6 西安交通大学

基于知识图谱的采集式学习模式探索

为深入贯彻落实党的二十大精神和习近平总书记关于教育、科技、人才的重要论述，作为学校人才培养模式改革的"试验田"，未来技术学院始终坚持"服务学院、产教融合、项目驱动、协同育人、共建共享"的原则，着眼于未来科技领域与国家重大需求，不断深化产教融合、科教融汇、协同育人，培养具有科学家素养的工程师。为响应国家数字化战略要求，学院首创采集式学习模式，探索并牵头建设"基于知识图谱的采集式学习平台"，该项目被列为学校"十四五"期间重要信息化建设项目。采集式学习模式探索及学习平台建设情况如下。

采集式学习是以"建构主义学习+以学生为中心"的教育理论为指导，引导学生面向学习任务/学习问题的自主探索式的学习过程，是学院实施教与学改革模式创新的重要手段。学生不以获取课程学分为目的，而是以针对科研、项目、论文等的成果产出为需求，采用有选择性的分阶段、分模块的学习方式。

学院在开展充分广泛调研的基础上，立足于西安交大现有的教学资源和知识图谱研究成果（工具、算法、源代码）进行深度技术开发，构建可灵活配置、可细粒度授权、可扩展、可多维度数据分析的新型在线学习平台。该平台作为实施采集式学习模式的重要支撑，以"创新教学模式、推动学科交叉、深化校企融合"为目标，支持基于课程、项目和任务需求的采集式学习，实现知识点动态检索与可视化导航、在线学习、教学督导、互动交流与反馈等功能，并搭建与校内其他学习平台的接口（如图2-2-6-1所示）。同时，学院将以学习平台的使用作为撬动改革的手段，进行制度设计，促进校内学科交叉导师团队和企业导师协同育人落实落地。

作为实施采集式学习的重要支撑，"基于知识图谱的采集式学习平台"于2022年10月启动建设，截至2024年3月，已完成一期建设。学院与网信中心、研究生院、教务处、图书馆、出版社等校内职能部门，以及电信学部专家团队、试点课程负责教师、校内导师和企业导师、学生组成联合工作组，全面保障项目建设工作。

一期建设主要完成了学习平台知识森林模块、资源平台模块、学习平台模块三部分的建设工作，实现了知识图谱的手动构建。截至2024年3月，试点建设知识图谱33个、知识主题808个、分面2 153个、碎片2 792个；采集到资源7 399个，包括课程资源112门，出版社电子书资源15本，新港报告五大主题讲座视频53个等；使用人次达14 241人次，使用范围覆盖全校17个学院。经过学院对试用平台的教师和学生的调研，学生普遍认为平台对提高自身学习效果有促进作用，有助于理清学习思路，快速掌握课程大纲，形成知识体系框架，提高采集式学习效率；教师普遍认为平台有助于学生系统性地理解课程内容、获取知识点、及时查缺补漏、课前预习基础性内容、课后采集式复习课堂知识点、梳理知识脉络。

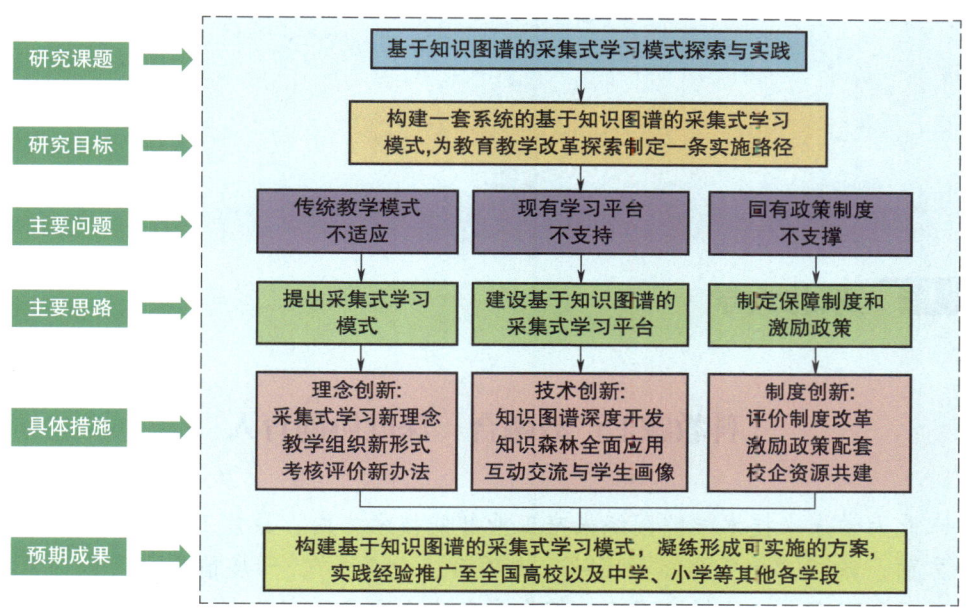

图2-2-6-1 总体思路

目前学习平台二期建设已启动，将重点围绕知识图谱自动化构建、AI深度应用、个性化学习推荐、考核与评价、画像等方面进一步优化升级，并计划开发移动端应用，实现随时随地帮助学生学习的目标。平台建成后将服务8类角色，实现10大功能，通过构建课程和项目任务知识图谱，全面支撑学生开展采集式学习，将在学院先行试点后推广至全校，推动从以教师为中心转变为以学生为中心，从被动学习转变为主动学习，从单一评价转变为过程性、综合性评价的教学模式改革。此外，通过记录学生各类学习行为数据，形成学生的学习画像，为学校人才培养改革工作提供政策参考。

科教产教融合

1 东北大学

科教融汇产教融合　深度协同育人

东北大学未来技术学院围绕未来工业智能技术方向，聚焦工业智能和智能工业两个方面，依托"大平台、大团队、大项目、大企业"，开展前沿交叉融通育人及重大项目科研育人。依托流程工业综合自动化全国重点实验室、轧制技术与连轧自动化全国重点实验室、工业智能与系统优化国家级前沿科学中心、深部金属矿山安全开采教育部重点实验室等国家级科技创新平台，由院士、首席科学家等专家领衔，与鞍钢股份、中国黄金、国家电网、紫金矿业、首钢集团、沈鼓集团、华电集团等大型央企、国企开展项目合作及技术转化，引领未来工业智能创新发展，获批国家自然科学基金、国家重点研发计划、科技创新2030等重大项目7项、重点项目42项，推动相关工业行业和区域经济高质量发展（如图2-3-1-1、图2-3-1-2所示）。

学院通过"挑战课题"培养学生发现、解决问题的能力，塑造勇于探索的钻研精神，适应未来技术挑战；企业依托学院智力资源，推动解决企业实际技术难题，定点培养符合企业需求的科技创新人才。

在工业智能方面，柴天佑院士团队依托流程工业综合自动化全国重点实验室，与宝钢、酒钢、越南氧化铝、巴布亚新几内亚瑞木镍钴等企业及英国谢菲尔德大学深度合作，建设工业人工智能研究生创新实验班，形成"学校—企业、国内—国际、线上—线下、虚拟—现实"多重合力，强化育人功能，瞄准前沿关键领域培养急需高层次人才。面向我国流程工业智能化、高效化和绿色化发展的重大需求，创立了流程工业综合自动化理论和技术体系。理论体系包括生产全流程多目标动态优化决策与控制一体化理论、分布式动态系统自学习优化协同控制理论和非线性切换

图 2-3-1-1　宝钢股份—东北大学流程工业数字化与智能化联合实验室签约仪式

图 2-3-1-2　中国黄金—东北大学联合培养专业学位研究生班开班典礼

系统分析与控制理论。技术体系包括企业综合自动化系统体系结构与设计、生产与物流优化调度和复杂生产过程智能运行优化协同控制等技术。开创的流程工业全流程智能决策与控制一体化新方向被写入国际自动控制联合会（IFAC）引领未来自动化发展方向白皮书 Systems & Control for the Future of Humanity，作为未来国际自动化发展方向之一（如图 2-3-1-3 所示）。

图 2-3-1-3　智能优化决策与控制一体化系统亮相 2021 年全球工业互联网大会创新成果展

在智能工业方面，冯夏庭院士团队依托深部金属矿山安全开采教育部重点实验室，面向国家深地战略，聚焦深部工程科学问题，围绕深部工程建设、深地深海金属矿以及深层地热与油气资源开采和地下空间开发利用过程中的安全、效率和环境问题，开展理论研究、技术研发与科技服务，形成以深部地质学为背景、深部岩体力学为基础、计算机和信息科学为手段的深部工程建设与深部资源开采的理论体系和技术研发平台。团队建立岩爆智能监测预警方法与系统，实现岩爆从不可预警到定量预警的重大突破，破解巴玉、宝灵山、色季拉山、拉月隧道等岩爆难题，开挖进度提高 20% 以上，成果被写入国铁集团上报中共中央、国务院的文件中。通过重大项目科研育人，编写金属矿深部绿色智能开采系列教材 13 部。由学生参与自主研发体系化重大科研装备，自主研制世界首台超大型深部工程灾害物理模拟设施，模拟万米深工程活动诱发的工程地震、岩爆、大变形等灾害孕育过程机理、规律。该重大科技基础设施已通过由中国工程院院士、国家最高科学技术奖获得者、"八一勋章"获得者、中国人民解放军陆军工程大学教授钱七虎院士领衔的专家组论证。

2 上海交通大学

未来电池研究中心　瞄准未来育人育才

为面向发展电动交通与大规模储能的国家重大需求、聚焦二次电池前沿科学问题、凝聚基础学科的优势力量、实现理论机制与关键材料的突破、产生具有国际影响力的学术成果、支撑电池根技术的发展，溥渊未来技术学院于2022年8月成立了未来电池研究中心，与宁德时代共同打造二次电池国际创新高地（如图2-3-2-1所示）。目前已建成的实验场地有850平方米，涵盖材料合成、电池制备、材料表征、电化学测试、软包电池线等功能，学院已在正在建设中的大楼中为中心规划预留了2 750平方米的实验场地。

图2-3-2-1　未来电池研究中心薄首行主任接受央视《新闻联播》采访

与宁德时代进行优势互补，深化合作，共同促进国家储能技术产教融合创新平台的建设。中心成员作为骨干团队，承担了全固态电池及其制造装备方向的科技创新与人才培养任务，负责"长循环低成本储能型锂电池制造""全固态电池及其制造装备"2项关键核心技术攻关。借助目前实验场地毗邻宁德上海研究院的地理优势，已与宁德时代联合培养硕士生6名（双导师制），由中心教师作为校内联培导师，宁德时代高级工程师作为校外导师，双方共同制定人才培养方案，开展课程建设，进行实验实训等，提高人才的实践能力和创新能力。依托储能平台，中心研究生课程"面向'双碳'目标的新型储能材料"入选教育部首批碳达峰碳中和教学资源。

未来电池研究中心的建设取得显著成效。

以多学科人才高地引领未来电池技术发展。未来电池研究中心将主要研究方向聚焦于方法学与理论机制的创新、固态锂电池的优化与大规模应用，以及下一代变革性电池体系的创制，汇聚了学校不同学院的创新团队，交叉融合程度高。现有研究团队中有正高级职称研究人员 5 人（含宁德时代顶级专家 2 人）、副高级职称研究人员 7 人、专职科研人员 2 人、博士后 3 人、研究生 66 人，其中国家领军人才 2 名、四青人才 8 名，骨干成员均来自世界顶尖高校，研究方向涵盖材料、电化学、电镜表征、断裂力学、化学、高分子物理、计算材料学等多个学科。

开展有组织的科研，集中优势突破关键核心技术。中心多次组织策划与宁德时代、华为、联想集团的技术研讨，联合开展科技攻关，与宁德时代共建"上海交通大学——宁德时代未来电池中心"，并与华为、东风汽车等行业重点企业开展了多项科研合作，共同解决产业发展难题。此外，中心还承担了包括科技部、国家发展改革委、上海市科委等多项国家级与省部级项目，并向上海市科委、教工委提出了《关于我市发展全固态电池的有关情况报告》《关于我市发展储能技术的有关情况报告》《关于固态电池的建言献策》等行业报告并建言献策，同时，协助闵行区科学技术委员会向政协提交了《关于闵行区新能源汽车动力电池产业技术创新效率提升的提案》。

打造未来电池方向的学术交流阵地。中心邀请了包括中国科学院外籍院士、英国皇家学会会士、欧洲科学院院士 Peter G. Bruce 在内的多位国内外专家来校做学术报告（如图 2-3-2-2 所示），也多次邀请全球电池领域的青年学者给学校师生分享他们在电池方向的最新研究成果、方法论、经验等，拓展师生知识的深度与广度，促进同行相互交流与学习。仅 2023 年，中心就组织了 30 多场讲座，涵盖了固态电池、快充锂电池材料、电化学储能、智能电池、电池界面表征、电池智能传感监测及预警等多个研究方向。

图 2-3-2-2　Peter G. Bruce 院士为学生作前沿科学报告

3 华南理工大学

聚焦人工智能主线 推动主动健康及智慧能源新质生产力发展

学院结合学校双一流建设和广州国际校区建设的重大机遇，开展高水平的科学研究和成果产业化工作。聚焦人工智能前沿交叉领域，凝练主动健康、智慧能源两大科学研究方向，布局未来产业，发展新质生产力。

在主动健康方向，学院聚焦健康风险预测和健康因素控制等关键问题，融合人工智能、大数据等信息技术，将主动健康模式嵌入生活场景，实现实时监测与预防，形成覆盖全人群、全过程、全场景和全周期的健康新格局，将极大促进三级预防体系的有效实施，助力健康中国目标的实现。学院研究团队基于跨学科医工交叉和数字孪生人的多年研究基础，率先提出适合中国国情的主动健康技术路径，即基于健康数字底座、近人体空间数据感知和主动健康数字介导服务，最小化社会医疗成本及个人健康成本，实现对个体生活和健康水平的可知可控。目前学院已获批3个重大专项。同时，多项成果已取得系列技术突破并形成产业化应用：基于眼部彩照的疾病早筛设备，获国内唯一多病种AI医疗器械三类证；柔性可穿戴健康监测智能产品，其中智能内衣内裤已经实现万条规模的月销售量；虚实融合人机交互系统及医疗机器人，能够在手术环境中进行实时感知和精准控制；中文领域生活空间主动健康大模型基座（生活空间健康大模型"扁鹊"、心理健康大模型"灵心"、中国基层医疗大模型"Jiyi"），上榜中国大模型榜单前列（如图2-3-3-1所示）；

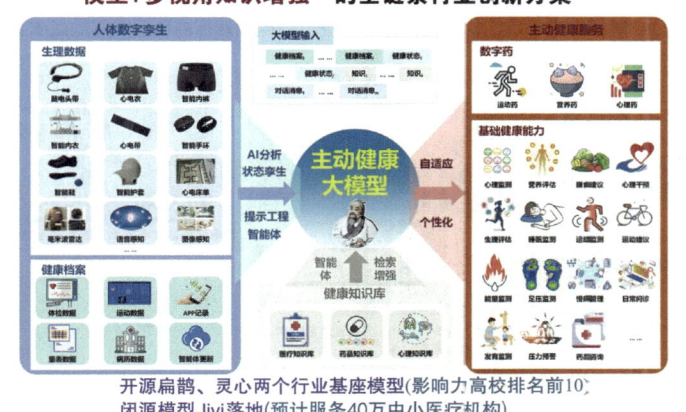

图2-3-3-1 主动健康大模型

仿生关节滑液等系列生物医学修复材料，可用于治疗老年人早期骨关节炎；精准健康营养和功能食品，如胶原蛋白肽、改善记忆肽、改善关节肽、降尿酸肽、改善睡眠肽等，能够实现不同人群的个性化膳食规划等。

学院跨越多个领域整合产业和教育资源，构建主动健康知识体系、方法体系、工具体系，深化产学协同人才培养，形成主动健康新质生产力，助力健康中国建设。2023年10月21日，学校牵头在雄安举行了第一届主动健康新质生产力产教融合创新发展大会。

在智慧能源方向，学院已引进国家高层次人才3人，依托高级人才团队及内部科研能力的基础，迅速在能源技术、管理算法、基础设施、系统分析及碳排放市场等多个方面取得了丰富的研究成果，吸引了国内外众多能源机构的关注（如图2-3-3-2所示）。在"一带一路"倡议的推动下，目前学院已经与全球最大的能源企业之一——沙特阿美科技公司（全球市值最高的能源公司，业务范围遍及全球多个重要经济区）签署了两项重要的合作协议，为其亚洲公司提供合成燃料的战略布局和发展规划的量化模型，以及共同构建涵盖道路、水运和航空的全球综合交通能源系统的分析框架。依托这些合作项目，学院正在筹划与沙特方面建立"中—沙绿色低碳联合实验室"，该联合实验室将汇集沙特的学术界、工业界和智囊团队，得到阿卜杜拉国王科技大学的清洁燃烧研究中心、沙特阿美公司及阿卜杜拉国王石油研究中心（KAPSARC）等机构的支持。这一跨国研究平台将集聚双方在绿色能源和人工智能领域的研究优势，共同开发创新的智慧能源解决方案，是推动校企合作迈向国际化的重要一步。

代表性成果："智慧能源和未来社会"能源平台与系统（未来技术）

➢ 基于智能储能的未来城市低碳多能源平台。能源管理技术及智慧互动研究产业化合作成果，"未来能碳实验室"团队在6大能源场景应用，共发表SCI论文200余篇

➢ "人车桩楼网"多能源耦合管理方案及系统整合。建成了含模拟光伏发电、模拟风力发电、混合储能装置、油电混合动力源、能源管理系统、能源稳定分析系统、微电网运行控制系统等的能碳数模混合仿真实验室

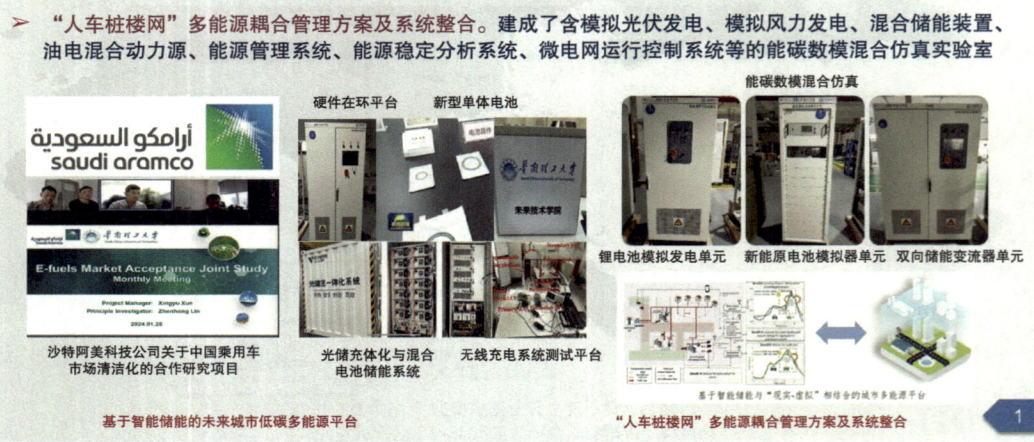

图2-3-3-2 "智慧能源和未来社会"能源平台与系统

国际交流合作

1　清华大学

共同走向下一个春天

澳大利亚拥有丰富的能源资源，而中国是世界最大的能源消费国、生产国，位于全球能源格局的中心。如今，可持续发展目标逐渐成为共识，能源消费结构转型已然开始。在此背景下，由行健书院组织的海外实践支队"清澳探行"，前往澳大利亚悉尼、墨尔本进行有关传统能源和新型能源体系的调研（如图 2-4-1-1 所示）。

图 2-4-1-1　海外实践支队"清澳探行"赴澳大利亚调研能源体系

在新南威尔士大学、悉尼大学等高校，支队成员与当地能源领域教授围绕氢能、碳治理等能源领域热点话题进行了交流讨论。在悉尼大学，马斯里（Masri）教授以"悉尼大学的能量转换、燃烧、零碳协议"为主题，向支队成员展示了该校在清洁能源、燃烧领域、减少碳排放领域的主要工作内容与部分研究成果。支队与陈肖恩（Shaun Chan）博士的课题组成员们进行了一系列深入交流，从太阳能光伏到储氢装置，从全钒流电池到氢气内燃机，深切感受到太阳能等新能源产业在澳大利亚的蓬勃发展，也对能源体系的探索有了新的思考与感悟。

支队在 CSIRO 公司（联邦科学与工业研究组织，澳大利亚最大的政府研发机构）参与了讲座研讨，了解了 CSIRO 的机构概况，以及重点关注的氢能、材料等研究方向。几位项目负责人对氢的制造、储存以及利用、氢气的大规模储存与运输等研究主题进行了介绍。

2 东北大学

国际合作共育未来科技创新领军人才

东北大学未来技术学院依托 111 学科创新引智基地、国家重点实验室和工程技术研究中心，以"构建一流平台，汇聚一流人才，研发一流成果，培养一流学生"为整体思路，同世界一流科研机构开展高水平人才培养与联合科技攻关，提升了学院的人才培养质量和国际学术影响力。

构建高水平国际交流与引智平台，引进和培养高水平人才。学院新建流程工业综合自动化国际合作联合实验室、一体化过程控制和智能工业数据解析与优化两个 111 学科创新引智基地，其中一体化过程控制引智基地两次评估优秀并获得 2.0 支持。与美国卡内基梅隆大学等一流大学共同构建了高水平国际交流与引智平台，依托该平台引进美国工程院院士 3 名、图灵奖获得者 1 人、国家级人才计划（领军）入选者 15 人、IEEE Fellow 10 人、IFAC Fellow 10 人、青年特聘教授 6 人。平台邀请海外教授开设"研究生学术沙龙""国际学术前沿论坛""名师精品系列网络课程""大师云讲座"等（如图 2-4-2-1 所示），旨在培养学生跨学科研究和创新能力，取得显著成效，并培养和影响了一批具有国际视野的中国学者。指导青年教师和博士生在国际杂志发表论文，接收青年教师和研究生实验室赴国外著名大学进修百余人次。海外教授深入参与研究生实验班教学改革，开设"人工智能基础"等 38 门国际化课程，作学术报告 200 余场，联合培养研究生 80 余人。

开展高水平科研育人，提升人才科技创新能力。学院师生联合承担科技部战略性国际科技创新合作重点专项、国家自然科学基金重大（重点）国际合作等双边、多边国际合作项目 30 项，与辽宁省自然科学基金合作设立联合基金（简称辽宁—SAPI 联合基金）。学院师生结合我国复杂工业过程运行优化的重大需求，开展深入合作研究，提出的数据驱动的复杂系统自适应控制和强化学习最优控制理论与方法，取得了系统性创新成果，在国际上产生重要影响，成功应用于磨矿、浮选等重大耗能设备，取得显著社会、经济效益。通过创新成果驱动学院师生在 IEEE 会刊和 IFAC 会刊联合发表论文 100 余篇，联合举办重要国际会议 10 次，产生重要影响，提升了学院师生自主创新能力和国际竞争力。

图 2-4-2-1　IFAC 前主席、西班牙瓦伦西亚理工大学佩德罗·阿尔贝托斯（Pedro Albertos）教授讲授课程

学生培养成效

1 北京大学

优秀学生代表曹睿杰、陆宇星、王子晨、时亦廷

北京大学未来技术学院自成立以来，一直致力于培养具有创新精神、实践能力、国际视野和社会责任感的优秀人才。以下是学院众多优秀学生中的四位代表。

1. 曹睿杰 未来技术学院生物医学工程系2022级生物医学工程专业博士研究生。在读期间，曹睿杰综合表现优异，思想品德端正，学习成绩优异，科研成果丰硕：在三维结构光照明显微成像技术（3DSIM）研究工作中，发展了开源、高保真的3DSIM重建平台Open-3DSIM，并首次提出了六维成像模型，为超分辨显微成像提供了新的观测维度和方法；利用投影仪中的数字微镜阵列研发DMD-3DSIM光路系统的超快切换速度和偏振自同步特性，为3DSIM技术的发展提供了强有力的硬件支持；基于暗通道先验的计算层切技术Dark sectioning，完成了多种显微镜图像的交叉验证。他从软件、硬件和处理算法三个方面对3DSIM进行了全面优化和创新，极大地推动了3DSIM技术在活细胞与组织成像中的应用。此外，相关技术均进行了软硬件开源，使国际用户能够高效复现相关工作，并拓展这一研究的新功能与新应用。在2023年，他赴欧参加Focus on Microscopy学术会议，不仅拓宽了自身的视野，也与领域顶尖同行深入交流了相关工作，展现了中国青年学者的风采（如图2-5-1-1、图2-5-1-2所示）。

曹睿杰同学突出的工作表现得到了广泛认可：以第一作者身份在 *Nature Methods*、*Research*、*Advanced Photonics Nexus* 等国际顶级期刊上发表了4篇高质量论文，并且得到了多家国内外媒体的广泛报道；荣获了校长奖学金、顾吴奖学金、学术创新奖等多项荣誉。

图 2-5-1-1　曹睿杰在葡萄牙 Focus on Microscopy 会议上汇报开源保真 3DSIM 重建平台

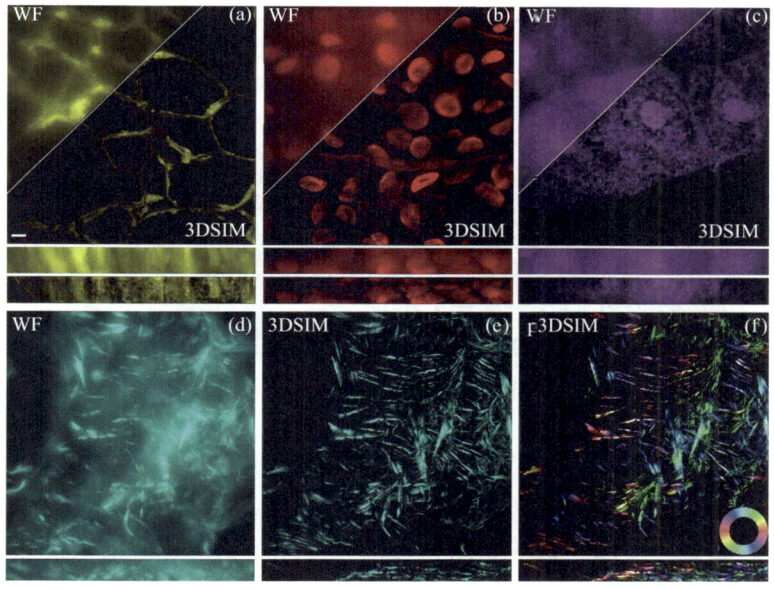

图 2-5-1-2　基于投影仪的超分辨显微成像技术对动植物样本的成像
实现两倍衍摄极限两倍分辨率的提高

2. **陆宇星**　未来技术学院大数据与生物医学人工智能系 2022 级生物医学工程专业博士研究生。在读期间，陆宇星积极探索多模态生物医学人工智能方法及应用，提出新方法，开拓新场景。他先后在 *Nature Medicine*、*Proceedings of the National Academy of Sciences of the United States of America*、*Science Advances* 等 SCI

一区期刊及中国计算机学会（CCF）顶级会议上发表了 12 篇学术论文，其中担任第一作者的 5 篇，担任第二作者的 4 篇。他的主要研究成果之一——MetaKG 代谢组学知识图谱，为代谢组学研究提供了新的解决方案和分析策略。这一工具自推出以来，已被全球研究人员广泛使用，访问达数千人次。

陆宇星同学不仅在学术领域表现出色，还积极参与公益事业，以专业知识赋能社会服务。特别是他基于大语言模型技术，针对不同性格和能力的自闭症儿童开发的个性化艺术疗愈课程，旨在提供更精准的教育支持（如图 2-5-1-3 所示）。此外，他设计的"为爱奔跑，与蓝同行"微信小程序，助力多个志愿者团队连续多年开展公益活动，覆盖数万人次。陆宇星同学也因其卓越的公益贡献，被评选为北京大学十佳青年志愿者标兵。

图 2-5-1-3　陆宇星在公益组织活动中辅导自闭症儿童，设计"为爱奔跑，与蓝同行"公益小程序

3. **王子晨**　未来技术学院分子医学研究所 2018 级生物学（分子医学）专业博士研究生。王子晨专注于基于神经元钙信号的视交叉上核时间计算机制的研究。为了深入探索这一前沿交叉课题，他在未来技术学院、王选计算机研究所和工学院等多个学术机构接受系统的交叉学科科研锻炼（如图 2-5-1-4 所示）。这种跨学科的人才培养模式使他在实验设计、数据分析、项目沟通以及科学概念和科学发现方面的综合科研能力得到了显著提升。作为第一作者，他的研究成果发表于国际权威期刊 *Cell Research*。在该研究中，他承担了项目的学生协调员角色，负责统筹跨学科团队联合攻关，利用大规模钙成像技术和机器学习方法，揭示了哺乳动物中枢生物钟的系统水平时间编码机制（如图 2-5-1-5 所示），在国际上尚属首次。此外，他利用专业所学服务于成像设施建设，担任宣讲员宣传介绍成像设施，并组织科技成果的发布活动。

图 2-5-1-4　王子晨在工作现场与指导教师讨论

图 2-5-1-5　哺乳动物中枢生物钟的系统水平时间编码机制被喻为"时间蝴蝶"

4. **时亦廷**　未来技术学院分子医学研究所 2023 级生物物理学专业博士研究生。时亦廷开展以生物化学及结构生物学为手段的重大疾病相关膜蛋白工作机制的研究。他有着强烈的求知欲和突出的团队合作意识，能够快速融入实验室的科研工作；关注前沿进展，积极主动思考，具有出色的探索精神及解决问题的能力，在其课题中的载体设计、冷冻电镜结构解析及功能检测等各方面做了一系列尝试与优化。2024 年 2 月，时亦廷以共同第一作者身份在 Nature 杂志上发表题为 Structure of human phagocyte NADPH oxidase in the activated state 的研究论文，解析了处于激活和静息状态下人源 NADPH 氧化酶 NOX2-p22 复合体的结构，首次在原子水平上观察到胞质激活因子 p67、Rac1 和 p47 与 NOX2 的结合模式及激活后 NOX2 全酶电子传递链的形成，为深入理解 NOX2 的激活机制提供了结构基础（如图 2-5-1-6 所示）。

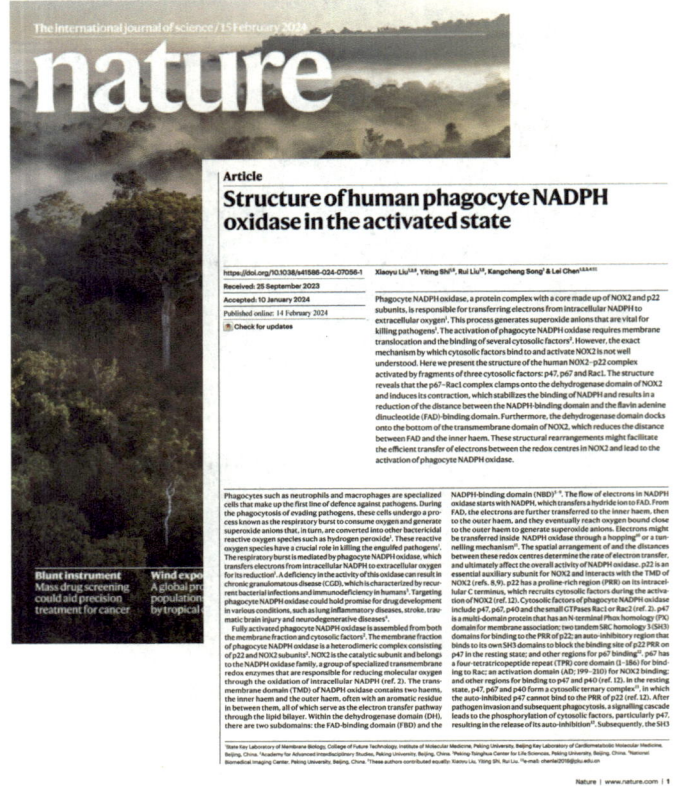

图 2-5-1-6　时亦廷以共同第一作者的身份在 Nature 杂志上发表论文

2 清华大学

优秀学生代表蒋玉骅、李子曦

1. **蒋玉骅**　清华大学钱学森力学班 2020 级（行健—力 0 班）本科生。曾获综合优秀奖学金、首都"挑战杯"特等奖、国际大学生工程力学竞赛（亚洲赛区）特等奖"第一名"、全国大学生数学竞赛一等奖、北京市大学生物理竞赛一等奖、首批"国家自然科学基金青年学生基础研究项目"资助等。2023 年，蒋玉骅荣获 2023 年度清华大学本科生特等奖学金（如图 2-5-2-1 所示）。

图 2-5-2-1　蒋玉骅答辩现场

入学之初，科研对他来说貌似遥不可及，他便认真学好每一门专业课，掌握每一个知识点，并取得了优异成绩。深入地学习和思考数理知识，为他在科研领域的探索打下了坚实基础。

钱学森力学班组织的 X-idea 学术沙龙活动将蒋玉骅引向广阔的科研舞台。一次邀请华为专家交流的活动中，专家介绍了 6G 通信将带来的技术革命，特别是感知通信一体化技术在智慧农业、无人机群、物联网、车联网领域具备广阔的应用前景。用无线通信技术引领万物互联的设想激发了他的浓厚兴趣。这次交流促使他报名参加了自动化系高飞飞老师的大学生研究训练计划（SRT），开展"可变压缩率的信道反馈"研究。

这些年最火的研究范式可能就是使用 AI 算法，蒋玉骅在自学相关专业知识的基础上，利用神经网络设计自编码器。尽管他进行了大量的调参，但因为没有深入问题本质，缺乏创新，所以相对经典方法性能增益不大，撰写的论文也被拒稿。初次跨专业科研的"失败"，让他感到科学创新远不像做题那么简单，他所擅长的数学力学知识在通信领域仿佛没有用武之地。当他垂头丧气地和导师交流时，高飞飞老师鼓励他不要放弃感兴趣的方向，不妨结合自己的专业优势寻找科研课题。

在之后的一段时间里，蒋玉骅不再急于产出成果，而是凭借扎实的数理基础，审视通信过程中最内核的电磁波传输原理（如图 2-5-2-2 所示）。在阅读了大量文献后，他了解到：通信领域一般采用远场传输假设，也就是假设信号像地面上的太阳光一样平行传播，但是从 5G 到 6G 升级时，通信频率更高，天线阵列更大，信号会像近处的灯光一样发散。有研究指出远场传输假设会造成6G通信性能的损失,但学界尚未严谨地构建近场通信信道模型,由此他走上了近场通感问题的研究之路。

图2-5-2-2 蒋玉骅与实验室的师兄讨论

在初步研究后,他首先发现大地反射会对近场通信性能产生显著影响,但是通信界经典积分方法很难有效计算地面反射。恰巧那段时间他同时也在准备流体力学小测,一道例题中讲到用镜像法巧妙地处理了不可穿透壁面边界条件,能否将这种简化问题的思想用到近场通信的研究中呢?这使他跳出日常思考力学和通信问题的思路产生了灵感。

尽管由于方程不同,流体力学的做法并不能简单套用到近场通信问题中,但经多次尝试后,他通过引入无穷多复空间中的镜像点源,分析了地面反射对信号的影响,成功建模了近场通信信道,相关成果以他为第一作者发表在SCI期刊上。这是他的第一项科研成果,也让他看到了数学力学与通信领域交叉的无限潜力。

蒋玉骅再接再厉,借助本专业的偏微分方程知识,分析更精确的近场模型,建立了适合求解的数学方程,将信号从"太阳光"变成了"手电筒",赋予了单基站窄频段主动探测用户位置的能力,且误差较小。在使基站能够看到用户位置的基础上,还能将信号变成聚光灯,将能量聚焦到用户,相比经典方法通信速率提高了25%。论文最终以他为第一作者发表在了SCI期刊上。

以上工作是无信号干扰时的理论情形,面对实际通信中的干扰问题,蒋玉骅对定位误差的产生机理进行了深入探索,通过自学流形优化方法,设计了能够有效对抗电磁干扰的定位误差界优化算法,且在计算机与通信国际会议(ICCC)上以第一作者身份发表EI论文,并进行大会口头报告。

之前的研究让通信信号成为基站的眼睛，在钱学森力学班开放创新挑战研究（ORIC）项目中，他在近场模型基础上，提出了基于电磁掩码的成像算法，这可以用于黑暗环境下的实时监控，相关成果获得了2024无线通信和网络会议（WCNC）的最佳论文奖（如图2-5-2-3所示）。这些成果不仅让世界在通信信号的视野中逐渐变得轮廓清晰，也坚定了他继续在通信领域探索边界、勇攀高峰的科研志向。

图2-5-2-3　蒋玉骅获得2024 WCNC的最佳论文奖

在高飞飞老师的鼓励和支持下，蒋玉骅成功申请到"国家自然科学基金青年学生基础研究项目"的资助，他研究的项目的原创性和前瞻性得到了评审专家的认可。机遇伴随着挑战，这项技术需要对通信信号传输过程进行更深入的研究。蒋玉骅将不惧挑战，勇攀高峰，以该课题为契机继续钻研，大胆创新。未来他也会继续努力攻克6G通信中的难题，以国家发展需求为导向贡献自己的力量。

2. 李子曦　清华大学行健书院2020级本科生，中共党员。曾任行健—水木01班团支书、班长及行健书院学生会（筹）体育部部长、行健书院团委实践副书记等，现任行健书院团委组织副书记、校团委组织部骨干培训组组长等。曾获国家奖学金、清华大学特等奖学金、蒋南翔奖学金、综合优秀奖学金、科技创新优秀奖学金、桑坦德奖学金、大学生研究训练计划（SRT）一等奖，以及第40届和第41届"挑战杯"学生课外学术科技作品竞赛二等奖、最佳新秀奖，获评清华大学优秀学生干部、优秀共青团员、五星级紫荆志愿者、未来兴趣团队"优秀科技之星"等荣誉（如图2-5-2-4所示）。

图 2-5-2-4　李子曦

李子曦从 2022 年 10 月开始探究山洪的预报预警课题。在这一年中，他调研了模型关键参数提取相关内容，跟随师兄师姐前往实验流域开展实地考察，其间也经历过无人机禁飞、与当地村民谈天说地等趣事，这使他发现科研并非只在解决问题的刹那令人感到兴奋，在整个过程中也会有很多乐趣相伴。

他于 2023 年暑假前往伦敦大学学院和牛津大学开展为期 45 天的访学交流，探究了城市洪水损失和机器学习的相关课题（如图 2-5-2-5 所示）。这是他的第一次海外研修经历。在海外进行科研和生活是一种与旅游截然不同的感受。海外研修让他感受最深的就是"静"，他认为只有静心独处才能深入思考、有所感悟。

图 2-5-2-5　李子曦在海外研修

让李子曦印象深刻的还有"国家自然科学基金青年学生基础研究项目"基金的申请。在田富强老师的耐心指导下，李子曦深切感受到"发现科学问题"甚至比"解决问题"更加困难。参与申请的感受正像他当时走出评审会场时说的，"在短短的 8 分钟汇报和 17 分钟交流中，我深深感受到评审老师们的热情和专业。这是我最充实、最享受的 25 分钟"。

"大鱼前导，小鱼尾随，是从游也。"李子曦更多地承担起了他曾经讲到的"中鱼"的责任。从 2022 年开始，他便尝试指导 3 位学弟学妹开展科研探索，也多次参与科研经历的分享和"五行杯"初审、"挑战杯"预答辩的交流（如图 2-5-2-6 所示）。他还多次与学弟学妹交流科研探索过程中的心得体会，在科研探索的路上和"大鱼""中鱼""小鱼"们共同成长。

图 2-5-2-6 "五行杯"初审会场合影

未来，李子曦也将继续在科研中求索，在从游中前行。

3 北京航空航天大学

优秀学生代表闫仲怀

闫仲怀 北京航空航天大学未来空天技术学院 2021 级学生，中共预备党员。闫仲怀大一年级在学院信息大类成绩排名前 3%。他通过宣讲会了解到，未来空天技术学院实施打破学科专业壁垒、以双导师团为核心、本博贯通的培养方案，推行以重大工程中的实际问题为牵引的课程—项目双螺旋育人体系，对此怀揣好奇和憧憬。同时，他了解到未来空天技术学院实施动态流转机制，认同学院培养理念和培养模式的同学仍然有机会进入这一体系。大一学年结束后，经过自主报名、初审、面试、复核环节，闫仲怀成为首批增选进入未来空天技术学院的6名同学之一。

进入未来空天技术学院后，闫仲怀切身体会到了课程—项目双螺旋培养体系的独特魅力，在学院、双导师团的引导和自身不断实践探索中，他对课程学习、项目研究、科研工作等都有了全新的认识和体验，并获得校三好学生、学习优秀特等奖学金、学科竞赛特等奖学金、社会工作二等奖学金等荣誉。

课程学习从"抠细节"到"抓体系"。未来空天培养方案中工程基础课和核心专业课涵盖机械、电子、物理、数学等多学科方向，二年级课程难度和广度显著区别于单一学科的学习内容。进入学院前，"嚼碎"知识细节、追求各科"满分"是闫仲怀的学习方式和理念。然而，在学院培养方案宣讲会上，他对学院突破"唯分数论""唯绩点论"的探索大为震撼，开始理解和认同学院引导学生自主搭建知识体系和塑造能力的培养理念和培养体系。进入学院后，闫仲怀开始反思原有的学习方式，对课程学习的认识逐渐由掌握知识转变为把握不同学科知识之间的关系、明确概念、尝试应用并理解细节，渐渐理解了学院培养体系引导学生唤起好奇、自主学习的用意。转变思维模式和学习方式后，闫仲怀二年级下学期的学习更加得心应手，也开始把握多学科知识脉络，了解未来空天技术领域大图景。

项目训练从"先学再做"到"快速上手"。闫仲怀进入学院为二年级学生开设的进阶探究项目，初次尝试认知和探索重大工程中的真实问题。项目初期，闫仲怀秉承先完整学习课程知识再应用于实践的学习方式。然而，在项目进展中，他发现这种学习方法并不能有效解决项目推进中遇到的不确定问题，项目进展缓慢。为此，闫仲怀积极求助双导师团，校内导师和行业导师结合他的项目实际情况，引导他及时调整学习心态和方式方法，鼓励他在明确项目阶段性任务目标的基础上大胆探索、自主学习所需知识。闫仲怀进一步理解了学院鼓励和引导学生形成个性化培养路径和知识体系的培养理念，并快速上手操作实践，最终顺利完成进阶项目，在结题答辩时获评优秀。

科研实践从"做作业"到"知其然"。大三学年，闫仲怀开启了较进阶项目更加深入、向研究生阶段过渡的高阶挑战项目。闫仲怀选择保持进阶探究项目的研究方向，于是继续跟随进阶项目导师团开展深入研究。虽然经历了进阶探究项目的"小试牛刀"，但闫仲怀仍然对做科研抱有"做作业"的心态，以完成任务为导向，而在本质上没有"知其然"。在高阶项目中，知识学习、科学研究和工程实践的系统性逐渐凸显出来，对学生课程学习、科研训练、思维模式的要求也更高。经过双导师团引导、旁听其他同学中期答辩，闫仲怀渐渐理解了学院项目育人体系设计的初衷和高阶挑战项目的定位，也意识到自己的问题，逐渐转变，开始体会科研过程。图2-5-3-1展示了闫仲怀参加项目研讨分享及参观实践活动的情况。

图 2-5-3-1　闫仲怀参加项目研讨分享及参观实践活动

总结反思，转变认识，开启新征程。闫仲怀总结了一年半以来的学习，通过自我总结发现学院培养体系在课程上强调知识学习的层次性（横向学习 wandering），在项目上强调由任务目标驱动的针对性（垂直学习 target）。在双导师团指导和自身不断努力下，在深空资源探测与利用方向开展兼有横向学习和垂直学习的学习和科研，理论和实践结合渐入佳境。同时，借助校内外高水平课程平台和线上资源弥补自身短板，自主获取知识，不断完成阶段性目标。闫仲怀持续研究的项目"基于飞行数据的小行星结构智能预测"，其成果已形成摘要并被第七十五届国际宇航大会（IAC）接收。

在课内学习之余，闫仲怀也积极参与社会实践活动，大二、大三跟随实践队前往国内无锡、珠海、东莞及英国剑桥、伦敦、爱丁堡等地调研学习，感受到学习与工业生产、市场的关系，对如何将所学真正服务于生产生活、如何利用所学创造价值有了更直观的认识。2024 年 9 月，闫仲怀将正式转段进入博士阶段，也将继续在国家重大科研项目中锤炼本领、贡献力量！

4　天津大学

优秀学生代表徐庚泽、李垚臻

1. 徐庚泽　天津大学未来技术学院 2020 级计算机科学与技术专业本科生，已保研至中国人民大学高瓴人工智能学院。

泛舟学海，科研无止境。在徐庚泽的学术道路上，他扎实学习专业知识，努力构建学科基础。他的学术之旅充满了对知识的渴望和对科研的热情，并取得了优异的成绩。他本科阶段前六学期总加权成绩高达 92.15，总绩点 3.87，在计算机科学与技术专业中排名第二（共 25 人），在未来智能机器与系统平台专业排名第三（共 60 人）。他的努力得到了回报，获得了本科生国家奖学金、天津大学三好学生、学习优异先进个人等多项荣誉（如图 2-5-4-1 所示）。

图 2-5-4-1　徐庚泽的获奖证书

徐庚泽对人工智能领域的计算机视觉方向有着浓厚兴趣，致力于沿该方向深耕，创造更智能、高效、便捷的应用技术。大二时，他作为项目负责人，成功申请了一项国家级大学生创新创业训练项目"基于局部遮挡的人脸识别深度学习算法研究"，并在机器学习与数据挖掘实验室（胡清华老师担任负责人）开展研究（如图 2-5-4-2 所示）。他的创新算法框架，为遮挡人脸识别领域带来实际应用价值，论文已被第十六届全国大学生创新年会收录，获得了专家的高度评价和认可。

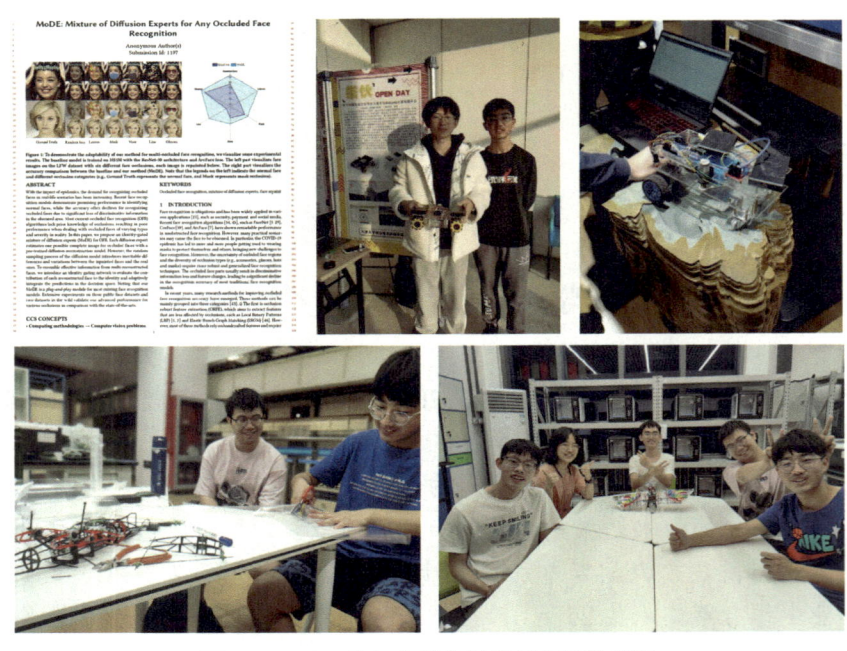

图 2-5-4-2　参加大学生创新创业训练项目

投身科研，积极参加学科竞赛。徐庚泽结合专业特色，提出在乡村教育中以科普教育推动学科教育发展的可行性建议，以专业学习为国家战略赋能，并获得"挑战杯"中国银行天津市大学生课外学术科技作品竞赛一等奖。此外，他还在美国大学生数学建模竞赛中获得二等奖（H奖），在中新金融科技节数据建模挑战赛中获得全国三等奖，并在全国青年科普创新实验暨作品大赛天津赛区获得三等奖（如图2-5-4-3所示）。

 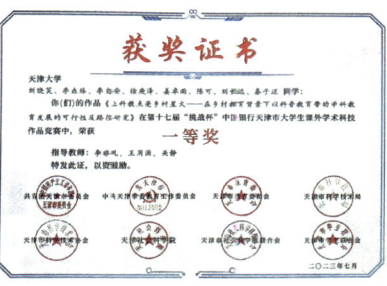

图2-5-4-3　徐庚泽的竞赛获奖证书

以身作则，锐意进取担使命。作为学生干部，徐庚泽曾任班级团支书、班长，在他的带领下，班级获得多项荣誉，包括最佳主题团日活动优秀支部、抗疫特别贡献团支部、五四红旗示范团支部、好班风标兵班级等。他还担任学院社研会及学生党校主席、功能型团支部支书等职务，展现了卓越的领导能力和服务精神（如图2-5-4-4所示）。

图2-5-4-4　徐庚泽带领班级获得集体荣誉证书

躬行践履，实干筑梦显担当。在实践活动中，徐庚泽积极投身其中，大学前两学年参与了三次实践活动，并两次担任负责人。他的实践经历丰富，从回访母校到助力"脱贫摘帽县"的建设,再到科普支教,每一次实践都让他深刻体会到行动的重要性。他的实践成果不仅进入校级终评获奖,还受到了校团委、当地政府官方媒体等多家媒体的报道,并获得了天津市"三下乡"优秀实践队、天津大学优秀社会实践调研报告等荣誉。

热忱奉献,点燃志愿之微光。在志愿服务方面,徐庚泽积极参与,累计服务时长超过 350 小时,并获得二星志愿者认定(如图 2-5-4-5 所示)。他加入了校青协,参与暖冬义卖活动,为宕昌孩子募款,为贫困地区送去温暖;加入校招协,通过剪辑视频和接听高考咨询电话,为宣传天津大学贡献力量。

图 2-5-4-5 参加志愿服务活动

徐庚泽始终保持积极向上的心态,努力自我进化,立志成为一名优秀的新时代青年。他相信,通过不断学习和实践,能够在未来的道路上取得更大的成就,为社会做出更多的贡献。

---

2. 李垚臻 天津大学未来技术学院未来智能机器与系统平台专业 2019 级本科生,曾担任天津大学学生会、学生科技创新创业协会主席团成员等 10 余项职务;10 次代表天津大学登上国家级竞技舞台,4 次创造全校历史最好成绩,曾带领团队

获中国国际大学生创新大赛季军（天津市历史最好成绩，本科生创意组第一）、大学生创业世界杯冠军、ICAN 大学生创新创业大赛一等奖等国家级科创奖项 10 余项；以第一负责人申请 8 项专利（5 项实用新型获批，3 项发明受理）、3 项软件著作权（获批）；获本科生国家奖学金、天津市大学生创业特等奖、天津市高校优秀学生干部等各级奖项 60 余项；相关事迹获得《人民日报》、新华网、央广网、《新闻联播》等各大媒体报道百余次。

在学院项目制课程的训练下，李垚臻同学及同届本科生钱圣韬、李自安等人在本科期间积极创新，注重将日常所学应用到生活实践当中，在大二时将项目课程智能循迹车的成果与重走长征路团日活动结合，获得时任团中央第一书记贺军科"学用结合，思考深刻"的高度赞扬。

结合课程所学，李垚臻和学院 19 位同学共同参与了项目制科普课程的设计与教学，前往甘肃省宕昌县进行暑期支教实践，所作项目制课程教学与调研报告被共青团中央评选为全国百篇优秀调研报告，并被全国学校共青团研究中心收录在会议论文集（全国仅 28 篇）中。

在教育部白名单列出的各类学科竞赛中，李垚臻所在团队先后获得全国大学生工程实践创新能力竞赛、中国机器人及人工智能大赛等国家级竞赛奖项。在备赛过程中，他们扩大学科视野，培养了良好的工程实践能力，并聚焦到项目完成过程中 3D 建模慢的问题。团队成员利用课余时间进行研究，通过大学生创新创业训练计划、进实验室等多种方式，提出了高效轻量的 3D 建模方案。该模型结合稀疏几何表征、深度先验、多视图扩散等思想，通过普通摄像头拍摄或文本输入生成几张照片，就能在短时间内生成符合商用需求的高保真 3D 模型。基于上述系列研究成果，该团队在 2023 年中国国际大学生创新大赛中以本科生创意组第一、全国季军的名次获得全国金奖，创造天津大学历史最好成绩，获得"北洋海棠"等基金的投资意向。

5 东北大学

优秀学生代表程思睿

程思睿 东北大学未来技术学院人工智能专业本科生。作为东北大学第八届学生创新创业"校长奖章"获得者（如图 2-5-5-1 所示），他将自己的兴趣与未来技术学院的发展平台结合在一起，不仅实现了个人价值，也创造了较大的社会价值。

图 2-5-5-1　东北大学第八届学生创新创业"校长奖章"获得者程思睿

刚入学的程思睿，对专业知识有些茫然，跌跌撞撞走上科研之路。他认真学习了学院开设的计算机 C 语言编程、Python 编程以及人工智能等课程。程思睿说："兴趣是成功的秘诀，感谢学院搭建的各种平台，让我在人工智能和计算机方面深入探索。"

程思睿的科研之旅，源于学院的一次关于肌电信号的学术讲座。出于兴趣，他进入了挑战课题项目组，开始广泛收集资料，学习关于肌电信号的知识，通过查阅论文深度认识肌电信号。在深入了解后，他配置肌电采集设备，开始研究设备并在此基础上进行开发（如图 2-5-5-2 所示）。

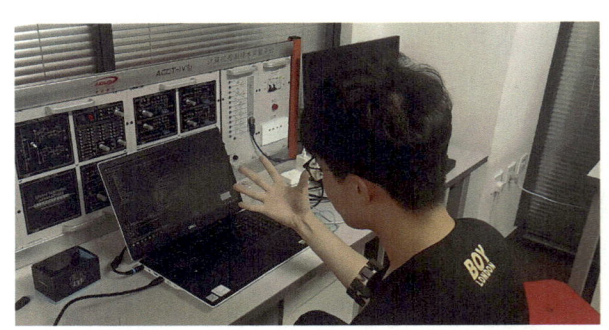

图 2-5-5-2　程思睿研究肌电采集设备并在此基础上进行开发

面对着无数次实验数据的推翻和重写、彻夜的思考和记录以及结果一次次的不尽如人意，程思睿咬牙坚持。无数次失败之后，程思睿凭借优秀的项目成果，带领团队获得了第七届中国国际互联网+大学生创新创业大赛金奖（最具商业价值奖）以及第十五届挑战杯辽宁省大学生课外学术科技作品竞赛省级特等奖。他所在团队还陆续研发肌电手语翻译器、视频手语翻译器、手语翻译手套等产品。

当问到"科研最重要的是什么"时，程思睿表示："首先是要坚持下去，从一而终。及时和挑战课题项目组老师沟通也很重要，要主动寻求机会，迎难而上。"

第十五次大创项目中，程思睿作为负责人主攻肌电信号处理和手部动作捕捉的相关方向。他所做的模型能够精确地识别听障人士打出的手语（如图 2-5-5-3 所示）。当听到越来越多的人肯定了自己的产品后，程思睿体验到了科研的快乐。程思睿还积极参加志愿活动，在西安残运会和冬奥会上，他和团队一起搭建了手语翻译展台，为听力障碍的运动员们提供力所能及的服务。

图 2-5-5-3　程思睿负责的项目可以精确地识别听障人士打出的手语

回顾在课题组奋斗的日子，程思睿对一路上帮助自己的人心怀感激。他表示，从他进入这个项目到现在，未来技术学院的老师们和学长们给了他很多技术指导，这对他未来的职业发展非常珍贵，也对他的思维模式有着深远的影响。每当他遇到不懂的问题，老师们都会很有耐心地指导，让他在学习的路上有勇气不断地挑战自己、克服困难。

未来一段时间，他还要继续聚焦舞指科技相关的研发，不断打磨产品，也将尽快推进产品市场化运作。

6 哈尔滨工业大学

优秀学生代表高文博

高文博　哈尔滨工业大学生物技术专业 2023 届本科毕业生，保送本校攻读博士学位。在本科学习期间，跟随导师黄志伟教授进行科研训练，目前研究方向为运用结构生物学手段，研究适应性免疫细胞的免疫功能与分子机制。

高文博同学在高中参加生物竞赛并获得省一等奖，对本科教学内容基本熟悉，经过未来技术学院的遴选，在大二年级进入黄志伟教授的实验室学习。黄志伟教授作为哈尔滨工业大学生命科学与技术学院院长、教授、博士生导师，有着丰富的教学经验以及国际顶级的科研能力，指导学生先后多次在 Nature、Science、Cell Research 等国际顶级期刊发表文章。在黄志伟教授的指导下，高文博同学参与到课题的工作中。在实验过程中，团队遇到诸如蛋白表达纯化失败、冷冻电镜制样失败等诸多大小问题时，黄志伟教授都会仔细地检查实验记录，并根据以往经验总结失败原因，提出改进方法。在导师黄志伟教授以及团队其他成员的共同帮助下，高文博同学逐步掌握了结构生物学研究的全部实验流程，并不断提高个人的学术能力，科研思维在参与该项工作时得到了训练。

在训练课题中，黄志伟教授提出并指导高文博同学在实验方法以及材料的选取上做出对应调整，在冷冻电镜制样技术层面上，通过将去垢剂种类更换为 GDN 以及提高蛋白产物浓度来得到更高的分辨率，从而确定复合物跨膜区结合的分子为胆固醇，验证了胆固醇有维持 TCR 处于静息状态的作用。又设计了一系列相关实验并证明了胆固醇类似物硫酸胆固醇与胆固醇在 T 细胞受体复合物跨膜区结合的位置相同，相关氨基酸残基围绕结合位置进行突变，抑制了胆固醇的结合，并获得处于组成型激活状态的 T 细胞受体复合物。该项研究发现了改进 T 细胞受体复合物分辨率的蛋白纯化条件，筛选并纯化出自身激活型 T 细胞受体复合物——CD3 突变体。根据其提供的结构数据设计相关实验，揭示胆固醇限制 T 细胞受体复合物活性的机制，为认识 T 细胞受体复合物从静息状态到激活状态的构象变化提供了结构和理论依据。该研究在理性设计靶向 T 细胞受体复合物调控 T 细胞活性的新型免疫疗法、治疗自身免疫疾病等方面具有重要意义。该研究由黄志伟教授指导，主要完成人包括高文博等同学。其成果以 Cholesterol inhibits TCR signaling by directly restricting TCR-CD3 core tunnel motility 为题发表于 Molecular Cell（IF: 17.9），其中高文博为论文的共同第一作者，在该研究中负责纯化 T 细胞受体复合物、免疫印迹分析、氨基酸突变亚型筛选等工作（如图 2-5-6-1 所示）。目前，高文博通过未

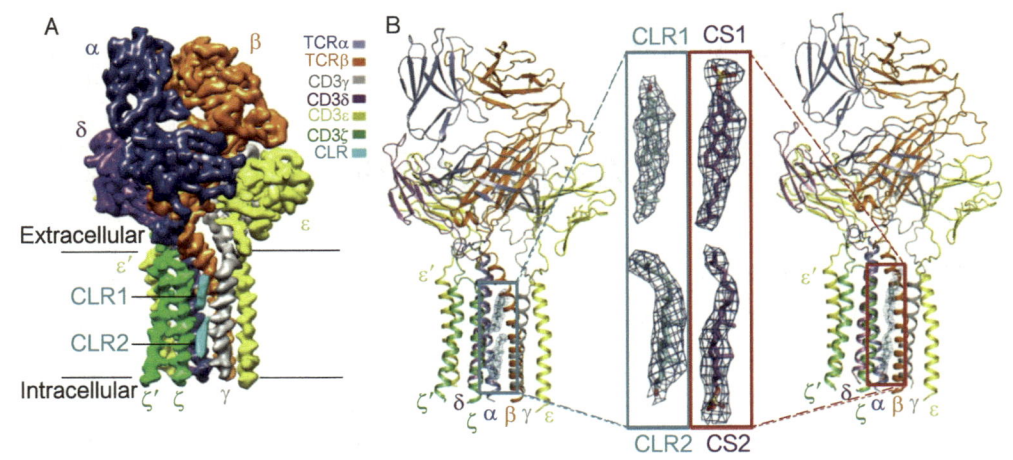

图 2-5-6-1　论文研究部分内容节选

来技术学院本博连读遴选,继续在黄志伟教授的课题组参与有关抗原介导的免疫细胞受体信号转导及其调控机制等课题的深入研究。

优秀获奖团队
——第十五届全国大学生创新创业年会"最佳创意项目"及
"我最喜爱的项目"获奖团队

由刘滢老师指导本科生张献泽、周宇恒、王宇骁、徐鑫泽等完成的"社区泡泡——基于充气膜结构的社区韧性构筑体系设计与建造"项目,融合了建筑的技术与人文视角,基于充气式ETFE膜结构技术设计了一种韧性装配式空间构筑系统,通过改变膜的形态重新定义空间功能的使用模式。该项目同时获得第十五届全国大学生创新创业年会"最佳创意项目"及"我最喜爱的项目"两项奖励。

全国大学生创新创业年会是依托"国创计划"开展的一项重要年度交流展示活动,是我国覆盖面最广、影响力最大、水平最高的大学生创新创业盛会之一。2023年5月12日,第十五届全国大学生创新创业年会在江苏徐州举行,全国大学生创新创业工作的优秀成果同台竞技,各展风采,优秀的创新创业者向现场的知名学者和专家展示了自己精心准备的成果。

年会展示内容分为学术论文、改革成果项目、创新创业项目三部分。学术论文和创新创业项目采取答辩赛制;改革成果项目由参会团队制作展板、准备项目模型或实物,向参会专家和现场参观的学生介绍项目,并进行现场演示。改革成果展示项目不仅需要现场的选手有过硬的专业水平,还充分考验了选手的临场发挥能力。

哈尔滨工业大学代表队在这次盛会上表现出色,不仅展现出"规格严格、功夫到家"的严谨治学精神和科研素养,也展现出面对咨询和质疑时处变不惊、顺势应变的综合能力。入选年会决赛的7项作品共获得9项奖励,位居全国高校第一,取得了参加年会以来的最好成绩。其中,由刘滢老师指导,本科生团队张献泽、周宇恒、王宇骁、徐鑫泽同学完成的改革成果项目获得"最佳创意项目"和"我最喜爱的项目"双奖,这是改革成果项目设置的最高奖项。这说明项目的创新性和专业性得到了在场专家的一致认可,项目的趣味性、实用性、展示性也获得了在场双创工作者的好评。

在"新工科"培养的大背景下,项目立意跳脱出对传统工科重技术、轻人文的刻板印象，充分发挥建筑学科的综合性优势。以人本需求为目标导向，紧扣国家建设需求和时代主题。通过对国务院办公厅印发的《"十四五"城乡社区服务体系建设规划》进行深入研读与分析，将项目的研究方向定为社区人居环境的营造。

项目立项之始便聚焦于严寒地区的建筑空间需求，在实施过程中一直坚持理论与实践充分结合。在指导老师的引导下，首先对我国五座北方城市（哈尔滨、长春、沈阳、大连、北京）的社区公共空间进行了线上与线下调研，分析了典型的社区建筑及其公共空间的使用方式、建筑形式及规模尺度。调研结果表明，现有社区公共空间的改造设计存在两大局限性：自上而下的设计模式忽视了居民愈发丰富的主观需求；对日益增加的全新空间功能需求回应不足。

针对以上问题，小组成员提出了可变性、安全性、舒适性三大社区公共空间优化要点，并基于充气式ETFE膜结构技术，设计并搭建了一种韧性装配式空间构筑系统。借助ETFE膜的力学性能与使用者的功能需求，确定模数化的结构框架与节点构造。空间结构在部署与收纳状态下的体积比约为300∶1，能够实现灵活高效运输与现场快速搭建。构筑体系可搭载多种智慧设备，并以实时无接触的使用者行为识别进行驱动控制，以确保内部空间的舒适度。在多元共生视角下，空间单元可依据其尺度与形态承载复合功能，构建全龄共享的社区生活，并提高针对突发事件的应急与应变能力。"社区泡泡"项目始于社区，却不局限于社区。它不仅能为北方的社区居民在寒冷的冬天提供一个温馨且功能丰富的活动场所，还可以在冬季候车、抢险救灾、应急安置、休闲景观等多种使用场景中构建复合功能体系，提高针对抢险救灾、卫生安全等突发事件的应急与应变能力。"泡泡"这一灵活多变的建筑形式打破了北方城市空间中千篇一律的"方盒子"形象，成为激发城市活力的"触媒"，不仅能够实现不同使用模式下的灵活转换，而且能够实现低成本运营和可持续发展。在年会展示现场，有需求、有技术、有温度、有情怀的项目成果吸引着现场的观众，吸引他们投出自己的宝贵一票。

项目的成功不仅源自老师的辛勤指导和小组成员的精诚合作，更重要的是小组成员在接受本科生阶段培养的过程中养成了"设计赋能"的创新意识，始终保持着对科创工作的热爱和对前沿技术的敏锐关注；在项目的推进过程中，对于未接触过的专业知识和软件操作，能够积极主动地学习；珍惜每一次展示的机会，打磨自己的汇报能力和沟通协调能力。

当下对知识和技术的精益求精已然成为科创工作者的基本素养。在工作的过程中顺利沟通协调，与不同专业背景的同学合作攻关，自信地展示出自己的创新成果，是新时代科研人才不可缺少的能力。全国大学生创新创业年会为学生们提供了一个很好的展示和交流的机会，潜移默化地锻炼了学生的综合能力，释放出哈工大科创青年们的青春力量。

优秀获奖团队
——CIC人工智能机器人锦标赛冠军

CIC人工智能机器人锦标赛于2021年7月8日在上海世博展览馆盛大开幕。这是一场汇聚了全国顶尖机器人选手的竞赛，选手们在自主品牌竞赛的多个项目中展开了激烈的角逐。与传统的机器人不同，本次赛事特别采用了全新的轮回淘汰赛制规则，增加了比赛的难度和紧张感。选手们需要在比赛现场，基于同一命题，在短短72小时内独立完成机器人的设计、制造、测试、对抗等一系列操作。这既是一个巨大的挑战，也是一个展示才华和技能的绝佳机会。参赛选手们需要在短时间内迅速适应新的赛制，发挥创新思维，运用工程技术能力，打造出具有竞争力的机器人。

哈尔滨工业大学代表队在这次大赛中表现出色，他们的智慧和实力得到了充分展现。经过72小时紧张角逐，赵浩翔、葛哲、鲁浩洋、何雪铭和王瀚团队，以及李恩宇、鄢宇雄、王阳明、夏吉峰和王瑞康团队，凭借出色的表现，分别荣获了智慧发展赛项的冠军和亚军。

赵浩翔、葛哲、鲁浩洋、何雪铭和王瀚团队在比赛中展现出了卓越的团队协作精神和创新能力。他们在曾昭阳、林森老师的指导下，充分发挥自己的优势，克服种种困难，打造出一台性能卓越的机器人。这台机器人在比赛中表现出色，无论是设计还是性能都让人眼前一亮，成为赛场上的焦点。

同样，李恩宇、鄢宇雄、王阳明、夏吉峰和王瑞康团队也展现出了不俗的实力。他们在姜雨、刘路老师的指导下经过连续72小时的努力，成功打造了一台性能稳定的机器人。他们在比赛中展现出顽强的拼搏精神，不断挑战自我，最终取得了亚军的优异成绩。

这两支团队的成功离不开他们的努力、坚持和创新精神。他们在比赛中充分发挥了自己的专业技能和团队协作能力，展现出了哈尔滨工业大学学子的风采。同时，他们的成功也离不开指导老师的悉心指导和支持。曾昭阳、林森、姜雨、刘路等老师在比赛过程中给予了学生无微不至的关怀和指导，帮助他们在比赛中克服种种困难，取得优异成绩。

除了这两支团队外，其他参赛队伍也展现出了不俗的实力。他们在比赛中展现出了各种创新设计思路和精湛的技术水平，为观众呈现了一场精彩纷呈的机器人竞技盛宴（如图 2-5-6-2 所示）。

图 2-5-6-2　格斗机器人比赛现场

CIC 人工智能机器人锦标赛的举办，不仅为广大机器人爱好者提供了一个展示才华的平台，也推动了我国人工智能和机器人技术的发展。这次大赛的成功举办，不仅彰显了我国在人工智能和机器人领域的实力和水平，也激发了更多年轻人对人工智能和机器人技术的兴趣和热情。由于格斗机器人包含很多类型，不同类型的机器人之间存在克制关系，选择什么样的武器、护甲，设计什么样的前铲角度以更好地输送能量，需要创新设计思路。整个过程体现的是项目式精准化学习。它是新工科人才培养过程中有目标、有指向性的学习方式，为整个工科教学改革的推进和青年工程师的培养提供了很好的过程和情景展示，并激发学生对科技的热情，同时释放科技人才的能量。

7 东南大学

优秀学生代表戴翎芸

戴翎芸 东南大学未来技术学院本科生，入党积极分子，曾任团支部书记（如图 2-5-7-1 所示）。在未来技术学院的三年里，目前戴翎芸的 SRTP 学分位列年级第一，大二学年绩点有一半位于 4.5 以上，大一、大二综合评价排名分别位列年级第二、第三。先后获得美国大学生数学建模竞赛特等奖提名，高等数学竞赛国家级一等奖、省级一等奖，全国数模竞赛省级三等奖等奖项，并获得校长奖学金、太湖奖学金二等奖等。

科研方面，她在学术导师、学长学姐和同学们的关心帮助下，克服了大学生创新项目起步时的磕磕绊绊，其所在团队获得校级重大项目优秀结题并获批国家级立项，一项专利已过初审。

图 2-5-7-1　戴翎芸

戴翎芸积极服务社会，带领社会实践团队开展环保调研和环保科普，在"大学生在行动"活动中获江苏省十佳志愿者，带领的团队获得全国十佳团队称号。在云支教活动中，获国家级优秀志愿者，累计志愿时长达 120 小时（如图 2-5-7-2 所示）。她组织开展团日活动，获东南大学"磐石计划"一等奖，获评东南大学优秀学生干部、优秀团干部。

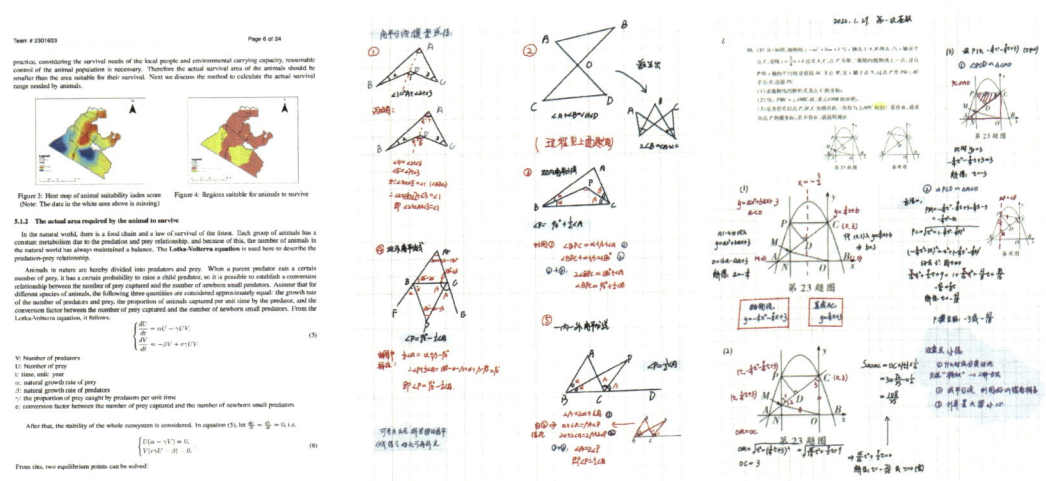

图 2-5-7-2　竞赛相关材料、支教学习辅导手稿

8　中国科学技术大学

优秀学生代表李希、张百成

1. 李希　中国科学技术大学未来技术学院博士研究生。

李希同学以其优异的科研能力和深厚的学术素养，在量子科研领域取得了令人瞩目的成就。自进入姚星灿教授课题组以来，他不断提升自己的科研能力和技术水平，不仅在科研道路上取得了丰硕的成果，还在团队合作、科研交流等方面展现出了出色的能力和领导才能。

博士期间，他对强关联费米气体进行了一系列量子模拟研究，并在 *Science* 和 *Nature* 上以第一作者身份发表了两项重要学术成果。一方面，包括李希在内的研究团队制备了可精确操纵温度的超高密度均匀费米气体，发展了可用于定量探测费米超流体中微弱熵波动的布拉格谱学方法。基于费米超流理论，他们首次准确测定了幺正费米超流体的黏度与热导率这两个重要的物理量，揭示出该体系具有比液氦超流体大 100 倍的量子临界区。结果表明，幺正费米超流体的输运系数可由费米原子的质量、密度、普朗克常数和玻尔兹曼常数来完全确定。这一成果在 2022 年 2 月发表于 *Science* 期刊，杂志审稿人称该项工作"展示了令人惊叹的实验杰作""是一篇极为出色的论文""有望成为量子模拟领域的一座里程碑"（如图 2-5-8-1 所示）。另一方面，他们首次在处于强相互作用极限下的均匀费米气体中观测到了由多体配对产生的赝能隙，并获得了配对能隙、配对寿命与单粒子散射率等重要物理量。结果表明，逆配对寿命遵循热激发的指数增长行为，激发能与测得的配对能隙相吻合，从而揭示了配对破坏和重组的微观机制。同时，单粒子散射率接近普朗克散射的极限值，显示了幺正费米气体在输运性质上的普适性。这项研究确立了配对赝能隙的存在，为高温超导机理中的电子预配对假说提供了支持。这一成果在 2024 年 2 月发表于 Nature 期刊。

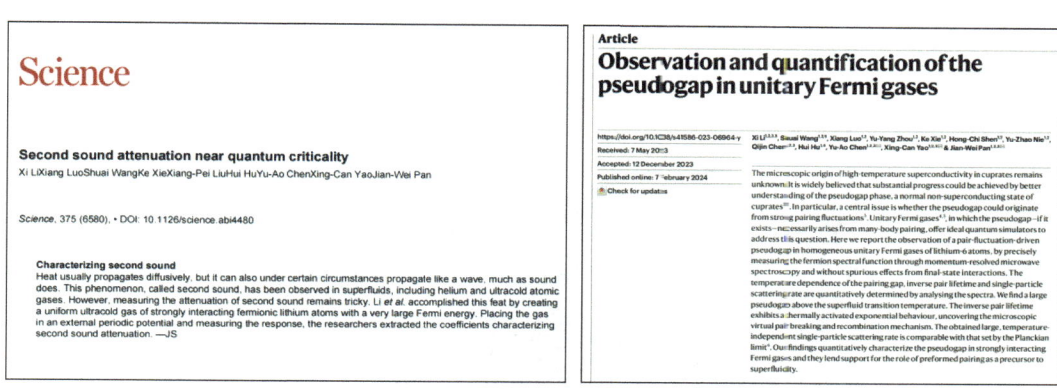

图 2-5-8-1　李希在 Science 和 Nature 上发表的文章

凭借其在科学研究中的突出表现，李希同学博士期间获得了国家奖学金、中国科学院院长特别奖等奖项。他用自己的努力和汗水诠释了科研精神，只要有梦想、有追求、有付出，就一定能够在科研道路上取得属于自己的成就。他的成功是未来技术学院教育成果的一个缩影，学院将继续秉持着精英教育的理念，致力于培养更多像李希这样的优秀科研人才，为中国乃至全球的科技进步和社会发展做出更大的贡献。

2. 张百成　中国科学技术大学未来技术学院 2022 级硕转博研究生。

自 2022 年进入江俊教授课题组以来，张百成不仅在科研道路上取得了丰硕的成果，还展现了出色的学术潜力和国际交流能力（如图 2-5-8-2 所示）。他共发表了 14 篇 SCI 论文，这些论文发表在国际知名期刊上，包括 National Science Review、Nature Synthesis、Nature Communication、Proceedings of the National Academy of Sciences、Journal of the American Chemical Society、Angewandte Chemie International Edition 等。这些论文的发表不仅体现了他的研究能力和学术水平，也展示了他在化学反应逆向预测、量子化学分子描述符设计以及文献数据挖掘等领域的深入探索和创新思维。在化学反应逆向预测的工作中，张百成同学使用量子化学计算的方法获得化学位移和键解离能等化学信息，引入分子的拓扑图结构，构建了融合化学信息的量子化学分子描述符，帮助机器学习模型学到化学反应的内禀属性和经验知识，极大提升了反应逆向预测的准确度。2022年10月，张百成以第一作者发表于 Proceedings of the National Academy of Sciences 期刊的这一成果，引起了学术界的广泛关注。此外，他在谱学描述符的设计和文献数据挖掘方面也取得了重要进展，为解决相关领域的数据缺失问题和提升机器人化学家的研究效率做出了贡献。

图 2-5-8-2 张百成参加化学年会口头报告现场

除了科研方面的成就，张百成同学还积极参与国际交流与合作。他获得了"中国科学技术大学优秀博士研究生出国留学支持计划"资助，并于2023年9月前往美国加州大学尔湾分校 Shaul Mukemel 教授课题组进行交流访问。这次交流访问不仅让他有机会与国际顶尖学者合作，也拓宽了他的学术视野和研究思路。

值得一提的是，张百成同学在2024年4月获得了首届国家自然科学基金博士研究生项目资助。这一项目由国家自然科学基金委员会首次试点设立，旨在选拔一批具有发展潜力的优秀博士研究生，资助他们作为项目负责人承担科学基金项目。张百成同学凭借其在科学研究中的突出表现，成功获得了这一殊荣，获高达30万元的资助。这不仅是对他过去努力的肯定，也是对他未来科研工作的极大鼓励。张百成同学在科研道路上不断努力，不断探索，不断学习，始终保持着对知识的渴望和对科学的热爱。他在研究中遇到困难和挑战时，从不退缩，而是坚定地面对并克服，不断提升自己的科研能力和技术水平。他不仅在学术上取得了突出的成就，还在团队合作、科研交流等方面展现出了出色的能力和领导才能。他用自己的实际行动诠释了科研精神的核心价值，即勇于探索、勇于创新、勇于拼搏、勇于分享。

未来技术学院将继续秉持着精英教育的理念和模式，为每一位学生提供最好的学术环境和资源，帮助他们实现自己的梦想和目标。相信在不久的将来，张百成同学会以更加卓越的成就回馈学院的培养和期望，成为科研领域的杰出人才。

9 华中科技大学

优秀学生代表周鑫、陈海涛

1. 周鑫 华中科技大学未来技术学院2021级学生。本科一年级下学期加入华中科技大学智能感知与自动驾驶本科生创新团队，研究方向为面向自动驾驶场景的3D目标检测。截至2024年6月，周鑫以第一作者在国际计算机视觉与模式识别会议（CVPR）等发表论文2篇，申请发明专利3项（其中2项为第一发明人），作为负责人承担国家级大学生创新训练计划项目1项。

针对华中科技大学未来技术学院招收的首批117名学生，学院创新性地开设了实验室轮转课程，在全校范围内筛选了43个面向未来科技的交叉科研团队，提供了44个跨学科选题和55名指导教师，投入经费200余万元，学生覆盖率达到100%，让学生在本科阶段率先实践前沿性、革命性、颠覆性技术。得益于厚基础、重交叉的培养模式，周鑫打下了扎实的学科基础。

以实验室轮转课程为契机，周鑫先后在机械设计制造及其自动化、人工智能、生物医学工程三个学科方向的交叉团队开展科研训练，拓宽交叉学科视野，逐步明晰个人兴趣及科研目标。2022年5月，他进入人工智能与自动化学院白翔教授实验室，随后加入校示范团队智能感知与自动驾驶本科生创新团队，学习三维视觉相关知识。在此期间，周鑫阅读了多篇文字识别经典算法相关论文，并学习了相关开源算法库。课程结束后，他继续阅读了大量最新的2D目标检测论文，并开始接触3D视觉任务。受2D目标检测相关工作启发，周鑫针对生成式模型在3D目标检测的应用方法展开探索，相关研究成果被第六届中国模式识别与计算机视觉大会（PRCV 2023）接收。

除了推行实验室轮转，学院还积极搭建创新创业训练平台，支持学生全员参与大学生创新创业训练计划项目，支持经费近30万元，依托"未来技术太湖创新基金"鼓励学生开展未来技术前沿交叉学科创新研究，培养面向未来技术和产业发展的创新人才。经过组织申报、专家初评和答辩复评，首批未来技术太湖创新基金围绕人形机器人方向遴选了8个项目进行立项，共投入120万元。周鑫作为团队的学生负责人参与申报未来技术太湖创新基金，其团队项目"面向人形机器人的三维场景理解方法研究"专注于人形机器人具身智能算法的研究，获得基金A类支持。

在前期丰富的科研项目训练下，周鑫锻炼出高效的时间管理能力和组织能力，以敏锐的洞察力高效追踪学科研究前沿。图2-5-9-1所示为周鑫在未来科创学术论坛进行成果展示汇报。进入本科三年级后，他转向"点云分析的预训练模型参数高效迁移学习"这一新的研究方向。在这项工作中，他提出一种新颖的轻量动态适配器结构，并结合模型内部特征的提示进行策略微调，针对性地解决了如何在有限资源下保持模型性能的难题。相关成果被人工智能领域国际顶级会议 IEEE 国际计算机视觉与模式识别会议（CVPR 2024）接收（如图 2-5-9-2 所示），并在短时间内获得大量业内人士关注。

图 2-5-9-1　2023 年 5 月，在未来科创学术论坛进行成果展示汇报

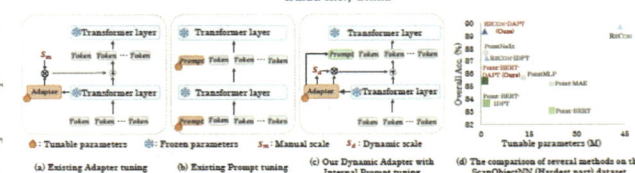

图 2-5-9-2　2024 年 2 月，论文被 IEEE/CVF Conference on Computer Vision and Pattern Recognition 接收

未来技术学院将继续着眼于未来科学技术领域国家重大需求，践行学科交叉、科教协同的人才培养理念，以培养具有中国特色的未来科技创新领军人才为目标不断奋进。

2. **陈海涛**　华中科技大学未来技术学院2020级生物医学工程专业本科生，自一年级就加入武汉光电国家研究中心实验室科研团队，并承担国家级大学生创新创业训练计划项目。

华科大未来技术学院依托国家级引智平台，精心选聘海外高端人才，充分发挥海外人才在国际化育人中的支撑作用。学院聘请欧洲科学院院士、德国柏林洪堡大学教授尤根·库思（Jürgen Kurths）担任外籍院长，以组织学院课程体系构建、组建国际教学团队等，并先后从伦敦大学学院（UCL）等海外名校引进10多名海外教授担任授课教师，搭建了较为完整的国际化教学体系，践行国际化育人理念。学院还积极挖掘国家级引智基地的国际合作资源，拓展国际化培养渠道，通过国际短课程、科研交流项目、海外毕业设计等多元化的国际交流活动，探索中外本硕贯通培养。学院注重拓展学生的国际化视野，为学生营造创新人才发展的国际化环境，邀请大量国际学者前来授课、讲座、座谈与指导，营造出浓郁的国际化学术氛围。

陈海涛同学自大一开始便进入实验室，加入了武汉光电国家研究中心邓勇教授团队。他通过学习学院国际化课程，近距离与外籍院长、海外名师交流互动，在筑牢数理基础的同时，提升自身科学素养、专业兴趣和对多元文化的理解。

2022年，陈海涛参与2项大学生创新创业训练计划项目，并分别获得国家级和省级项目支持；同年11月，获得"全国大学生数学建模竞赛"国家级二等奖；2023年1月，在著名国际期刊《光学快报》（*Optics Letters*）上发表合著论文，同年4月在《生物医学光学快报》（*Biomedical Optics Express*）上发表独立第一作者研究论文（如图2-5-9-3所示），后在国际学术会议"2023 China Biomedical Engineering Conference & Medical Innovation Summit"上进行口头报告（如图2-5-9-4所示）。图2-5-9-5所示为陈海涛参加国际学术会议（APCMBE 2023 & BME 2023）。2023年8月，陈海涛受学院资助前往美国莱斯大学开展为期6个月的海外毕业设计。在海外毕业设计期间，陈海涛陆续收到加州大学洛杉矶分校、美国波士顿大学和杜克大学的博士研究生录取通知，并获批全额奖学金。

图2-5-9-3　2023年4月在《生物医学光学快报》上发表独立一作论文

图 2-5-9-4　2023 年 5 月在国际学术会议上进行口头报告

图 2-5-9-5　参加国际学术会议（APCMBE 2023 & BME 2023）

在国家级引智平台支持下，未来技术学院将不断开设国际化标杆课程，拓展学生海外经历，着力培养学生成为具有交叉学科视野、国际竞争力和领导能力的未来科技领军人才。

10　华南理工大学

优秀学生代表刘锦绣

刘锦绣　华南理工大学未来技术学院 2021 级本科生（如图 2-5-10-1 所示），目前已收到香港中文大学的直博录取通知。2023 年 9 月至 2024 年 4 月，他在 OPPO

研究院学习，专注于视频生成大模型和多模态故事生成大模型的研发。2024 年，他获得学院太湖奖学金资助，前往美国斯坦福大学 Stanford AI Lab 担任实习访问学者。截至 2024 年 6 月，他以第一作者身份在国际人工智能顶级会议 AAAI 等发表论文 1 篇（如图 2-5-10-2 所示），并获得美国大学生数学建模竞赛一等奖、亚太国际大学生数学建模竞赛二等奖等多项荣誉，同时获得太湖创新奖学金和太湖科创一等奖学金。

图 2-5-10-1　刘锦绣同学在斯坦福大学访问交流

The Thirty-Eighth AAAI Conference on Artificial Intelligence (AAAI-24)

R3CD: Scene Graph to Image Generation with Relation-Aware Compositional Contrastive Control Diffusion

Jinxiu Liu, Qi Liu*

School of Future Technology, South China University of Technology
jinxiuliu0628@foxmail.com, drliuqi@scut.edu.cn

Abstract

Image generation tasks have achieved remarkable performance using large-scale diffusion models. However, these models are limited to capturing the abstract relations (viz., interactions excluding positional relations) among multiple entities of complex scene graphs. Two main problems exist: 1) fail to depict more concise and accurate interactions via abstract relations; 2) fail to generate complete entities. To address that, we propose a novel Relation-aware Compositional Contrastive Control Diffusion method, dubbed as R3CD, that leverages large-scale diffusion models to learn abstract interactions from scene graphs. Herein, a scene graph transformer based on node and edge encoding is first designed to perceive both local and global information from input scene graphs, whose embeddings are initialized by a T5 model. Then a joint contrastive loss based on attention maps and denoising steps is developed to control the diffusion model to understand and further generate images, whose spatial structures and interaction features are consistent with *a priori* relation. Extensive experiments are conducted on two datasets: Visual Genome and COCO-Stuff, and demonstrate that the proposal outperforms existing models both in quantitative and qualitative metrics to generate more realistic and diverse images according to different scene graph specifications.

in graphs and object-relations in images. To address that, some works introduced an additional layout prediction module to initialize the spatial arrangements of objects(Ashual and Wolf 2019; Herzig et al. 2020; Johnson, Gupta, and Fei-Fei 2018; Yang et al. 2022), while others encoded the entire scene graph via graph convolution network (GCN) to control the diffusion model more precisely (Yang et al. 2022). However, these methods are limited to generating abstract relations (excluding positional information) in scene graphs, such as eating, chasing shaking, etc., as demonstrated in Fig. 1. Although semantic-aware attention maps were introduced to guide the generation process, and yet still cannot perceive the abstract relations. This is because they focus more on learning the entity shapes and layouts to match the pixels, and yet it is hard to represent the abstract relations with pixels, especially for those interaction features between pixel regions of entities. Another problem is the compliance between the generated images and original scene graphs, which is due to the existing approaches using image-like representations of scene graphs to create coarse sketches.

To that end, a novel Relation-aware Compositional Contrastive Control Diffusion framework, named R3CD, is proposed, as shown in Fig. 3, which consists of twofolds: (1)

图 2-5-10-2　刘锦绣以第一作者身份在国际人工智能顶级会议 AAAI 上发表论文

在大二上学期,刘锦绣加入了华南理工大学未来技术学院刘琦教授的课题组,专注于可控图像生成和扩散模型的研究。仅用半年时间,他就向人工智能顶级会议(AAAI)投稿并被接收。随后,凭借在扩散模型方面的经验,他前往OPPO研究院进行多模态大模型和视频生成模型的开发研究,深入产业一线了解实际问题。

此外,刘锦绣还积极开展朋辈帮扶活动,热衷于向组内低年级本科生分享科研经验,帮助他们在科研起步阶段少走弯路。

在科研道路上,刘锦绣不断努力、探索和学习,始终保持对知识的渴望和对科学的热爱。他在研究中遇到困难和挑战时,从不退缩,坚定地面对并克服,不断提升自己的科研能力和技术水平。他不仅在学术上取得了突出成就,还在团队合作和科研交流方面展现出色的能力和领导才能。他用实际行动诠释了科研精神的核心价值,即勇于探索、创新、拼搏和分享。

11 西安交通大学

优秀学生代表彭智康、彭子洋

1. 彭智康 西安交通大学未来技术学院智能制造方向2022级本科生。基于大一期间项目课程研究成果以第一作者身份发表SCI收录论文1篇,以第一发明人申请发明专利1项,曾获全国三维数字化创新设计大赛15周年精英联赛陕西赛区特等奖、全国总决赛三等奖,西安交通大学第35届"腾飞杯"大赛创业赛道银奖,主持国家级大学生创新创业训练项目,荣获"西安交通大学2023年度优秀学生"称号(见图2-5-11-1)。

学院组建跨学科、产教融合师资队伍,通过引企入研、引企入校、引企入教、引企入师,企业专家全程参与课程建设、授课、项目指导等人才培养各个环节,不断深化科教融汇、产教融合、协同育人。依托学院"课

图2-5-11-1 彭智康

项—赛"相结合的人才培育体系,将前沿性、前瞻性项目课题引入课堂,逐步为学生制订"一生一策"的个性化人才培养方案。

依托智能制造方向的大一基础项目课程"新形态机器人设计与驱控",彭智康大二时以第一作者身份发表题为"The Enhanced Adaptive Grasping of a Soft Robotic Gripper Using Rigid Supports"(刚柔耦合的软体万能抓手)的论文,被 SCI 收录(如图 2-5-11-2 所示)。由机械学院彭军教授、郭艳婕高级工程师、北京软体机器人科技股份有限公司企业专家鲍磊共同组建"科学家+工程师"师资队伍,校企专家联合指导,共同开展自主式、研讨式、探究式教学,在"理论授课+项目研讨+动手实践"的过程中不断提升学生的创造力和动手能力(如图 2-5-11-3、图 2-5-11-4 所示)。

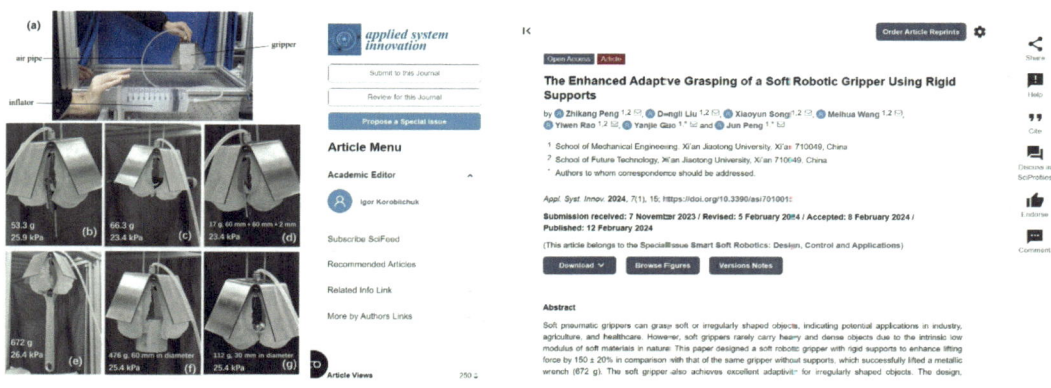

图 2-5-11-2 以"刚柔耦合的软体万能抓手"为主题的论文

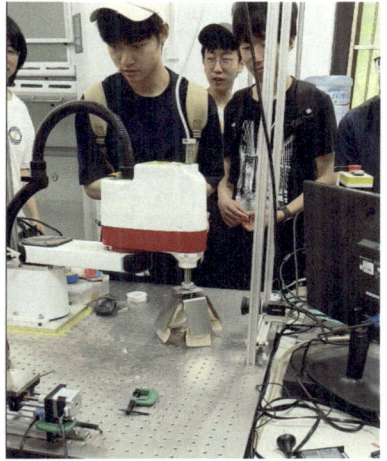

图 2-5-11-3 研究室实验展示

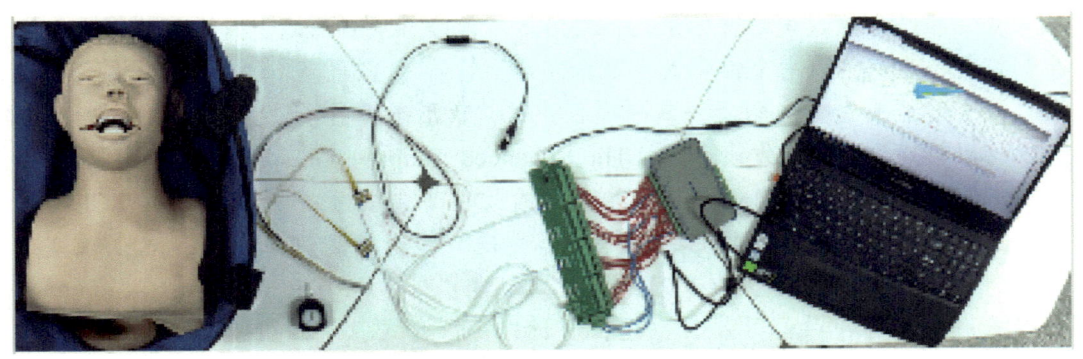

图 2-5-11-4　力传感辅助气管插管智能化实验装备展示

回顾从项目课程学习到论文发表的整个过程，彭智康说："通过项目课程的学习，我们小组每个人的收获都很大，不仅在软爪制造、电控、仿真分析、实验表征等方面的专业素养得到很大的提升，也积累了宝贵的经验，每一次的尝试都是一次突破，不给自己设限才能开拓属于自己的新天地。"

此外，彭智康还担任了2024年国家级大学生创新创业训练（以下简称"大创项目"）项目负责人，项目名为"力传感辅助气管插管智能化自决策方法研究"，该项目也用到了项目课程中学习到的关键技术，为气管插管过程提供决策方案。

通过"课—项—赛"相结合的人才培养体系训练，锻炼了彭智康的创新思维、领导能力，为成为具有前瞻交叉思维的未来技术领军人才奠定了基础。彭智康还作为第一发明人申请发明专利1项，获得全国三维数字化创新设计大赛15周年精英联赛全国总决赛三等奖，西安交大第35届"腾飞杯"大赛创业赛道银奖（如图2-5-11-5所示）。

图 2-5-11-5　获奖及专利证书展示

指导彭智康论文及大创项目的郭艳婕老师说："未来技术学院项目课程以项目为牵引，将行业前沿知识引入课堂，通过丰富的实验、实践活动，鼓励学生积极思考、主动创新，不断提高动手能力及解决问题的能力。"

学院深度践行科教融汇、产教融合、协同育人理念，实施本研贯通、项目驱动式人才培养模式。组建了学科交叉、产教融合的校企双师教学团队，创新性地开展

"校企专家同上一堂课",校内老师与企业专家携手指导学生进行基础、初级、中级、高级项目研究,指导学生以项目为牵引,以负责人的身份牵头组队。学生通过大创项目训练不断完善项目后参加各类创新创业大赛及学科竞赛,取得论文、专利等各项成果,完成毕业设计。以"课—项—赛"相结合的人才培养模式,培养一批又一批具有较强创新创业能力、应用牵引能力、领导组织能力的优秀学生,逐步实现学院未来技术领军人才培养目标。

2. 彭子洋 西安交通大学未来技术学院2022级医工学方向博士研究生,师从吕毅教授,致力于智能化手术导航体系和医工结合的外科诊疗一体化管理领域的研究工作。在校期间,发表高水平论文多篇,申请专利数项,获国家奖学金、陕西省"大学生自强之星标兵"、西安交通大学"优秀研究生标兵""产教融合之星"等荣誉(如图2-5-11-6所示)。

图2-5-11-6 彭子洋

硕士期间,彭子洋就读于西安交大医学部,在西安交大第一附属医院系统性临床轮转学习中,面对病人的许多现实需求,他笃志救死扶伤,立志为解决外科难题贡献自己的力量。

伴随着"互联网+医疗"的兴起,基于对目前神经外科与骨科手术导航的研究,彭子洋希望通过学科交叉与医工结合的手段解决临床中发现的难题。学院学科交叉、产教融合的人才培养特色,吸引着他在这里攻读临床医学博士学位。作为学校人才培养模式改革创新的"试验田",学院着眼于未来科学技术领域与国家重大需求,打破传统专业学科壁垒,以理工结合、工工交叉、工文渗透、医工融合推动学科专业交叉融合。以"项目驱动、学科交叉、产教融合"为人才培养特色,学院医工学方向依托于学校大医科、强工科平台,以医工交叉为基础,培育具有创新创业素养的复合型医学科学家或科学家医师。在该培养模式下,彭子洋在系统思维、创新思维、实践能力和协作能力方面迅速成长,为他解决临床痛点问题提供了有效途径。

在坚持科研开拓创新的同时,彭子洋也不忘医生本职。在临床工作中,他医术精湛,完成千余台手术、门诊,对待患者耐心认真,收获患者"以病人为中心,以服务树信誉"的高度评价。

彭子洋致力于攻克微创外科诊疗一体化领域"卡脖子"核心技术:通过最新的人工智能分析手段,利用多尺度多模态信息融合的大数据分析方法,设计了首个国产微创腔镜外科导航体系;构建集术前病灶精准定位分析导航及智能路径规划、微创术中手术XR辅助实时三维导航定位模块、术后图文手术记录生成模块于一体的手术导航平台及配套人才培养体系;以数字化、信息化、智能化赋能外科诊疗发展,有效提高手术患者的远期生存率与生活质量,促进创新链和产业链融合(如图2-5-11-7所示)。

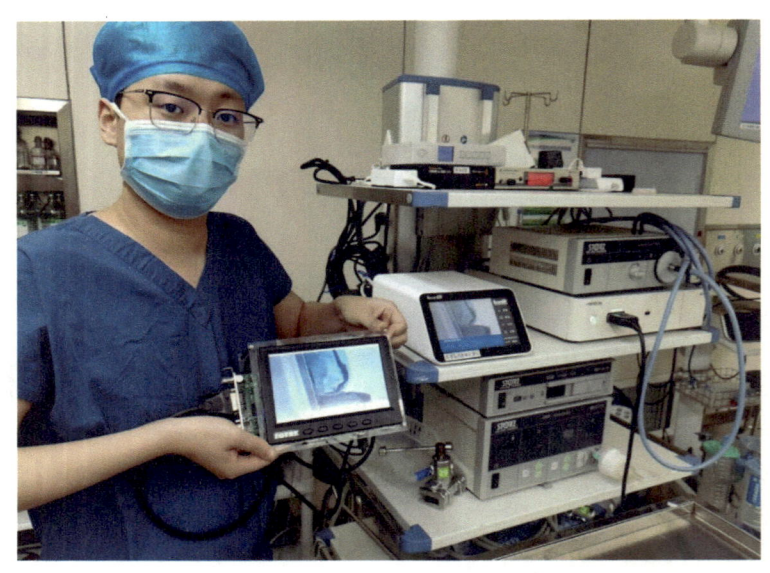

图2-5-11-7 团队主要研究成果"微创腔镜外科导航系统"手术室实际测试应用

彭子洋领衔的国产微创腔镜外科导航体系相关成果现已申报8项专利,经过200余次临床前试验,完成样机制作,通过软硬件测试及临床伦理审批,立足西北,在多家三甲医院开展临床试验。在各项创新创业竞赛中,彭子洋亦取得了优异的成绩,获得了包括"新工科创新大赛全国总决赛一等奖"在内的26项国家级、省部级创新创业奖项(如图2-5-11-8所示)。通过成果转化与政策支持,目前彭子洋成立苏州智康智影医疗科技有限责任公司,入驻苏州太仓科技园,已获得50万元政府资金支持,进一步推进研究进展。

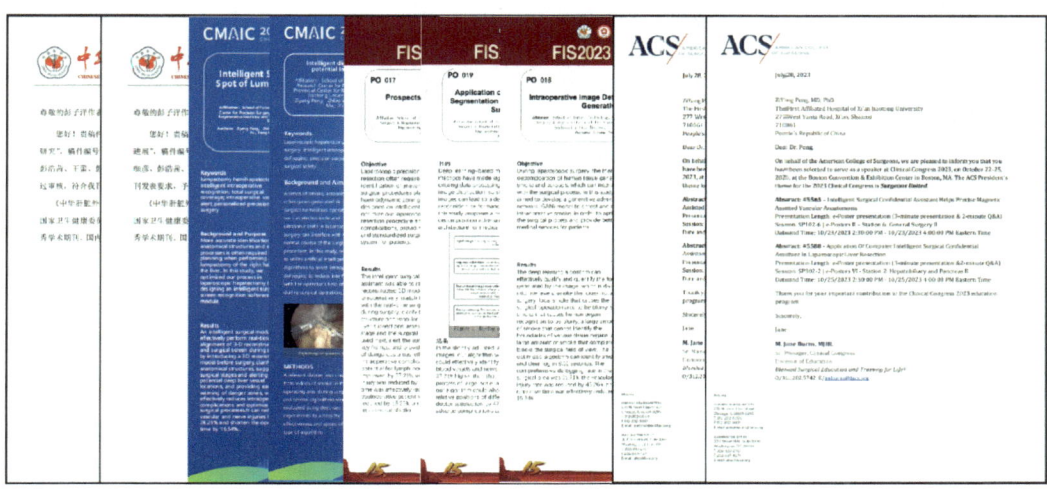

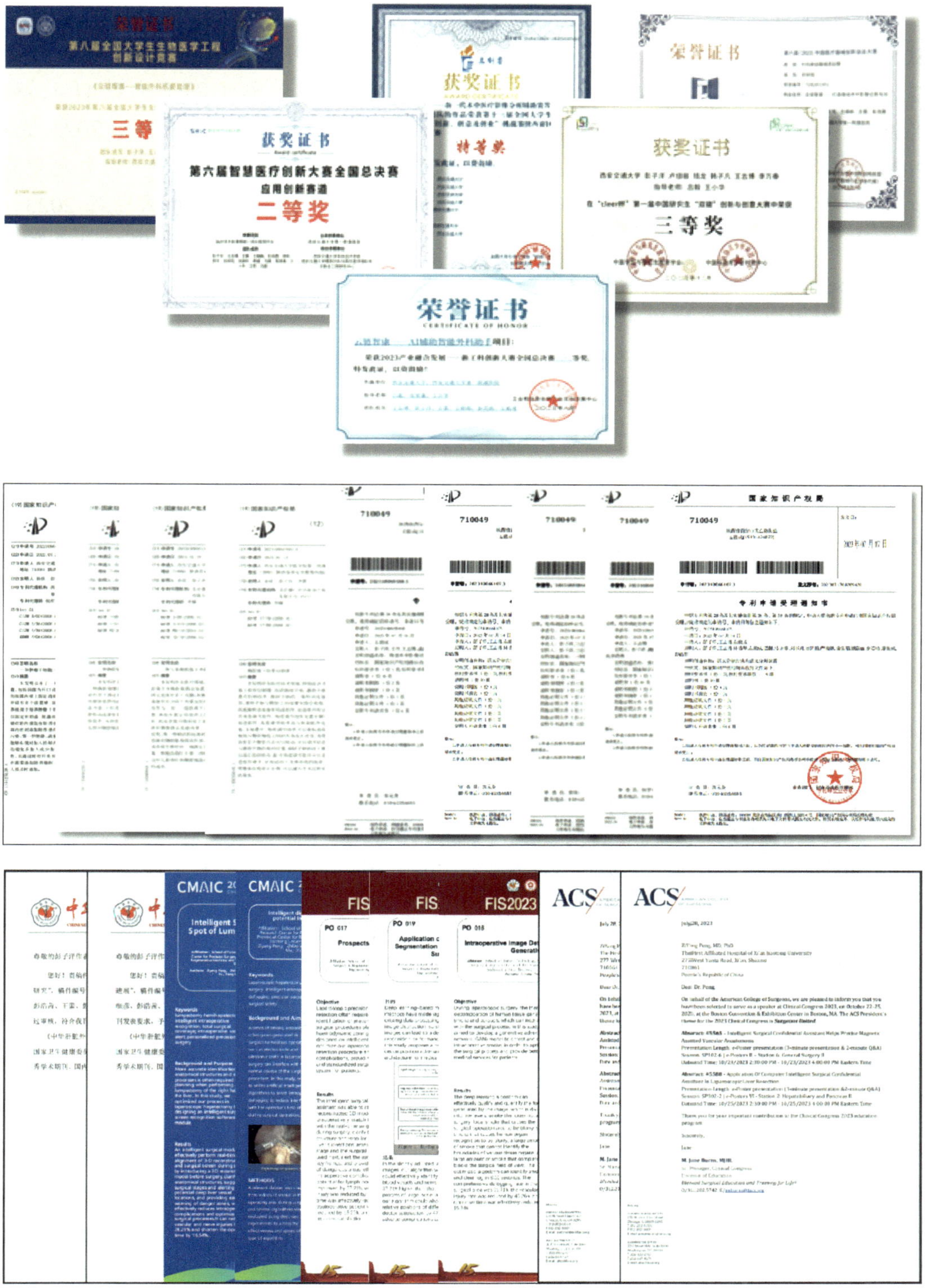

图 2-5-11-8　部分荣誉证书和成果展示

彭子洋目前累计发表学术论文16篇，其中以第一作者及共同第一作者发表SCI论文5篇、会议论文13篇，参与编撰专家共识2项，论文发表于 Molecular Cancer、Annals of Medicine 等行业顶级期刊，最高的单篇影响因子达到41.4，研究成果还被纳入2023版中国数字医疗创新发展蓝皮书。其研究成果于2023年、2024年美国外科学年会（FACS）上获得展示（如图2-5-11-9所示），他本人受邀在第87届中国国际医疗器械展（CMEF）作研究成果主题报告；个人获评2023—2024年度陕西省"大学生自强之星标兵"（全省仅10人）、2023年西安交大研究生标兵（全校仅15名），并荣获国家奖学金、中国移动奖学金特等奖、西安交大首届"产教融合之星"（全校仅10名）、西安交大"学术之星"（全校仅10名）等多项表彰。作为学院医工结合、产教融合人才培养的典型代表，得到《中国教育报》头版头条报道，被誉为"真刀真枪中锻造实战本领"，并受到陕西广电融媒体、西安医学会等多家单位采访报道。

图2-5-11-9　彭子洋在美国外科医师学会临床大会（FACS）做汇报

"打造新一代临床手术患者一体化服务平台、助力国家医学中心建设以及优化医疗服务体系"是彭子洋的崇高目标。他深耕跨学科合作，促进医疗资源共享与交流，致力于构建一个更加健康、包容与发展的医学生态系统。他始终怀揣着"厚德、博爱、精医、卓越"的信念，面向未来技术，立足医工交叉，扎根西部大地，以医者仁心普惠百千患者，为民族复兴闪烁交大之光。未来，他将始终奋斗在医学科研与临床实践的第一线，为全面推动医学领域的发展贡献自己的力量！

郑重声明

高等教育出版社依法对本书享有专有出版权。任何未经许可的复制、销售行为均违反《中华人民共和国著作权法》，其行为人将承担相应的民事责任和行政责任；构成犯罪的，将被依法追究刑事责任。为了维护市场秩序，保护读者的合法权益，避免读者误用盗版书造成不良后果，我社将配合行政执法部门和司法机关对违法犯罪的单位和个人进行严厉打击。社会各界人士如发现上述侵权行为，希望及时举报，我社将奖励举报有功人员。

反盗版举报电话　（010）58581999　58582371
反盗版举报邮箱　dd@hep.com.cn
通信地址　北京市西城区德外大街4号
　　　　　高等教育出版社知识产权与法律事务部
邮政编码　100120

防伪查询说明
用户购书后刮开封底防伪涂层，使用手机微信等软件扫描二维码，会跳转至防伪查询网页，获得所购图书详细信息。

防伪客服电话　（010）58582300